乡村卓越教师的培养

XIANGCUN ZHUOYUE JIAOSHI DE PEIYANG

DAI BINRONG FDENGZHU

戴斌荣 ◎ 等著

图书在版编目(CIP)数据

乡村卓越教师的培养 / 戴斌荣等著. —北京：北京师范大学出版社，2018.10
ISBN 978-7-303-23595-7

Ⅰ.①乡… Ⅱ.①戴… Ⅲ.①农村学校－师资培养－研究－中国 Ⅳ.①G451.2

中国版本图书馆CIP数据核字(2018)第066767号

营 销 中 心 电 话　010-58805072　58807651
北师大出版社高等教育与学术著作分社　http://xueda.bnup.com

出版发行：北京师范大学出版社　www.bnup.com
　　　　　北京市海淀区新街口外大街19号
　　　　　邮政编码：100875

印　　刷：北京京师印务有限公司
经　　销：全国新华书店
开　　本：710 mm×1000 mm　1/16
印　　张：14
字　　数：271千字
版　　次：2018年10月第1版
印　　次：2018年10月第1次印刷
定　　价：38.00元

策划编辑：周雪梅　　　责任编辑：韩　妍
美术编辑：王齐云　　　装帧设计：王齐云
责任校对：李云虎　　　责任印制：马　洁

版权所有　侵权必究
反盗版、侵权举报电话：010-58800697
北京读者服务部电话：010-58808104
外埠邮购电话：010-58808083
本书如有印装质量问题，请与印制管理部联系调换。
印制管理部电话：010-58805079

序

《中共中央国务院关于全面深化新时代教师队伍建设改革的意见》是建党以来第一次以中共中央名义印发的关于教师队伍建设的文件。这份文件系统地做出了关于教师培养、培训、管理、地位、待遇等方面的顶层设计和制度安排，体现了以习近平同志为核心的党中央对广大教师的亲切关怀、对教师工作的无比重视，标志着教师队伍建设的"极端重要性"战略地位正在得以确立，预示着教师队伍建设改革将迎来新的重大发展机遇。我们要按照中央要求，深入实施卓越教师培养计划，完善高校、地方政府、中小学"三位一体"的协同育人机制，分类推进教师培养模式改革，促进教师培养质量不断提升，为教育改革发展提供高素质、专业化、创新型的教师。我们还要按中央要求，着重实施乡村教师支持计划，关心乡村教师生活；认真落实艰苦边远地区津贴等政策，全面落实集中连片贫困地区乡村教师生活补助政策；加强乡村教师周转宿舍建设，按规定将符合条件的教师纳入当地住房保障范围，让乡村教师住有所居；帮助乡村青年教师解决困难，关心乡村青年教师生活；优化乡村青年教师发展环境，加快乡村青年教师成长步伐。

当前，我国社会主要矛盾已经转化为人民日益增长的美好生活需要和不平衡不充分的发展之间的矛盾。基础教育以前更重视规模发展、硬件建设，解决有学上问题。当前和今后一个时期，重点要提高质量、提升品质，全面贯彻党的教育方针，落实立德树人的根本任务，办人民满意的教育，解决上好学问题。在这个重大历史交汇期，教师作为发展教育第一资源的地位更加凸显。基础教育是国民教育的基础，教师是基础之基础。在这个重大历史交汇期，教师作为发展教育第一资源的地位更加凸显。各地各校都应更加重视教师队伍建设工作，确保方向，强化保障，突出师德，深化改革，分类施策，努力培养造就大国良师。首先，加强师德师风建设。我国有1578万位各级各类学校专任教师。广大教师学为人师、行为世范，扎根基层、默默奉献，阳光美丽、成绩凸显，是党和人民以及广大家长值得信赖的一支队伍。但各地个别教师师德失范的现象也时有发生。现在，有必要全面加强师德师风，健全师德建设长效机制，实施师德师风建设工程。大力宣传、弘扬当代教师风采，向全社会推介先进典型，加强引领，注意感召，积聚起强大正能量。同时也要列出师德考核负面清单，让有损于教师形象的行为无处遁形。其次，培养高素质教师队伍。实施教师教育振兴行动计划，办好师范院校和师范专业。开展师范类专业认证，以认促强，以认促建，比学赶帮，提高未来教师的素养。统筹推进国培计划、省培计划、市培计划、县培计划以及校本教研、影子培训，采取线上线下的混合式培训，调动教师自主研修的兴趣和动力，分类分层开展教师能力建设，提高培训的针对性、有效性。再次，要深化教师管理综合改革。创新和规范中小学教师编制配备。完善准入和退出制度、教师聘用制度。深化职称制度改革，适当提高中小学中高级教师岗位比例。改进考核评价制度，突出教学实绩。推行中小学校长职级制改革。扩大"特岗计划"招聘规模，推进教师交流轮岗，深化"县管校聘"改革。最后，倡导全社会尊师重教。将尊师重教摆上重要位置，改善教师生活待遇，关注教师身心健康，维护教师职业尊严和合法权益。重提师道尊严，厚植尊师文化，构建新时代尊师文化体系。

在我国教师队伍中，工作在最基层的330多万位乡村教师发挥着特殊作用。党的十九大报告指出，要"实施乡村振兴战略"，"坚决打赢脱贫攻坚战"。打赢脱贫攻坚战，短板和弱项在乡村。斩断穷根，阻止贫困代际传递，根本靠教育，关键在教师。必须培养造就素质优良、甘于奉献、扎根乡村的教师队伍，努力让每个乡村孩子都能享有公平而有质量的教育。《乡村教师支持计划（2015—2020年）》目标直指乡村教师队伍建设。今天我们培养的乡村教师，将决定未来我国乡村教育的发展水平。那么，支撑乡村教育发展的教师队伍应该具备什么样的素质结构？教师教育自身应该如何变革？支持乡村教师专业持续发展的机制是什么？现实路径在哪里？这些问题促使师范院校改进教师培养机制、模式和课程，加强教师教育体系建设。

江苏高校哲社重点研究基地——盐城师范学院江苏农村教育发展研究中心的研究人员多年前就已关注这些问题并展开实证研究，撰写了《乡村卓越教师的培养》专著，通过政策解读、现状分析、实践探索、理论研讨，提出了乡村教师培养从"合格"走向"卓越"的重要性与必要性，分析了教师队伍建设成效、难题及其原因，从理论上分析了乡村卓越教师素质的特殊性，实践上提供了乡村卓越教师培养模式，提出了乡村教师教育机构改革与政策展望，以及促进乡村教师专业发展动力与学力提升策略。这为面向乡村的卓越教师培养提供了重要参考。

我曾两度到盐城师范学院考察学习，印象十分深刻。这是一所很好的大学，不仅校园美丽，而且品质较高。值得关注的是，盐城师范学院在高等教育转型发展大潮中，始终不忘师范初心，以培养卓越教师为己任，关注着乡村教育。自1999年，其独立招收师范本科生以来，就把培养合格乡村教师作为学校人才培养目标之一。2007年，江苏省教育厅批准在该校成立农村教育研究所，开启了引领师范专业教育教学改革的行动研究。2014年，其开展了卓越教师培养试点工作，创建了"大学—政府—乡村学校"教师教育联盟、加入淮海经济区乡村卓越教师教育联盟，在人才培养方案中提出培养具有"四有品性"（有理想信念、有道德情操、有扎实学识、有仁爱之心）、"三维动力"（融入乡土社会的内驱力、立足乡村学校的发展力、关爱乡村学生的行动力）的乡村卓越教师，探索出了盐城师范学院乡村卓越教师培养体系，为解决师范生乡土情怀生成深植难、师范教育设计与乡村教育脱节、师范生乡村教学实施能力弱等乡村教师培养与中深层次、关键问题探索了新路径。其中引导师范生新疆支教和深入乡村中小学置换实习，以及教育实践"双导师制"等做法有效培养了师范生扎根乡村的信念与能力，值得推广。

目前师范院校大多承担了乡村教师定向培养任务，如何改革教师教育，加强师范生本土化培养，结合乡村教育实际，定向培养一专多能的乡村教师？如何培养信守乡村志向、融入乡村生活、造福乡村孩子的专业化乡村教师队伍？如何构建符合乡村教育特点的乡村教师教育体系？如何促进乡村教师可持续的专业发展？需要我们重新思考教师教育课程规划、实践路径与研修机制。

盐城师范学院戴斌荣教授的这本书，对上述理论和实践做了生动的记录、总结、诠释和分析，对上述问题也试图逐个进行回答或破解，观点鲜明，条理清晰，事例翔实，阐述入情入理，让人开卷有益。

王定华
（教育部教师工作司司长、教育学博士、教授、国家督学）
2018年3月

目　录

绪　论　问题聚焦：乡村学校需要怎样的教师 …………… 1
　　一、研究背景 ……………………………………………… 1
　　二、研究综述 ……………………………………………… 17
　　三、主要观点 ……………………………………………… 25
第一章　现状调查：乡村教师队伍建设 …………………… 30
　　一、乡村教师队伍建设的现状 …………………………… 31
　　二、乡村教师队伍建设的问题与困境 …………………… 34
　　三、乡村教师队伍培养的现状分析 ……………………… 40
第二章　经验借鉴：国外乡村教师培养模式 ……………… 45
　　一、美国乡村教师培养模式及启示 ……………………… 46
　　二、澳大利亚乡村教师培养模式及启示 ………………… 73
　　三、部分亚洲国家乡村教师培养的经验与启示 ………… 100
第三章　理念更新：培养乡村卓越教师 …………………… 107
　　一、乡村教师应该具备异于城镇教师的特殊素质结构
　　　　………………………………………………………… 108
　　二、乡村教师应该具备的特殊素质结构 ………………… 110
　　三、改革目前的乡村教师教育范式 ……………………… 113
第四章　目标重塑：乡村卓越教师培养三维向度 ………… 118
　　一、社会维度 ……………………………………………… 119
　　二、教育维度 ……………………………………………… 125
　　三、个人维度 ……………………………………………… 129
第五章　实践探索：地方师院乡村教师培养范式重构 …… 135
　　一、乡村教师培养范式重构的必要性分析 ……………… 135
　　二、乡村教师培养范式的重构 …………………………… 136
　　三、乡村教师培养范式重构取得的成效 ………………… 146

第六章 外力助推：乡村教师教育机构改革与政策展望 ⋯⋯⋯⋯⋯⋯ 150
  一、乡村教师教育机构的改革方向 ⋯⋯⋯⋯⋯⋯⋯⋯⋯⋯⋯⋯ 150
  二、乡村教师教育政策展望 ⋯⋯⋯⋯⋯⋯⋯⋯⋯⋯⋯⋯⋯⋯⋯ 162

第七章 内力促动：乡村教师专业发展内在动力与学力提升 ⋯⋯⋯⋯ 185
  一、乡村教师专业发展展望 ⋯⋯⋯⋯⋯⋯⋯⋯⋯⋯⋯⋯⋯⋯⋯ 185
  二、乡村教师学力提升的应然走向 ⋯⋯⋯⋯⋯⋯⋯⋯⋯⋯⋯⋯ 196

结　语　走向卓越：乡村教师教育培养的必然选择 ⋯⋯⋯⋯⋯⋯⋯ 210
后　记 ⋯⋯⋯⋯⋯⋯⋯⋯⋯⋯⋯⋯⋯⋯⋯⋯⋯⋯⋯⋯⋯⋯⋯⋯⋯ 212

绪　论　问题聚焦：乡村学校需要怎样的教师

一、研究背景

（一）城乡教育发展不平衡不充分，呼唤乡村卓越教师

党的十九大报告指出，中国特色社会主义进入新时代，我国社会的主要矛盾已经转化为人民日益增长的美好生活需要和不平衡不充分的发展之间的矛盾。这一战略判断不仅符合我国社会的发展现状，也非常符合我国当前教育的实际状况。

建设教育强国是实现中华民族伟大复兴的基础工程，必须把教育事业放在优先发展位置，深化教育改革，加快教育现代化，办好人民满意的教育。教育涉及每一个人，关乎家庭的幸福和国家的未来，人民对教育的满意程度是美好生活的基础和重要组成部分。然而当前教育发展特别是乡村教育发展的现状和人民日益增长的美好教育需求依然存在距离。

改革开放之初，我国的经济体制尚处于计划经济时期，统计资料显示当时人均国内生产总值489元，教育财政总支出1114.97亿元，初中毕业生升学率35.50%（1983年），普通高等学校学生数127.90万名，到1990年高等教育毛入学率仅为3.40%。[1] 而到了2016年，市场经济条件下的多元教育投入和结构已然形成，人均国内生产总值53 980元，全国教育投入3.89万亿元，初中毕业生升学率93.70%，全国各类高等

---

[1] 陈子季，马陆亭：《着力解决好教育发展不平衡不充分问题》，载《人民教育》，2017(21)。

教育在学总规模3 699万人，高等教育毛入学率42.70%。教育领域的变化是翻天覆地的。

这些变化的取得，得益于我国教育发展的正确道路与政策。在党的改革开放正确路线的指引下，教育界坚持党的教育方针、推动教育优先发展、不断完善依法治教制度框架、不断改进人才培养模式，在教育体制、多元办学、结构优化等重大改革领域取得突破，在两基攻坚、高校扩招、重点建设等关键发展点取得跨越，在保障质量、促进公平、服务社会等内涵提高方面取得进展。

特别是近几年来，教育界贯彻落实党的十八大精神，攻坚克难、锐意改革，落实立德树人根本任务，紧扣教育公平和质量主题，扎根中国大地办教育，紧紧围绕为谁培养人、培养什么人、如何培养人的根本问题，持续深化综合改革，促进学生全面发展，把培养学生的社会责任感、创新精神和实践能力纳入国民教育全过程。中国教育总体水平进入世界中上行列，教育质量明显提高，教育保障条件显著增强，教育国际影响力日益加大。从教育制度到体系、从教育内容到形式，通过夯基垒台、立柱架梁、砌墙筑顶等扎实有效的基础性工作，我国教育发生了历史性变革，取得了历史性成就，切实体现了教育优先发展，给人民群众带来了实实在在的获得感，也支持了国家与社会的整体发展。

然而，在充分肯定我国教育发展成就的同时，我们也应该正视教育发展面对的不平衡不充分问题，特别是城乡义务教育不平衡的问题。

在改革开放初期，我国社会主义初级阶段的主要矛盾刚刚提出的时候，我们的教育供给短缺问题较为突出，而今我国教育供给已是非常丰富，但仍然不能满足人们日益增长的需要。这是教育事业前进中的问题，是"好不好""强不强"的问题，教育领域矛盾的主要方面就是不平衡不充分。

教育不平衡指向教育发展起来后的短板，虽然教育事业整体发展了，但仍然存在有高有低现象，这种现象容易被看到，但解决起来也难以一蹴而就；教育不充分则指向某类教育发展的欠缺，也就是教育发展得薄弱和不够的地方，这里有面对新形势、新环境、新阶段而逐步呈现出来的新问题，也有难以快速攻坚的长线老问题，特别是城乡区域发展不平衡的问题相对突出。

教育不平衡是整体中的局部，教育不充分是部分中的总体；不平衡一般与短板相连，不充分多数与热点相关。它们都是教育的难点和重点问题，解决这些问题是新时代对教育工作提出的使命要求。

教育发展进程中既要看到成绩，更要看到困难和挑战。新时代教育发展的不平衡不充分主要表现在如下方面。

教育发展不平衡的主要表现有五个方面。

第一，区域教育发展不平衡。这是教育发展不平衡问题最突出的方面。我国是一个大国，各地区地理条件迥异，在东、中、西部之间存在明显的经济发展水平的梯度，农业经济、工业经济和知识经济等多种形态并存，区域间各级各类教育在办学理念、投入、条件、标准等方面都差异巨大，这是我们无法回避的问题。

第二，城乡教育发展不平衡。这是困扰我国教育发展多年的老问题。长期形成的城乡二元结构对教育的影响巨大，许多时候城市教育和乡村教育面对的问题完全不同，差异极其显著。

第三，同一地区校际发展不平衡。在过去物质短缺时代，学校的重点建设使得基础教育学校在办学条件、师资水平、教育理念上形成了不小差距，时至今日依然存在较为严重的县域内义务教育不均衡、城区内中小学条件水平不平衡现象，择校、大班额问题是广大百姓心中难以解开的结。

第四，教育结构发展不平衡。学前教育和高中阶段教育仍然是教育体系中的短板和弱项，普通教育和职业教育、学科型人才培养和应用型人才培养与社会的经济结构还不匹配，毕业生就业依然是社会关注的焦点问题。

第五，德、智、体、美、劳全面发展不平衡。智育一枝独大，学生的社会责任感、创新思维、身体素质、审美观、劳动意识和动手技能等培养训练环节不同程度地被知识学习挤占。

教育发展不充分的主要表现也可以概括为五个方面。

第一，教育公平推进不充分。教育公平是社会公平的基础，是社会主义的本质要求，要发展社会主义，必须逐步实现人民共同富裕，相对于过去教育的快速发展，教育公平的缺口更大，公平问题也是与不平衡问题紧密联系在一起的。

第二，教育内涵发展不充分。过去在穷国办大教育的情况下，我们首先重视了教育的规模发展和办学条件的改善，而对于育人领域的内涵建设关注不够，教育外延扩展冲动依然强劲，教育质量、内涵等常常流于形式和表面，多样化选择不够，不同学校的特色建设不够鲜明。

第三，依法治教实现不充分。依法治教需要更加注重运用法治思维和法治方式推动教育改革发展、推进教育治理能力现代化，而我们在转变政府职能、加强宏观管理、创新监管方式、增强政府公信力和执行力方面，与建设人民满意的美好教育还有差距。

第四，先进教育思想培植实践不充分。思想是行动的先导，面向未来，我们的很多教育理念还比较陈旧，人才培养模式相对于提高学生社会责任感、创新精神和实践能力的要求还有较大差距，死记硬背式的知识点学习和应试现象还比较严重，素质教育观念还没有在实践层面得到有效落实。

第五，教育支撑国家战略发展能力不充分。现代教育体系尚不完善，拔尖创新人才和能工巧匠仍是人才培养的短板，特别是在以人工智能为代表的第四次产业革命浪潮来临之际，面对创新型国家建设的需求，教育在中小学课程设置、高等学校学科建设等方面还未做好充分准备。

当前，中国百姓对教育的美好需求呈现多样化、多层次、多方面的特点。习近平总书记指出，人民对美好生活的向往，就是我们的奋斗目标。陈宝生部长提出，教育改革进入"全面施工内部装修"阶段。教育界必须坚持问题导向努力满足人民日益增长的美好教育需要，以更加公平更高质量的教育满足社会的多元需求，使教育发展成果更多惠及全体人民。

我们需要针对教育发展的不平衡不充分点，深入贯彻新发展理念，更好地推动人的全面发展，不断提升人民群众对教育的满意度和幸福感，实现教育事业"精装修"。为此，我们必须紧紧围绕教育质量、公平等中心议题，坚守底线、突出重点、完善制度、引导预期，打好解决短板问题、突破关键环节的攻坚战。

首先，要坚持方向引领，落实立德树人根本任务，发展素质教育，将德、智、体、美全面纳入育人过程。

其次，力求补齐教育短板，重视农村义务教育、西部地区教育、校企合作育人、创新创业教育、教育扶贫攻坚、薄弱校改造、教育标准制定等工作，推进教育由大到强。

再次，要注重关键能力发展，加强学生认知能力、合作能力、创新能力和职业能力培养，强化思维训练，引导学生搭建起合理的智能结构，遵循人的成长规律，以青少年身体健康成长和心理健康发展为基础，以专业水准要求，按教育规律办事。

最后，应特别强调的是，要注重教师队伍专业化成长，尤其是乡村卓越教师培养。乡村教育短板问题的解决还需要有责任心、使命感和奉献精神的乡村教师队伍。教育是内化于心的事业，需要持之以恒、久久为功方能看到成效。要采取切实可行的措施，鼓励并引导广大乡村教师以党的宗旨、国家发展目标和人民根本利益为思考问题的出发点和行动指南，不计较个人得失，勇于克服困难，把个人事业融入新时代中华民族伟大复兴、建设教育强国的伟大斗争、伟大工程、伟大事业、伟大梦想之中。

（二）从政策倾斜性支持到自主追求卓越

党的十九大报告明确指出，建设教育强国是中华民族伟大复兴的基础工程，必须把教育事业放在优先位置，加快教育现代化，办好人民满意的教育。报告中特别强调推动城乡义务教育一体化发展、高度重视农村义务教育，这是阻断贫困代际传递的一个重要途径。而要实现这样的目标，就必须重视乡村教师队伍培养。在卓越教师培养计划的引领下，乡村教师队伍建设正逐渐从单纯依赖国家政策性支持走向自主追求卓越的新时代。

党和国家高度重视教育事业发展和教师队伍建设，特别关注城乡教育发展的不平衡和不充分矛盾，出台了一系列倾斜性政策支持乡村教师队伍建设。2015年6月1日，为认真贯彻党中央、国务院关于加强教师队伍建设的部署和要求，采取切实措施加强老少边穷岛等边远贫困地区乡村教师队伍建设，明显缩小城乡师资水平差距，让每个乡村孩子都能接受公平、优质的教育，国务院正式发布了《乡村教师支持计划（2005—2020年）》。

当前，我国32%的初中、62%的小学、34%的幼儿园以及所有教学点分布在乡村。乡村教师支持计划是国务院出台的一项旨在扶持乡村教师队伍发展的重大举措，对推动城乡教育事业协调发展、保障教育公平具有重要意义。

2016年9月7日，在第32个教师节来临前夕，中共中央政治局委员、国务院副总理刘延东在京出席全国乡村教师队伍建设工作推进会，表彰全国教书育人楷模和从教30年的乡村教师，部署教师队伍建设工作，强调切实落实乡村教师支持计划，开创了教师队伍建设新局面。刘延东指出，教师是立教之本、兴教之源。全国1500多万位专任教师，支撑起了2.60亿名在校学生这个世界最大规模的教育体系。特别是370多万位乡村教师坚守在偏远、艰苦的乡村，默默耕耘、无私奉献，为农村学生成长成才和教育事业发展做出了重要贡献。[1]

国务院颁布的乡村教师支持计划，就是围绕着怎么"下得去""留得住"和"教得好"的目标提出八项举措全面加强乡村教师队伍的建设。其特点概括起来主要有以下几方面。

一是把握住乡村教师建设重点，在乡村教师的门槛准入、能力素质提高、薪酬待遇等方方面面，提出了许多全新的举措，把相关政策都向乡村教师倾斜。

二是扶持资金的投入。针对乡村教师队伍建设最薄弱的环节，把所有的经费都聚焦到这些领域，多做雪中送炭的事情，不做锦上添花的事情。

三是加强队伍的教育和管理，加强乡村教师的师德建设。目前全国教师管理信息系统已经初步建立起来，我们将对全国370多万位乡村教师的情况有更加全面的了解，从而针对他们的现状来开展有效的管理工作。

四是力求形成工作合力。乡村教师队伍建设涉及方方面面，如何整合相关部门和相关资源，如何把组织工作做好，怎么落地，怎么制定好路线图、时间

---

[1] 刘延东：《在全国乡村教师队伍建设工作推进会上的讲话》，载《中国教育报》，2016-09-14。

表和责任人，在该文件里都做出了全面部署。

五是大力弘扬在乡村教师身上体现出的默默耕耘、无私奉献的高尚师德，通过对乡村教师的大力表彰、奖励和宣传，带动全社会都来关注、爱护乡村教师群体，为乡村教师群体的发展做出共同的努力。

《乡村教师支持计划(2015—2020年)》的主要举措包含八个方面。

①全面提高乡村教师思想政治素质和师德水平。

②拓展乡村教师补充渠道。

③提高乡村教师生活待遇。

④统一城乡教职工编制标准。

⑤职称(职务)评聘向乡村学校倾斜。

⑥推动城镇优秀教师向乡村学校流动。

⑦全面提升乡村教师能力素质。

⑧建立乡村教师荣誉制度。

综合看来，乡村教师支持计划最核心的问题就是要提高乡村教师的地位和待遇，这是能够真正吸引教师去乡村从教，也是能够稳住乡村教师的一个非常重要的方面。提高教师的待遇水平是实实在在的撬动一系列政策的杠杆，也是支持、鼓励和吸引人才到乡村去从教的一个非常有效的途径。从政府层面来说，现在已经启动了集中连片特困地区乡村教师的补助政策，这个政策到2014年惠及全国118万位乡村教师，在2014年平均每位乡村教师增加了307元。该政策下一阶段实施范围、补贴标准也将进一步完善。更重要的是通过乡村教师计划的制订，能够推动各级政府关心教师的待遇问题，为他们实实在在地做一些实事，形成良好的能够"下得去""留得住""教得好"的局面。

本研究依托的另一个重要文件是教育部出台的"卓越教师培养计划"，其旨在推动教师教育综合改革，全面提升教师培养质量，优化教师队伍建设。在卓越教师培养计划的引领下，乡村教师队伍建设正逐渐从单纯依赖国家政策性支持走向自主追求卓越的新时代。

2014年9月9日，习近平同北京师范大学师生代表座谈时指出："教师重要，就在于教师的工作是塑造灵魂、塑造生命、塑造人的工作。一个人遇到好老师是人生的幸运，一个学校拥有好老师是学校的光荣，一个民族源源不断涌现出一批又一批好老师则是民族的希望。""要加强教师教育体系建设，加大对师范院校的支持力度，找准教师教育中存在的主要问题，寻求深化教师教育改革的突破口和着力点，不断提高教师培养培训的质量。"这从战略高度阐明了教师工作的极端重要性，是当前和今后一个时期教师队伍建设特别是教师教育工作的纲领和指南。

教师教育是教育事业的工作母机，有高质量的教师教育，才有高水平的教师队伍。我国教师教育体系不断完善，教师教育改革持续推进，教师培养质量和水平得到了提高，但也出现了一些新情况和新问题。一些师范院校不关注基础教育和职业教育的改革发展，关起门来办教师教育，教育教学改革相对滞后，教育学、心理学和学科教学论"老三门"课程内容"空、繁、旧"的问题尚未得到根本解决，教育实践质量不高，教师教育师资队伍薄弱，培养出来的师范生与中小学、幼儿园和中等职业学校的实际需求还存在一定差距。

针对教师培养的薄弱环节和深层次问题，2014 年 8 月教育部印发了《教育部关于实施卓越教师培养计划的意见》（以下简称《意见》），旨在通过实施卓越教师培养计划，推动举办教师教育院校深化教师培养机制、课程、教学、师资、质量评价等方面的综合改革，努力培养一大批有理想信念、有道德情操、有扎实学识、有仁爱之心的好教师。

卓越教师培养计划的主要特点：一是坚持问题导向。针对教师培养的适应性和针对性不强、课程教学内容和教学方法相对陈旧、教育实践质量不高等突出问题，《意见》从创新协同培养机制、建立模块化的教师教育课程体系、突出实践导向的教师教育课程内容改革等方面提出了一系列有针对性的措施。二是反映基层创新。在多次深入调研的基础上，将相关院校的试点经验上升为国家政策。三是加强分类指导。针对中学教育、小学教育、学前教育、中等职业教育、特殊教育改革发展需要，遵循不同类别教师的培养规律，分别提出卓越中学、小学、幼儿园、中等职业学校、特殊教育教师培养模式的改革重点和目标要求。四是把握国际趋势。对美国、澳大利亚等国家教师培养政策进行比较研究，将先进理念、先进经验充分反映在《意见》的各个方面。

卓越教师培养计划的培养模式：面向基础教育和职业教育改革发展的新形势，根据中学、小学、幼儿园、中等职业学校和特殊教育教师的培养特点，卓越教师培养计划将分类推进教师培养模式改革。卓越中学教师培养重点探索本科和教育硕士研究生阶段整体设计、分段考核、连续培养的一体化模式；卓越小学教师培养重点探索小学全科教师培养模式；卓越幼儿园教师培养重点探索构建厚基础、强能力、重融合的培养体系；卓越中等职业学校教师培养重点建立健全高校与行业企业、中等职业学校的协同培养机制，探索高层次"双师型"教师培养模式；卓越特殊教育教师培养重点探索师范院校与医学院校联合培养机制、特殊教育知识技能与学科教育教学融合培养机制。

卓越教师培养计划的主要任务：卓越教师培养计划明确了建立高校与地方政府、中小学"三位一体"协同培养新机制，强化招生就业环节，推动教育教学改革创新，整合优化教师教育师资队伍四个方面的主要任务。在建立高校与地方政府、中小学"三位一体"协同培养新机制方面，明确了高校与地方政府、中小学全方位协同的具体内容，提出要建立"权责明晰、优势互补、合作共赢"的长效机制。在强化招生就业环节方面,提出通过自主招生、入校后二次选拔、设立面试环节等多样化的方式,遴选乐教适教的优秀学生攻读师范专业;要求开展生动有效的就业教育,鼓励引导师范生到基层特别是乡村中小学任教。在推动教育教学改革创新方面,提出建立模块化的教师教育课程体系,将社会主义核心价值观纳入体系;突出实践导向的教师教育课程内容改革,在教师教育课程中充分融入优秀中小学教育教学案例;推动以师范生为中心的教学方法变革,充分利用信息技术变革教师教学方式和师范生学习方式;开展规范化的实践教学,提出将实践教学贯穿培养的全过程,分段设定目标,确保实践成效;探索建立社会评价机制,提出试行卓越教师培养质量年度报告制度。在整合优化教师教育师资队伍方面,提出高校建立教师教育师资队伍共同体,聘请中小学、教研机构、企事业单位和教育行政部门的优秀教育工作者、高技能人才担任兼职教师,形成教师教育师资队伍共同体持续发展的有效机制。

教育部关于卓越教师培养计划的实施,对乡村卓越教师培养是个良好启示。长期以来,农村地区由于地域限制,交通不便,条件艰苦,待遇较差,很难留住优秀教师,卓越教师培养计划的实施,有利于培养真正乐教善教、安心从教的优秀乡村教师,为提高乡村教育教学质量、保障教育公平、培养合格人才、弘扬乡村传统文化和核心价值观发挥积极作用。

本研究的乡村卓越教师培养,正是在国务院发布的《乡村教师支持计划(2015—2020年)》以及教育部颁布的"卓越教师培养计划"的基础上,瞄准乡村教师教育综合改革、全面提升乡村教师培养质量、优化乡村教师队伍建设、提高乡村教育质量、促进社会公平发展而提出的重要思路。

(三)培育乡村教师推动教育扶贫和社会公平

乡村教育质量是国家教育整体水平的重要标志,对于培育合格人才、推进教育扶贫、促进社会公平、实现经济社会可持续发展具有重要意义。因此,各级党委、政府要落实地方政府责任,加大投入,加强督导,推动党中央、国务院确定的乡村教师支持计划落地见效;要建立省级统筹乡村教师补充机制,扩大实施特岗教师计划,加大培养培训力度,推进教师职称制度改革,提高乡村教师待遇,稳定队伍,吸引优秀人才到乡村学校任教;要把教师队伍建设作为基础性工作抓实抓好,以"四有"好教师为目标,加强师德建设,提高教学水平,构建高素质教师队伍。广大乡村教师要爱岗敬业、勇于创新、立德树人,为培养社会主义事业的合格建设者和接班人做贡献,这也是促进社会公平和教育扶贫的重要内容。

社会公平理论由美国社会心理学家约翰·斯塔希·亚当斯(John Stacey Adams)等人提出。亚当斯于1965年指出,员工的激励程度来源于对自己和参照对象（referents）的报酬和投入的比例的主观比较感觉。一般说来，人们处于不公平状态时都会努力消除不公平，有时人们也表现出相反的行动。极不公平的报酬令人感到屈辱，但若无有效的手段，个体至少会表示，自己不是任凭别人强加这种不公平关系的人。手段之一是主动要求减少自己的收益，表示自己不希望得到更多的收益，以说明自己本应得到更多的收益，但现在不得不屈服。此外，还可能期望用减少自己收益的办法，引起对方的困惑和内疚感。当不存在消除不公平的手段时，人们也不一定以削减自己的收益来表示消极抗议；而对制造不公平以获利的人感到愤恨，这才是更常见的反应。

实现社会公平正义是中国共产党人的一贯主张，是发展中国特色社会主义的重大任务。社会公平，体现的是人们之间一种平等的社会关系，包括生存公平、产权公平和发展公平。追求社会的公平与公正一直是社会主义的一个基本目标和核心价值，也是社会主义的魅力所在。

市场经济条件下的社会公平，不是历史上小生产者要求的那种平均主义，而是基于权利与责任、收益与风险相对称的一种社会机制。从内容上讲，现代市场经济的公平可以大体概括为三个方面，这就是生存公平、产权公平和发展公平。生存公平是指人作为人类社会的一员与其他人的生存权是平等的，生存公平在经济上的体现就是提供一个人所需要的生存资料是公民社会的一种责任，政府没有理由不履行这种责任，社会也不能允许一部分人剥夺另一部分人的生存权。与实现生存公平有关的制度有社会保障、劳动权益等。产权公平是指无论资源的主体是谁都应享有平等的权益。产权有两种形式，一种是与人的生命具有不可分割的产权，这就是个人对自身劳动力的所有权，另一种是除劳动力以外的各种资源的产权，这些资源主要是通过劳动、交换、继承等方式获得的。市场经济最基本的含义就是产权的不可剥夺性，人们要想得到一种新的产权只能进行交换，在公平交易中实现产权的转移，一个连产权公平交易的条件都不具备的地方，市场经济也就没有容身之处。发展公平是指公民应当有平等的发展机会、发展权力以及履行相适应的发展责任。要实现发展公平，首先制度约束和公共品的分配应该是公平的。例如，教育资源的公平分配，行政资源的公平共偿，法律规则的公平约束等。虽然市场经济可以为人们提供均等的发展机会和制度环境，但由于在资源禀赋和努力程度上的差异，人们不可能得到同等的发展，这种机会的均等与发展的差异既有利于人们的广泛参与又能提供足够的激励，是市场经济活力之源。

我们通常说的公平至少可分为经济公平和社会公平两个不同的范畴。经济公平主要是指各种生产要素、各个经济主体能够实现等价交换。社会公平是涉及经济、政治、文化、教育等诸方面的概念，主要是指社会成员享有均等的机会，拥有平等的权利，拥有平等的生存权与发展权。经济公平与社会公平互相配合，互为补充。

在历史上，追求社会的公平与公正一直是社会主义的一个基本目标和核心价值，也是社会主义的魅力所在。一个和谐健康的社会不仅仅要有发达的生产力和物质财富，更重要的是要把这些发达的生产力和物质财富用于满足全体社会成员的需要，促进人的全面发展。科学社会主义的创始人马克思和恩格斯曾经指出，所谓的共产主义就是这样一种社会，"在那里，每个人的自由发展是一切人的自由发展的条件。社会生产力的发展将如此迅速，……生产将以所有人的富裕为目的"。"通过社会生产，不仅可能保证一切社会成员有富足的和一天比一天充裕的物质生活，而且还可能保证他们的体力和智力获得充分的自由的发展和运用。"而这恰恰是公平正义的重要体现。

把维护社会公平放到更加突出的位置，不仅是社会主义制度的本质要求，也是中国共产党立党为公、执政为民的必然要求。中国共产党是以马克思主义为指导的工人阶级政党，全心全意为人民服务是党的根本宗旨，立党为公、执政为民是党的本质要求。从这个意义上讲，维护和实现社会公平，是中国特色社会主义的题中应有之义，也是中国共产党追求的一个根本目标。

把维护社会公平放到更加突出的位置，是构建社会主义和谐社会的现实需要。社会公平是和谐社会的一个基本特征。我们所要建设的社会主义和谐社会，是民主法治、公平正义、诚信友爱、充满活力、安定有序、人与自然和谐相处的社会。公平是贯穿和谐社会的一个基本价值。

社会公平是通过社会角色的公平合理分配使每一个社会成员得其所得，而中国特色社会治理是一个多元利益主体之间协商持续互动的过程。当今中国社会治理中存在着很多亟待解决的社会不公问题：居民收入分配规则不公、教育权利和机会不公、社会保障等权利和规则不公。我们要通过树立发展成果全民共享理念、构建合理的分配调节机制、建立健全基本公共服务体系和完善维护人民权益机制来实现中国特色社会治理的核心诉求——社会公平。

当前教育领域依然存在诸多不公平现象。民间存在着这样一句顺口溜："上小学拼户口，上中学拼关系，上大学拼地域。"这从侧面反映着在教育权利和机会上明显存在着不公平。教育权利公平主要指受教育的要求权、自由权、福利权及接受高等教育的权利应当平等；教育机会公平是指每个社会成员都应当有平等地接受教育的机会，不受家庭背景、经济财富等因素的影响；而教育公平则是整个社会公平体系的一个重要组成部分，实质是政府对全国范围的教育资源进行统筹规划、合理配置，大致确保不同群体和个体受教育权利和机会的相对平等。

当今中国社会公共教育资源在区域、城乡和不同人群之间分配不均等，也必然导致受教育权利和机会的不公平。这主要体现在：区域间教育资源分配不合理，东部大城市明显比西部贫困地区占有优势；城乡间教育机会不均等，占总人口 30% 的城市人口享有 70% 的教育资源配置①；学校间教育资源分配不公平，重点学校相对非重点学校优势明显。

当前乡村教育公平问题成为社会热点。从政府官员、新闻媒体到普通民众都对乡村教育公平给了极大的关注，社会正义的呼声不断向农村倾斜。"国运兴衰，系于教育。"在中国近现代教育史上，有识之士对乡村教育的呼吁不绝于耳。1903 年清政府《奏定学堂章程》第一次将普及义务教育列入政府和各级官员的职责。中华人民共和国成立后，党和政府对农村教育的关怀，也始终没有停止过。然而，农村教育的公平问题，依然是我国教育的难点所在。它是多方面利益博弈的结果，造成城乡公共教育资源配置的严重失衡，使农村义务教育积重难返。在城乡二元分割的格局下，农村依附于城市的边缘，很难影响政府公共财政资源的分配。在政府的决策中，农村人群难以表达利益诉求。对乡村教育公平的渴望，如果缺乏正义制度的落实和激励是难以实现的。因此，要从根本上改变农村教育的弱势地位，就必须对现存的利益关系和非正义的制度进行重大调整。乡村教育的公平发展，不仅是公共资源分配和占有的问题，更是一个事关农村人群的尊严、自由和权利的问题。

乡村卓越教师的培养，正是基于对教育公平和社会公平的一种制度考量，它体现了教育正义原则，将人的生命尊严、发展自由权利置于制度设计的首位。在具体的制度设计与变革中，我们应该将更多的目光投向乡村教师。乡村卓越教师的制度安排，可以在很大程度上保证社会公平、和谐、健康发展，保障乡村教师最大限度地发挥潜能。

（四）乡村教育文化建设的迫切需求

1. 乡村教师是乡村文化建设的引领者

在建设社会主义新农村的时代背景下，乡村教师是实现乡村社区和谐发展必须依靠的知识力量，乡村学校是推进新农村文化发展的重要场所。因此，乡村教育文化建设也对乡村卓越教师培养产生迫切需求。自古以来，乡村教师就应当是乡村社会文化发展的引领者之一。乡村教师应将乡村本土文化和现代文化有机融合，尊重地方特色的文化价值观念、行为准则和行为方式，利用乡土资源和乡土教材开展具有地域特色的社区文化活动，发展独具特色的乡村文化

---

① 高健，秦龙：《社会公平：中国特色社会治理的核心诉求》，载《理论与改革》，2014(1)。

精神。① 通过乡村社区文化与教育文化的良性互动，乡村教师能够得到来自乡村社区的大力支持，更好地推进农村基础教育课程改革，推进农村教育事业的和谐发展，打造乡村新型教师文化，弘扬乡村传统文化和核心价值观。

在文化人笔下，无论是沈从文的湘西、贾平凹的陕北，还是莫言的高密，都透着浓浓的乡土气息。可以说，乡土情结，是渗入中国人骨子里的东西，也是乡村文明中为人称道的地方，这种情结里有安土重迁、"差序格局"的成分，对于传统文化和历史也是一种衔接，这里不乏城里人所谓的"贫穷""愚昧"与"落后"，可也有善良、坚强、诚实、勤劳与朴实等人性之美。因而，乡村文化是中华文化的根系所在，它在中华文化中具有独特的自身价值，著名作家冯骥才也曾指出，"认为城市文明比农耕文明进步是种错觉"。

然而，随着当代乡村年轻人的大批进城，乡村文化的再生产失去了"源头活水"，留下的那些人对于乡村文化的守护显得势单力薄，甚至被边缘化。乡村文化已经失去了原有的优势，在与城市文化的碰撞中败下阵来，逐渐瓦解，让乡村人的精神文化渐趋虚无和荒漠化。

精神家园一旦失守，乡村文化的自卑感、农民身份的焦虑感也就随之出现，乡村出现的各种失范行为也就在情理之中了。因此，在乡村文化的传承和发展中，乡村教师应当承担其应有的责任与使命。

2. 乡村教育助推乡村文化传承发展

从乡村文化再生产的角度来说，乡村教育应该有所作为。按照著名的法国社会学家、哲学家和教育家布尔迪厄的文化再生产理论，教育不仅具有促进社会流动的职能，还有再生产原有社会秩序的功能。也就是说，对于乡村文化中的精华内容，乡村教育具备实现再生产的职能，而且能够实现再生产。

这既要求实现全民教育，提高农村学生的基本文化素养；又要通过校本课程，传承地域文化特色，让传统文化回归其浸润人心的角色；还得体现城乡平等价值取向，缩小城乡教育差距，促进城乡文化的彼此认同。

重视乡村卓越教师培养，重启"乡贤制度"，不失为一条应对之策。"乡贤文化"是农耕文明的产物，数千年的延续发展，在稳定社会和国家治理上起到了重要的作用。中央一号文件也提出要"创新乡贤文化，弘扬善行义举，以乡情乡愁为纽带吸引和凝聚各方人士支持家乡建设，传承乡村文明"。乡村教师是乡村中的文化人，是美丽乡愁的守望者和守护人，除了传道授业解惑、培养乡村合格人才，传递并弘扬乡村传统文化应当成为乡村教师肩负的责任。

那些在乡村生活和从乡村走出的德高望重人士，应该承担传承乡村文化的

---

① 欧小军：《农村初中教师文化发展中存在的问题、成因与对策研究》，载《黑河学刊》，2008(2)。

守望者，通过好的家风带动村风、乡风，进而促进乡村文化的与时俱进和坚守。

与此同时，国外的乡村文化建设之路也值得借鉴。必须明确的是，有些发达国家的城市与乡村是和谐共生的。比如，美国的社区管理十分重视成员的精神文化打造，通过建设休闲场所、提供社区公共教育等措施保障了社区高质量的公共生活；而在意大利，其乡村教堂对人们信仰的强化和精神的塑造起到了重要作用。因此，乡村文化的坚守与复兴并非无法完成的使命。

20世纪初，在列强环伺、中华民族生死存亡的关头，许多有识之士试图通过乡村教育运动，来传承传统文化、提升国民素质，实现中华民族的救亡图存。先辈们宝贵的探索与尝试，值得我们借鉴与学习。

乡村教育运动是20世纪20年代在中国兴起的一个社会运动，旨在从教育农民着手以改进乡村生活和推进乡村建设。它产生的原因较为复杂。有的教育工作者认为中国近代教育制度是抄袭外国的，不适合中国社会需要，更不适应中国乡村社会的需要，乡村教育特别落后，亟待改革。尤其是中国近代乡村饱受天灾人祸，乡村经济处于崩溃破产的边缘之后，有的教育工作者就提倡"到乡村去""到民间去"，不但造成了一定舆论，而且也实地从事，见诸行动。此后，"复兴乡村""建设乡村"的呼声就成为当时中国的一种社会思潮。

乡村教师在中国共产党早期的乡村革命活动中特别活跃，很多地方是乡村教师建立了当地第一个党组织，最早在农民中宣传了革命的思想，并在乡村开展了最早的革命活动。根据相关史料记载，中国共产党早期乡村党组织有70%~80%是由乡村教师创建的。由此可见，乡村教师在当时的乡村革命中充当了播撒火种的角色。

晏阳初乡村教育思想的理论基础是现代民族政治观。他继承了"民为邦本，本固邦宁"的传统儒家民本主义思想，并赋予其时代意义和实践价值。梁漱溟乡村教育思想的理论基础是新儒学政治观。他的乡村建设以及乡村教育的思想是基于他对中西文化的认识以及对中国传统社会的分析建立起来的。陶行知于1926年主张以乡村学校作为改造乡村生活的中心，强调要教育农民有征服自然、改造社会的本领，能自立、自治、自卫等，并筹办晓庄学校，成为乡村教育运动的重要阵地。①

20世纪以来，声势浩大的乡村教育运动对中国乡村社会产生了巨大的影响。现代教育不断向乡村和边远地区下放，将主流意识形态、价值观念和知识体系传递到乡村。在这一过程中，乡村教师既是教育下乡的承担者，又经受着由此产生的冲突和矛盾，可能产生强烈的失败与挫折感。城市与乡村、现代与

---

① 陶行知：《陶行知文集》，南京，江苏教育出版社，2008。

传统、国家与地方之间的差异，使乡村教师处于矛盾的位置。

3. 乡村教师承担着乡村教育和乡村文化发展的使命

乡村教师介于国家与地方之间，他们具有国家身份，不断传递着来自官方的知识，又要应对不同乡村社会文化背景中学生的具体状况。由于现代教育与乡村社会之间的文化冲突，最后都汇聚到乡村教师身上，国家与地方关系的框架，对理解乡村和民族地区教育面临的症结问题具有重要意义。国家通过教育改造乡土社会，是长期而艰巨的努力。乡村教师的身份由国家赋予，承担着传递国家统一的知识体系、价值观念、意识形态的任务。此外，在地方主义的视角中，乡村教育应当面向乡村社会的实际需求，由此，乡村教师要有农夫的身手、科学的大脑、改造社会的精神。

自隋唐以来，国家一直把科举制度作为社会流动的首要管道，乡学也就具有了社会流动的功能。乡学的教学内容、形式、教育权威、人才流动都不脱离乡土社会的实际情况。乡学中的塾师们，拥有乡土社会的教化权力。乡学是正式教育机构，不提供生产技能，但以传授儒学经典为基础，注重读书识字、礼仪道德的教化，是中国乡村社会传统文化传递的重要引领者和见证者。

清末废除科举制度后，西式教育开始向乡村推进，学校与村落的关系发生了根本变化。学校通过确立具有鲜明组织和训诫规则的空间，促使社会化中的主体分离于传统社会的地方性知识体系之外，与现代社会的"抽象体系"整体结合。国家力图通过教育来改造乡村社会。由此，学校教育与地方文化开始产生持续的碰撞、冲突与融合过程。从教育内容上来看，学校传递着外部世界的知识体系和价值观念，扎根于地方的知识与文化被排除在外，从教育目标上来看，学校力图培养适应外部世界需要的人才，回归村落生活往往被认为是学校教育的失败。因此，学校教育成为乡村中的一块"飞地"，与地方社会和文化产生了根本断裂。

4. 乡村文化背景下乡村教师身份的矛盾与变革

乡土化教师虽不是本地人，却熟悉村寨状况，愿意在乡村中生活，并能以贴近乡村儿童需要的方式展开教学，传统私塾是乡村的有机组成部分，教师是村寨中伦理、道德、责任的担当者，在村民中享有一定威望。

然而随着中国现代乡村社会的急剧变革，乡村教师的身份与地位产生了重大变化，出现了候鸟式、逃离型、乡土化等多种类型的乡村教师，他们共同构成了当前乡村教师群体的现实状况。

候鸟式教师的家庭与工作空间产生较大分离，生活轨迹游离于乡村和城市之间，乡村学校仅仅是他们的工作和办公地点，他们既不像乡土化教师那样扎根于乡村，也没有逃离型教师那样急于摆脱乡村教师的身份，而是处于折中状态。①

逃离型教师虽然接受了正规的大学教育，学历层次较高，但长期的学校教育训练，力图将他们隔离于原初的生活环境，形成了城市生活的习性，因而并不愿意在乡村工作，而在进入乡村学校工作时，更是遭遇了学生对教师权威的挑战，在无法获得工作成就感的时候，产生了强烈的逃离倾向。

乡土化教师有着乡村学生的乡土情结，从生活背景到职业生涯都浸润在乡村环境中，形成了亲近乡土的心态，这类教师有助于弥合学校教育与地方文化的鸿沟，接近学校与村落的距离。候鸟式教师虽出生于乡村，但常年的受教育经历和职业生涯却使他们疏离于乡村环境，游离于乡村与城市成为他们的选择。逃离型教师是当前年轻教师的总体状况，他们已经隔绝于村落环境和文化，一心希望到城里工作和任教，而这种心态恰恰是学校教育长期灌输的结果。

在国家与地方的关系中，乡村教师处于矛盾的位置，乡村教师属于"公家人"，拥有正式编制和国家身份，是国家力量向地方传递的中介，与此同时，他们又身处具体的地方，需要面对多样化的地方文化以及浸润其中的学生。当带着教育理想进入乡村，一心维持作为教师的尊严，但自身权威不断受到学生的挑战，甚至要为维持纪律而耗尽心力时，他们就会产生强烈的逃离倾向。

围绕乡村教师，两种类型的话语形成鲜明对照：一是国家建构起的"红烛"形象，这是主流意识形态话语。教师被塑造成"太阳底下最光辉的事业"，"甘于清贫、默默奉献"的道德楷模，燃烧自己，照亮别人。二是乡村教师的不满情绪，这是底层教师的声音，乡村教师对自身处境充满了抱怨、愤懑和不满。

乡村教师身上展现的诸多矛盾和问题，也是社会结构与变迁的反应。传统社会中，教育与乡土社会并没有分离，乡村教育并非国家建制，而是乡村自主举办的事业，教师与村落在教育方式、教育内容、教育目标上存在一致，教师作为有文化的阶层在村落中享有权威，维续着村落的教化传统。现代乡村教师身份由国家建构，在其身上形成一种新的习性，表现出很强的离土倾向，教育资源不断丰富，教育管理渐趋完善，师资力量不断提升之后，乡村教师反而与乡村生活越来越隔膜，表现为从乡土化教师向候鸟式教师、逃离型教师的转变。学校教育的离土倾向与教师身份的国家建构，以越来越强烈的方式表现出来。而在学校这个场景中，人们往往将乡村教师的困境解释为教师自身素质、工作积极性不足等，却遮蔽了其深层的社会文化起源。

---

① 沈洪成：《国家身份与教化传统：云南芒市傣族地区乡村教师的历史考察》，载《中国农业大学学报（社会科学版）》，2015(6)。

当前乡村缺少固定的文化场所，缺少专职文化人员，许多农村文化信息平台陷入停滞和困顿境地，迷信、赌博等失范行为都是乡村精神文化缺失的表现。因此，依托乡村学校，建立一个集图书室、活动室、宣传室于一体的综合性文化服务场所，并让乡村教师负责管理，既可充分发挥乡村学校的教化作用，也能使乡村教师发挥对当地文化建设的引领作用。

乡村教师应该明确自己的价值意义，为乡村服务，为乡村学生的成长服务，将学习文化、传播文化作为建设新乡村不可或缺的职责，以此显现乡村教师乡村文化引领者的功能。

(五)新型城镇化进程的深刻影响

所谓城镇化，是指随着社会经济的发展，乡村要素不断转化为城市要素的量化过程以及城市要素不断向乡村扩散的同化过程。新型城镇化是以城乡统筹、城乡一体、产业互动、节约集约、生态宜居、和谐发展为基本特征的城镇化，是大中小城市、小城镇、新型乡村社区协调发展、互促共进的城镇化。

新型城镇化是人口集聚、"市民化"和公共服务协调发展的城镇化。只有劳动力的非农业化和劳动力的空间转移不是真正意义上的城市化，仅有人口的集聚和产业的优化，而不能让进城农民享有基本的公共服务，没有生活质量的提升、人居环境的改善也称不上高质量的城镇化。要改革城镇人口社会管理制度，逐步建立城乡统一的居住地登记体制，让外来常住人口在医疗、教育、养老、失业救济等方面与城市人口享受平等的权利，赋予外来落户人口以完全的"市民权"。

在新型城镇化背景下，政府正在大力采取措施推进城镇基本公共服务常住人口全覆盖。在教育领域，保障农民工随迁子女以流入地公办学校为主接受义务教育，以公办幼儿园和普惠性民办幼儿园为主接受学前教育。实施义务教育"两免一补"和生均公用经费基准定额资金随学生流动可携带政策，统筹人口流入地与流出地教师编制。组织实施农民工职业技能提升计划，每年培训 2 000 万人次以上。并允许在农村参加的养老保险和医疗保险规范接入城镇社保体系，加快建立基本医疗保险异地就医医疗费用结算制度。这些政策举措都将对乡村教师队伍建设带来深刻影响。

新型城镇化进程辐射带动了新乡村建设，也推动了乡村社会教育、文化、经济等方面的迅速变革与发展。在社会服务领域，推动基础设施和公共服务向农村延伸，推动水电路等基础设施城乡联网；推进城乡配电网建设改造，加快信息进村入户，尽快实现行政村通硬化路、通班车、通邮、通快递，推动有条件地区燃气向农村覆盖；开展农村人居环境整治行动，加强农村垃圾和污水收集处理设施以及防洪排涝设施建设，强化河湖水系整治，加大对传统村落民居和历史文化名村名镇的保护力度，建设美丽宜居乡村。加快乡村教育、医疗卫生、文化等事业发展，推进城乡基本公共服务均等化。

当前的新型城镇化进程正在深化乡村社区建设试点，带动农村一、二、三产业融合发展。比如，以县级行政区为基础，以建制镇为支点，搭建多层次、宽领域、广覆盖的农村一、二、三产业融合发展服务平台，完善利益联结机制，促进农业产业链延伸，推进农业与旅游、教育、文化、健康养老等产业深度融合，大力发展农业新型业态；强化农民合作社和家庭农场的基础作用，支持龙头企业引领示范，鼓励社会资本投入，培育多元化农业产业融合主体，推动返乡创业集聚发展。

广阔农村，大有作为。新型城镇化带动了农村社会的深刻变革，乡村教育事业的发展以及乡村教师的地位与待遇也在悄然发生着变化。乡村卓越教师培养的条件正在逐步酝酿并走向成熟。因此，实施乡村卓越教师培养计划，带动乡村教育事业发展，推动城乡教育公平，培养合格的乡村社会建设者和引领者，已经成为摆在我们面前的重要课题。

二、研究综述

通过中国学术期刊网全文数据库进行检索，可以发现 1984—2017 年，以"乡村卓越教师"为主题的研究文章仅有 38 篇，可见对乡村卓越教师的研究才刚刚起步。而以"乡村教师"作为研究主题的文章则高达 9 464 篇，最早的是王怡柯先生 1933 年发表在《教育与职业》上的《乡村教师救国论》。1984 年前每年仅有零星的几篇，自 1985 年之后以"乡村教师"为主题的研究文章每年都有数十篇，2000 年以"乡村教师"为主题的文章达到 108 篇，2001 年为 85 篇。自 2001 年之后以"乡村教师"为主题的研究论文每年都超过百篇，且呈现逐年上升的趋势。到了 2015 年之后关于乡村教师的研究文章突然出现爆发式增长，2014 年以"乡村教师"为主题的研究文章为 700 篇，2015 年则达到 1 410 篇，2016 年高达 1 777 篇。可见国务院"乡村教师支持计划"颁布之后，关于乡村教师的研究逐渐成为热点。纵观这些研究文章，内容大多涉及乡村教师的生存现状、专业发展、在职培训、人员流失、队伍建设、文化困境等，而关于乡村卓越教师的培养及成长类的文章则并不多见，这为本课题的乡村卓越教师研究提供了广阔的空间。

(一) 乡村卓越教师的内涵：立足乡村，追求卓越

一般语境下的"卓越乡村教师"是指乡村优秀教师或教学名师。显然乡村教师不可能都是卓越教师，"卓越"只是其中的少数。这种"卓越"是在乡村教学实

践、乡村教育实践中锻炼出来的。胡习之等认为，卓越乡村教师培养语境下"卓越乡村教师"的内涵应为"具有卓越潜质、在乡村任教且认同乡村文化的教师"。卓越乡村教师培养的根本就是培养出在乡村任教且认同乡村，并具有卓越潜质的乡村教育人才，也就是培养"下得去、留得住、教得好"的优秀乡村教育人才。乡村卓越教师培养应该采取"乡村取向"的宏观战略，从目标定位、培养模式、培养方法等方面努力追寻自己的特色。①

乡村卓越教师必然是在立足乡村地域的情境下追求卓越成就与成长。高涵、周明星等研究者认为，乡村教师首先带有地域性指向，即在乡村从事教育工作的教师，特指县级及以下区域内的学校；另一方面是特质性指向，即乡村卓越教师师范素质的独特内涵体现在乡村性上，是适应乡村政治、经济、文化与社会需求的特质。② 其次，对"卓越"概念的理解。美国学者弗德曼（Feldman）基于学生学习和情感的需求，认为卓越教师的关键特征包括以下内容：能够激发学生的学习兴趣；讲解内容清晰易懂；通晓所讲授的学科知识；精心备课；热爱所从事的学科的教学工作；关爱、尊重学生，并能给予有效的帮助和指导，包容、开放，鼓励学生质疑和讨论。因此，研究者认为：乡村卓越教师是指具有乡村情怀、会乡技和懂乡知的县级及以下学校骨干教师、教学名师和卓越师资人才，具有乡村性、卓越性、师范性和多能性特征。③

（二）乡村卓越教师的素质结构：四有品性三维动力

我们通常将职业素质理解为人们在一定身心条件基础上通过各类教育、职业岗位实践和自我学习实践等途径形成和发展起来的，在职业活动中起重要作用并相对稳定的内在职业心理品质。乡村教师素质无疑是一种职业素质，是从事乡村教师岗位所必需的内在心理品质，是直接影响乡村教师有效完成乡村教育教学活动并取得良好教学效果，从而促进乡村学生身心发展的心理品质的总和。

胡习之等研究者认为，乡村卓越教师培养的关键是"下得去、留得住"。由于乡村教师工作的地点大都在乡、镇、行政村、自然村，远离都市，条件艰苦、文化匮乏，待遇也不高，所以乡村教师一直缺员，且队伍一直不稳定。没有对乡村文化的认同，是很难真正做到"下得去、留得住"的。乡村教师文化认

---

① 胡习之：《卓越乡村教师培养的路径——以阜阳师范学院文学院卓越教师计划为例》，载《阜阳师范学院学报（社会科学版）》，2017(4)。

② 高涵，周明星：《乡村卓越中职教师师范素质及其养成机制探析》，载《河北师范大学学报（教育科学版）》，2016(2)。

③ 高涵，周明星：《乡村卓越中职教师师范素质及其养成机制探析》，载《河北师范大学学报（教育科学版）》，2016(2)。

同，是指对所任教乡村的地域认同、价值认同、风土人情认同等，是在理解基础上的认可与融入，通过改变自我来适应乡村，其根本是一种情感认同。

关于乡村卓越教师素质结构，有研究认为，师范素质结构划分至少包括两种类型：一是宽泛的素质观。有学者认为，教师的师范素质包括文化专业素质、教学科研素质、身心素质、思想道德素质等。二是狭窄的素质观。这种观点将师范素质简单地理解为教学方法与技能，如三字一话、多媒体课件制作、课堂教学等，这种观点更多地关注专业知识和技能的传授，忽视教师职业品质的养成。

高涵、周明星等研究者根据师范素质结构类型特点及高等师范教育培养特征，指出乡村卓越教师素质结构内容具体包括以下六种素质：一是扎根乡村的角色意识，指对自身承担乡村教师这一角色的地位、相应行为规范及其角色扮演的认识、理解与体验，包括乡村意识、乡村情怀和乡村责任品质。这里的乡村意识是指对乡村经济、政策、文化等的认知和把握；乡村情怀则是指热爱乡村的一种情感心理状态；乡村责任品质是指有投身乡村教育的使命感。因此，只有真正具有乡村意识、乡村情怀和乡村责任品质的师范生，才能热爱并投身于乡村教育，也是其成长为一位卓越的乡村教师的动力之源。[①] 二是领悟乡村的思辨能力，指乡村文化历史及社会发展的背景下对知识的反思能力，包括理解与掌握能力、批判式思维能力和教育研究能力等。理解与掌握能力即对于乡村建设中涌现出来的各种新知识、新技术能迅速理解其内涵、要素并及时掌握运用，同时与其他知识融合；批判式思维能力即学生的学习不再是单纯的知识累积，而应该是培养良好的思维素质和正确的思维方法，包括思维过程中洞察、分析和评估的过程；教育研究能力即新时代教育不再需要"传声筒"式的教师，更不是教师满堂灌式地把书本知识传授给学生，而需要其对知识进行处理，加强教育教学研究，从而提升自身的教学能力。因此，思辨能力无疑是新时期教师的必备素质，而乡村卓越教师的思辨能力要突出其乡村性，即要有将知识置于乡村情境中进行理解、辨析、批判和掌握的能力。三是适合乡村的教育手段，指适宜乡村学校教学环境的教学辅助手段和工具，包括三字一话、多媒体课件制作与使用、网络教学技术等。教育部在《高等师范学校学生的教师职业技能训练大纲》中明确提出："高等师范学校学生的教师职业技能训练内容包括讲普通话和口语表达、书写规范汉字和书面表达、教学工作和班主任工作技能四部分。"多媒体课件制作与使用是使用信息手段制作课件并用于教学，这已成为信息时代的教学主流，教师无疑要掌握多媒体课件制作与使用的技术。

---

① 高涵，周明星：《乡村卓越中职教师师范素质及其养成机制探析》，载《河北师范大学学报（教育科学版）》，2016(2)。

网络教学技术是指网络教育中开展教育教学的一种教学方式，它需要教师掌握网络教学的组织形式和技术手段。四是感知乡村的表达方式，指能将乡村的文化融入教师日常书面语言表达，并善于让他人感知、理解和掌握，主要表达形式包括板书、教案、教学日记、学生评语等。感知乡村的表达能力既包括教师一般的表达能力，又有其特殊能力的内容要求，要能体现乡村特色文化与风格的表达能力。五是融通乡村的交流风格，指乡村卓越教师在与乡里人沟通中所表现出的与乡村风土人情融合的思想观念、审美理想、精神气质等内在特性的外部印记。一般来说作为乡村卓越教师，与乡里人交流要具有乡里风格、乡俗风格和乡愁风格。乡里风格即与乡里人拉家常的非学问的人间交流方式，如对孩子的唠唠叨叨等；乡俗风格即在称谓、行为、语调等方面表现出来的"入乡随俗"的亲近；乡愁风格即贯通本地文化，如典故、成语、传说等表达风格。因而，作为乡村卓越教师，不仅应具备一般的口头表达能力，还应该熟练地掌握乡村口头语言表达的特殊习惯和风格范式，才能与具有浓厚乡村性的学生及学生家长进行良好沟通。六是契合乡村的教学艺术，指乡村卓越教师为达到最佳教学效果而运用的符合乡村学校教育教学环境，且遵循教学规律和美学规律的教学方法和技巧，包括教学设计、说课技巧、课堂组织等。教学设计即针对乡村学生的特点，在遵循课程标准的基础上，合理有序地安排教学诸要素，最终制定出合适的教学方案；说课技巧即根据教学内容和乡村学生的学习特点运用的独特的课堂教学方法；课堂组织即通过营造具有吸引力的课堂环境，提高乡村学生的学习积极性和主动性，做到既适应乡村学校的特殊教学环境，又符合乡村学校学生群体的需要，从而达到最佳的教学效果。

根据当前乡村教育的发展需求状况，我们提出了乡村卓越教师核心素养，既要具备"四有"品性，又应该具备"三维"动力。"四有"品性即"有理想信念、有道德情操、有扎实知识、有仁爱之心"，这是所有教师须有的基本品性；乡村教师至少还应该具备"三维"动力，即"融入乡土社会的内趋力、立足乡村学校的发展力、关爱乡村学生的行动力"，这是乡村卓越教师的特质。

围绕乡村卓越教师的基本品性和特质，盐城师范学院构建了乡村卓越教师教育CPR(课程、实践、研修)模式：①以乡村教育实证调研为依据，借鉴国外乡村教育理论，以人文关怀、文化浸润、能力生成为主线，开发了孕育乡村教师职业情怀、融入地域与学校精神文化、关注乡村儿童探究经验等凸显乡村教育特殊性的系列课程。②探索出了以"大学—政府—乡村学校"为共同体的实践路径，通过新疆支教、苏北(江苏北部地区，以下简称苏北)顶岗等路径，在现实育人环境中提高乡村教师实践素养，形成"引领、助力、提升"研修机制。③以江苏农村教育发展研究中心为平台，开展乡村教师课题研究，引领乡村教师研修意识；以继续教育学院为依托，提供研修指导服务，助力乡村教师发展和研修实践;以中小学教师国家级培训计划(以下简称"国培计划")与名师工作坊为载体,推进研修伙伴协作,提升乡村教师研修能力。

(三)乡村教师的生存现状:困境与突围

林润之等人研究了乡村教师在待遇及制度规约下的生存困境。首先是人事制度规约下乡村教师的生存困境。从人数编制看,目前城乡教师编制的标准是统一的,乡村学校从生师比上看,教师缺乏并不严重,可乡村地广人稀,教学点多而规模小,这样的"麻雀学校"还得开齐课程,教师人数及结构就显得严重不足。① 从教师流动制度看,现行的人事管理制度允许乡村教师报考公务员和事业单位;当城市学校教师不足时,教育行政部门便在辖区范围内公开选聘;政府部门也可以借用、调走教师。在这"正常流动"制度下,乡村学校的优秀教师一批批被选走、借走、调走,这使本已欠缺教师的乡村学校雪上加霜。余下的教师不得不身兼数门课程的教学任务,疲于奔命,教学质量难以保证。从职称评聘制度看,现行的人事管理制度规定了各个学校教师职称级别的人数比例。由于教师的"校籍制"管理,如果学校各个职级数满编,后来晋升职称的教师就不能获得聘任,还会出现"无级别"的教师,严重影响了教师专业发展的积极性。

此外,教育行政化管理导致乡村教师专业自主权缺失。市、县教育行政部门集中了学校教学管理的职能,通过各种指令性文件、通知来指导学校工作。乡村学校想做的事不能做,却要花很多时间与精力去应付来自方方面面的各种形式主义的检查、评估、验收,乃至乡村扶贫工作等,耗散了学校领导和教师的办学精力,干扰了学校正常的教学秩序,压制了校长、教师工作的主动性、创造性。

林润之等人研究指出,待遇制度规约下乡村教师的生活待遇偏低。实施《乡村教师支持计划(2015—2020年)》在于改善乡村教师资源配置,逐步形成"下得去、留得住、教得好"的局面。但在实施中,有些经费是要地方财政配套的。比如,乡村教师支持计划总体要求中提出要"提高乡村教师生活待遇","加快实施边远艰苦地区乡村学校教师周转宿舍建设。各地要按规定将符合条件的乡村教师住房纳入当地住房保障范围,统筹予以解决"。这在一定程度上会增加当地财政的负担,出现配套困难,执行尺度不一或落实不到位的情况。据调查,乡村教师生活补贴,有的不分远近按统一标准发放,有的在乡镇所在地中小学校工作的不发放,在教学点工作的才发放。又如,因经费不足,乡村学校教师周转宿舍多数仅够安置在校的教师,新进教师就无法安置,境况

---

① 林润之:《边远乡村教师的生存困境及其突破》,载《贺州学院学报》,2017(1)。

堪忧。

　　再者，乡村教师职级待遇也得不到落实。各级政府部门中不少人仍然固守着旧有观念，使《乡村教师支持计划（2015—2020年）》中"职称（职务）评聘向乡村学校倾斜"的要求落实不到位。从调查的边远民族地区看，乡村中小学教师晋升中、高级职称分配的指标比市、县城区学校要低30％。①

　　还有研究表明，专业培训制度规约下乡村教师的培训缺乏针对性。目前的教师专业培训方式，没有照顾到不同学校、不同教师的专业发展需要，因此专业培训效果较差。近年来实施的乡村骨干教师"国培计划"和"省培计划"是规模最大、面向最广的教师专业培训。这个两级"培训计划"规定了省外、省内和一线培训专家的比例，制定了培训的课程标准。培训内容与方式规定为：先集中理论培训一个月，再到基地学校跟岗培训一个月，最后是返岗研修一个月。据调查，很多参加培训的乡村教师仍然觉得是被动的，培训的理论未能消化，在城市基地学校跟岗学习的教学方式不适应乡村学校，返岗研修又不得其法，未能解决乡村教师教学中的困境。

（四）乡村卓越教师培养与城乡教育一体化进程

　　胡习之等人研究认为，乡村卓越教师培养首先要有准确的目标定位，即培养德、智、体、美全面发展，具有系统扎实的学科基本理论、基本知识、基本技能，具有较强的学习能力、实践能力和创新精神，适应基础教育发展需要，能胜任乡村学校教学，具备卓越潜质的乡村教师。② 乡村卓越教师的培养可以实施"大专业、小方向、模块课程、技能达标"模式。"大专业"即夯实学生的专业基础功底和修养，拓宽"卓越教师培训班"学生的知识面。"小方向"是指学科教育方向。"小方向"把师范教育人才的培养更加具体化，同时也考虑到学生的就业走向。"模块课程"即围绕学科专业"卓越教师培训班"培养目标设置若干系列课程，主要从公共基础课程模块、学科基础课程模块、专业核心课程模块、专业拓展课程模块、教师教育基础课程模块、教师教育拓展课程模块、实践育人课程模块七大模块进行设计和实施。"技能达标"是指通过教师专业技能考核方可参加教育实习。"卓越教师培训班"学生在进入教育实习基地前接受教师专业技能测试，达到要求的才能参加专业实习。

　　高涵、周明星等研究认为，乡村卓越教师应注重加强乡村认同培养。对乡

---

　　① 林润之：《边远乡村教师的生存困境及其突破》，载《贺州学院学报》，2017(1)。
　　② 胡习之：《卓越乡村教师培养的路径——以阜阳师范学院文学院卓越教师计划为例》，载《阜阳师范学院学报（社会科学版）》，2017(4)。

村认同培养既通过专业课程的教学慢慢渗透,也通过专题活动渲染强化。① 主要从以下几方面进行:其一是对学生进行乡村情怀教育,培养其乡村情怀。其二,对学生进行乡村文化融入培养,使其懂得只有适应乡村生活,才能以乡村教育为业。其三,唤起来自乡村的学生对家乡的热爱情感,对家乡文化的认同感。比如,在班级开展"家乡美"演讲、摄影等活动发掘、展现自己家乡的美景、风貌、风土、人情,强化他们对养育自己的故土的热爱。

对乡村卓越教师的培养,还应通过校地合作,采取顶岗实习支教、义务支教等方式对学生进行实践培养,使其深刻体验乡村基础教育的现状,深化对乡村教师职业的理解,感受到在乡村会有作为,甚至大有作为,激发他们投身乡村教育的热情,为以后的从业选择奠定基础。

国务院于2016年7月印发《关于统筹推进县域内城乡义务教育一体化改革发展的若干意见》,要求按照全面建成小康社会目标,加快缩小城乡教育差距,促进教育公平,统筹推进县域内城乡义务教育一体化改革发展。其共推出十项措施,主要举措包括:同步建设城镇学校,努力办好乡村教育,科学推进学校标准化建设,实施消除大班额计划,统筹城乡师资配置,改革乡村教师待遇保障机制,改革教育治理体系,改革控辍保学机制,改革随迁子女就学机制,加强留守儿童关爱保护。

统筹推进城乡义务教育一体化进程的主要举措是统筹城乡师资配置,关注乡村教师队伍建设。各地要依据义务教育学校教职工编制标准、学生规模和教育教学需要,按照中央严格控制机构编制的有关要求,合理核定义务教育学校教职工编制;建立城乡义务教育学校教职工编制统筹配置机制和跨区域调整机制,实行教职工编制城乡、区域统筹和动态管理,盘活编制存量,提高使用效益。国务院人力资源社会保障部门和教育部门要研究确定县域统一的义务教育学校岗位结构比例,完善职称评聘政策,逐步推动县域内同学段学校岗位结构协调并向乡村适当倾斜,实现职称评审与岗位聘用制度的有效衔接,吸引优秀教师向农村流动。县级教育行政部门在核定的教职工编制总额和岗位总量内,要按照班额、生源等情况,充分考虑乡村小规模学校、寄宿制学校和城镇学校的实际需要,统筹分配各校教职工编制和岗位数量,并向同级机构编制部门、人力资源社会保障部门和财政部门备案;全面推进教师"县管校聘"改革,按照教师职业特点和岗位要求,完善教师招聘机制,统筹调配编内教师资源,着力解决乡村教师结构性缺员和城镇师资不足问题;严禁在有合格教师来源的情况下"有编不补"、长期聘用编外教师,严禁挤占挪用义务教育学校教职工编制和

---

① 高涵,周明星:《乡村卓越中职教师师范素质及其养成机制探析》,载《河北师范大学学报(教育科学版)》,2016(2)。

各种形式的"吃空饷";积极鼓励和引导乡村志愿支教活动。

此外,还应当深入改革乡村教师待遇保障机制。各地要实行乡村教师收入分配倾斜政策,落实并完善集中连片特困地区和边远艰苦地区乡村教师生活补助政策,因地制宜稳步扩大实施范围,按照越往基层、越往艰苦地区补助水平越高的原则,使乡村教师实际工资收入水平不低于同职级县镇教师工资收入水平;健全长效联动机制,核定义务教育学校绩效工资总量时统筹考虑当地公务员实际收入水平;确保县域内义务教育教师平均工资收入水平不低于当地公务员的平均工资收入水平;建立乡村教师荣誉制度,使广大乡村教师有更多的获得感;完善乡村教师职业发展保障机制,合理设置乡村学校中级、高级教师岗位比例;落实中小学教师职称评聘结合政策,确保乡村学校教师职称即评即聘;将符合条件的边远艰苦地区乡村学校教师纳入当地政府住房保障体系,加快边远艰苦地区乡村教师周转宿舍建设,从而使乡村教师能够下得去、留得住。

城乡一体化是中国现代化和城市化发展的一个新阶段,就是要把工业与农业、城市与乡村、城镇居民与农村村民作为一个整体,统筹谋划、综合研究,通过体制改革和政策调整,促进城乡在规划建设、产业发展、市场信息、政策措施、生态环境保护、社会事业发展的一体化,改变长期形成的城乡二元经济结构,实现城乡在政策上的平等、产业发展上的互补、国民待遇上的一致,让农民享受到与城镇居民同样的文明和实惠,使整个城乡经济社会全面、协调、可持续发展。

首先,推进城乡教育一体化有助于加快新城镇化进程,是实现教育公平的必要性研究,新城镇化进程中推进城乡教育一体化的有效途径和策略为实现教育一体化和教育公平提供理论基础。其次,城乡基础教育一体化的实现,有助于我国在城乡教育公平和教育均等方面的发展,为真正实现教育公平、教育均等奠定基础。最后,通过系统研究,可以为城乡教育一体化改革提供思路和指导,促使城乡教育和谐发展。对城乡教育一体化进行实证分析,对今后统筹城乡发展,缩小城乡二元经济结构,顺利实现城乡一体化具有重要的实践参考价值。把握城乡教育一体化的规律,适应发展趋势,对落实《国家中长期教育改革和发展规划纲要(2010—2020年)》,促进教育发展具有重要的现实意义。

城乡教育一体化进程要求义务教育均衡发展,关键是学校均衡,学校均衡的关键是教师均衡。可以采取选派城区教师到农村支教、建立县域内教师城乡岗位定期交流制度、区域内骨干教师巡回授课等措施推进教师城乡交流,提高乡村教师队伍整体水平,推进城乡教育一体化发展。

三、主要观点

本研究主要关注当前乡村教师教育的现实状况、乡村教师教育的归因与可能出路，通过分析乡村教师教育现状与发展前景，在理论与实践层面提出"为什么培养乡村卓越教师、培养乡村卓越教师应该探讨哪些理论范畴、如何培养乡村教师"等基本问题。具体研究的问题包括乡村卓越教师的内涵解读、乡村卓越教师的能力结构、乡村卓越教师的发展现状以及乡村卓越教师的发展趋势等。

(一) 乡村卓越教师的内涵解读

教育部颁布的卓越教师培养计划指出，要深化教师培养模式改革，建立高校与地方政府，以及中小学（幼儿园、中等职业学校、特殊教育学校）协同培养新机制，培养一大批师德高尚、专业基础扎实、教育教学能力和自我发展能力突出的高素质专业化中小学教师。习近平在同北京师范大学师生代表座谈时也指出，好教师应该有理想信念、有道德情操、有扎实学识、有仁爱之心。

因此，根据国家教育部颁布的卓越教师培养计划以及习近平总书记的指示精神，所谓卓越教师，应该是具有"坚定的理想信念、高尚的道德情操、扎实的学识能力、真诚的仁爱之心"的好教师。而乡村卓越教师，是指服务乡村教育文化发展，以培养农村学生为己任，具备坚定理想信念、高尚道德情操、扎实学识能力和真诚仁爱之心的好教师。

首先，作为一位乡村卓越教师必须具备坚定的理想信念。乡村教师肩负着培养乡村孩子的重要责任，正确的理想信念是坚守乡村教育、坚持教书育人、播种未来的指路明灯。一位优秀的乡村教师，应该是"经师"和"人师"的统一，既要精于"授业""解惑"，更要以"传道"为责任和使命。乡村卓越教师心中要有乡村和农民，要明确意识到肩负的国家使命和社会责任。我们的教育是为人民服务、为中国特色社会主义服务、为改革开放和社会主义现代化建设服务的，党和人民需要培养的是社会主义事业建设者和接班人。好教师的理想信念应该以这一要求为基准。乡村卓越教师应该做中国特色社会主义共同理想和中华民族伟大复兴中国梦在乡村的积极传播者，帮助乡村学生筑梦、追梦、圆梦，让一代又一代乡村年轻人都成为实现我们民族梦想的正能量。

其次，乡村卓越教师应该具备高尚的道德情操。乡村教师的人格力量和人格魅力是乡村教育成功的重要条件。广大乡村教师必须率先垂范、以身作则，引导和帮助乡村学生把握好人生方向，特别是引导和帮助青少年学生扣好人生的第一粒扣子。合格的乡村教师首先应该是道德上的合格者，好教师首先应该是以德施教、以德立身的楷模。乡村教师是乡村学生道德修养的镜子。师德是深厚的知识修养和文化品位的体现。师德需要教育培养，更需要教师自我修养。乡村卓越教师要有"捧着一颗心来，不带半根草去"的奉献精神，自觉坚守乡村精神家园、坚守人格底线，在乡村带头弘扬社会主义道德和中华传统美德，以自己的模范行为影响和带动乡村学生。好教师的道德情操最终要体现到对所从事职业的忠诚和热爱上来，应该执着于教书育人。做教师，最好的回报是学生成人成才，桃李满天下。而乡村教师则必须在道德修养上率先垂范，在人格魅力上对乡村学生施加影响，引导乡村学生成长为合格的乡村社会成员。

再次，乡村卓越教师还应该具备扎实的学识能力。扎实的知识功底、过硬的教学能力、勤勉的教学态度、科学的教学方法是教师的基本素质，其中知识是根本基础，包括普适性知识和地方性知识。在信息时代做好乡村教师，自己所知道的必须大大超过要教给乡村学生的范围，不仅要有胜任乡村教学的专业知识，还要有广博的通用知识和宽阔的胸怀视野。乡村卓越教师还应该是智慧型的教师，具备在乡村学习、处世、生活、育人的智慧，既授人以鱼，又授人以渔，能够在各个方面给乡村学生以帮助和指导。过去讲，要给学生一碗水，教师要有一桶水，现在看，这个要求已经不够了。对于乡村卓越教师而言，要给乡村学生一碗水，乡村教师应该是要有一潭水，既要面向全社会，又要着眼于乡村现实世界，才能胜任乡村教育教学工作。

最后，真诚的仁爱之心是乡村卓越教师的底色。爱是教育的灵魂，没有爱就没有教育。乡村卓越教师要善于用爱培育爱、激发爱、传播爱，通过真情、真心、真诚拉近同乡村学生的距离，滋润乡村学生的心田。爱心是学生打开知识之门、启迪心智的开始，爱心能够滋润、浇开学生美丽的心灵之花。乡村卓越教师对乡村学生的教育和引导应该是充满爱心和信任的，应该把自己的温暖和情感倾注到每一名乡村学生身上，用欣赏增强乡村学生的信心，用信任树立乡村学生的自尊，让每一名乡村学生都健康成长，让每一名乡村学生都享受到成功的喜悦。乡村卓越教师应该懂得，选择当乡村教师就选择了责任，就要尽到在乡村教书育人、立德树人的责任，并把这种责任体现到平凡、普通、细微的乡村教学管理之中。乡村卓越教师责任心有多远大，乡村的教育舞台就有多宽广。

(二) 乡村卓越教师的能力结构

作为一位合格教师，其能力结构至少应该包括如下几个方面，即教育教学能力、语言表达能力、组织管理能力、自我调控能力等。对于乡村卓越教师而言，则还应该具备乡村地方性知识以及乡土文化的传播能力。总体而言，乡村卓越教师能力应当体现"四有"品性，又应该具备"三维"动力（乡村教师必备的关键能力）。由此，乡村卓越教师的能力结构表现为以下五个方面。

第一，具备组织乡村教育和教学的能力，表现在善于制订乡村学校教学计划，编写乡村课堂教案，组织乡村教学，与村民家庭、乡村社会协调配合等方面。

第二，具备乡村教育的语言表达能力，乡村教师语言应具有与乡村社会相适应的科学性、逻辑性和启发性，并善于结合乡村生活状况调控姿态、表情、手势，使乡村语言更具表现力。

第三，具备对乡村学校和学习群体的组织管理能力，表现在善于在乡村学校组织和管理班集体，根据乡村社会现状对乡村学生和班级日常工作良好地组织管理等方面。

第四，具备自我调控能力和自我反思能力，对于乡村学校教育教学过程中出现的各种情况，乡村卓越教师能及时分析调整，使乡村教育教学工作达到最优化的程度。

第五，具备乡村地方性知识与文化的传播能力。这要求乡村教师不仅了解包括当地乡村生活与农业发展的基本常识，还应该熟悉地方传统文化的历史与现状，能够为传播乡土文化、弘扬主旋律和正能量做出贡献。

(三) 乡村卓越教师的发展现状

乡村卓越教师并非新鲜事物，长期以来，在广大乡村学校，存在着许多默默奉献、扎根乡村教育的好教师，他们是乡村卓越教师的杰出代表。然而，随着经济社会的转型以及乡村传统文化精神的失落，原本奋斗在乡村教育领域的好教师逐渐流失、日益减少，留守在乡村教育战线的教师发展现状也令人忧心。伴随基础教育的深度改革，乡村教师这个群体也逐渐出现在大众的视野中。而乡村教师的基本现状也成为关注的焦点，更是基础教育改革的前提和基础。如何改善我国乡村教师的现状，成了基础教育改革的根本问题。

总体来看，乡村卓越教师依然面临如下问题：第一，乡村卓越教师在乡村社会的地位仍然偏低。虽然国家针对乡村教师颁布了许多法令，但实行得却不是那么彻底，有许多的乡村地区并没有感受到政府的关心。第二，乡村卓越教师待遇偏低。本研究将从乡村教师的工资待遇等方面加以调查研究。较低的工资待遇，使乡村教师缺乏成就感，也给乡村教师带来了很重的生活压力。第三，乡村卓越教师存在结构性短缺。乡村好教师数量稀缺，繁重的教学任务给教师带来许多压力，有些还存在跨学科教学任务，而且跨学科教学对于学生的学习来说也有不便之处，教师结构性短缺的问题急需得到解决。第四，乡村卓越教师的专业素质及综合素质依然有待提高。乡村教师队伍的学历起点普遍偏低，卓越教师数量不多，而且其专业素质及综合素质并非十全十美，这样的现状难以适应乡村教育现代化建设的需要。教师资源的缺乏，又使教师整体水平难以保证。他们又长期工作在乡村教育教学第一线，缺乏接受系统学习的机会，这也就导致提高乡村教育质量存在较大障碍。第五，乡村教师的后续性学习机会与动力均显不足。乡村教师教学任务繁重，缺少时间及资金保障，少有机会外出学习。然而就算在不多的外出培训过程中，教师的收获也不是很大。培训专家也并不了解乡村教师的实际情况，培训的内容跟乡村教师的现实相差较远，培训效果不尽如人意，这也导致乡村教师后续性学习动力不足。第六，乡村教师教学环境及设施简陋。许多乡村教师反映，乡村学校缺少教学场地与设施，甚至有些还没有充足的教学参考教材。乡村教师在教学中遇到困难不能得到及时有效的帮助。乡村学校的体育、美术、音乐都缺乏相应的工具，这些都严重阻碍了乡村教师的教学工作。

本研究将对乡村卓越教师发展现状进行深入调查，摸清乡村教育及乡村教师发展存在的问题，并提出有针对性的对策建议，为乡村卓越教师培养提供参考。

(四) 乡村卓越教师的发展趋势

乡村卓越教师是乡村振兴战略下乡村社会发展特别是乡村教育事业的引领者和催化剂。通过农村社区文化与教师文化的良性互动，乡村教师可以得到乡村社区的极大支持，更好地推进乡村基础教育课程改革，推进乡村教育的和谐发展。乡村教师与村民之间的互动与交往，加深了彼此之间的情感联系，进而构建了相互熟悉的社会关系网络，在此基础上，形成了以乡村教师为主导的村落文化共同体，充分发挥乡村教师的乡村知识文化核心作用。好的学校就是一个学习型社区，受到良好教育的年轻人由此而生成。乡村卓越教师应利用乡土资源和乡土教材开展具有地域特色的乡村文化活动，发展独具内核的乡村文化精神，将农村本土文化与现代文化有机融合在一起。

在当前新型城镇化和乡村振兴战略背景下，乡村教师立足于为乡村服务的角色，以文化人身份介入乡村社会实践，充分发挥乡村教师对于乡村的社会功能和公共责任。地方政府与教育行政部门应该解放乡村教师的晋级枷锁，为乡村教师服务乡村提供路径和奖励，乡村教师也要以自身的文化学识融入乡村社区，丰富乡村社区文化，积极参与乡村社会生活，开发乡村人力资源，提高乡村居民素质。

乡村卓越教师承载着教育扶贫、阻断贫困代际传递的重要责任。让下一代不受贫困的侵扰，是乡村卓越教师最高的追求，乡村教师的职业幸福也建立在此基础之上。近几年来，国家、省以及各地市不断加大乡村教师培训的支持力度，同时，实施教师资格定期注册制度，每年培训72学时，使教师业务快速得以提升。预计乡村卓越教师培养的前景必将越来越美好。

本研究拟从如下方面,探讨乡村卓越教师发展趋势。

第一,坚持乡村教师需求导向和分类指导。

第二,建立乡村卓越教师协同培养机制。

第三,推动乡村卓越教师深度融合发展。

第四,保障乡村卓越教师"下得去、留得住、教得好"。

本书的研究思路及研究方法将遵循如下研究路径。

首先,对乡村卓越教师教育的现状进行评估。对国内外已有的相关研究成果进行全面梳理,对乡村教师教育相关成果进行分类比较,整理出较为详细的综述材料,确定本研究的重点和难点所在。

其次,对不同阶段乡村教师教育的原始资料进行系统的搜集整理,对乡村教育资料和乡土档案材料进行筛选清查,对乡村教师教育发展历程及思想脉络进行分类整理,形成相关资料汇编。

再次,对乡村卓越教师教育的历史及现实进行田野考察,不仅对 20 世纪乡村教育的若干成功经验进行专题调查和研究,还将对 21 世纪以来,特别是乡村教师支持计划和卓越教师培养计划实施以后的现代乡村教育实践进行实证调研,借以增强本课题研究的科学性和时代性。

最后,在上述研究基础上,本课题组将进行深入的比较分析与理论研究,将乡村卓越教师教育放置于新世纪东西方文化融合的背景下进行比较研究,主张运用教育现代化和教育公平理论,从历史及社会的视角全面剖析我国乡村卓越教师教育的历史变迁、现实问题与未来发展趋势,为乡村卓越教师的培养探索可行性道路,为实现城乡教育协调发展并最终实现教育现代化而贡献力量。

第一章　现状调查：乡村教师队伍建设

党的十八大以来，我国教育事业全面发展，乡村教育明显得到进一步重视。强国必先重教，重教必须尊师。乡村教师队伍建设是我国当前教育发展的短板，是全面建成小康社会、阻断贫困代际传递、实现教育基本现代化必须予以解决的政策问题。当前，我国约占中小学教师总数30%左右的乡村教师的培养与发展需要得到进一步支持。受城乡二元体制、自然地理条件、历史差距积累等因素影响，加之粗放的城镇化进程中乡土精英抽离、乡土文化丧失、人口流动加速等原因，乡村教师队伍面临职业吸引力不强、补充渠道不畅、资源配置不足、结构不尽合理、整体素质不高等突出问题，制约了乡村教育的持续健康发展。

为此，国家出台了多项政策给予乡村教师队伍支持、提升。《乡村教师支持计划(2015—2020年)》的出台并实施主要针对以上问题，采取切实措施加强乡村教师队伍建设，缩小城乡师资水平差距。实施乡村教师支持计划，是党中央、国务院着眼全面建成小康社会、推动教育现代化取得重要进展做出的重大决策部署。各省(市、自治区)政府办公厅紧接着出台《乡村教师支持计划(2015—2020年)》实施办法，把乡村教师队伍建设上升到优先发展的战略位置，让每个乡村孩子都能共享教育发展成果。各级政府在稳定扩大规模、提高待遇水平、加强培养培训等方面采取了一系列措施，乡村教师队伍面貌发生了显著变化，有力提升了乡村教育质量，促进了城乡教育公平。

但从总体上看，乡村教育仍然是教育现代化建设的短板，乡村教师队伍仍然是教师队伍建设的薄弱环节。《乡村教师支持计划(2015—2020年)》实施之前，乡村教师队伍建设究竟存在哪些问题？乡村教师个人的专业发展究竟存在哪些困境？《乡村教师支持计划(2015—2020年)》究竟应如何实施、如何增效？带着这些问题，我们基于国家的政策文本，基于发表在权威报刊的文献，对全国的乡村教师队伍建设情况进行了观察分析。

一、乡村教师队伍建设的现状

(一)乡村教师队伍不断扩充，补充机制逐步建立

乡村教师主要是小学和初中阶段的教师，近年来乡村教师队伍不断扩充，他们不仅是乡村基础教育的主要力量，而且在整个教育事业发展中具有举足轻重的地位。充足的教师队伍是推进乡村义务教育发展、提高乡村教学质量的保证。党中央、国务院历来重视乡村教育，始终关心乡村教师，出台了一系列的政策措施，加强乡村教师队伍建设。尤其是《乡村教师支持计划(2015—2020年)》实施以来，乡村教师队伍建设进入了全面提质增速的新阶段。

数据显示，2013—2016年，全国乡村教师数量由330万人升至370万人，2013—2016年，中央财政投入217.90亿元，在国家层面招聘乡村特岗教师28万人。以江苏省为例，据2017年江苏省教育年鉴统计，江苏省专任中小学教师为111.93万人(在职)，其中，乡村教师总共约有26万人，占全省基础教育和中等职业教师总数的36%，其中苏北地区占比最多。

为进一步落实《乡村教师支持计划(2015—2020年)》，不断扩充乡村教师队伍，多个省份从2016年起，从省级层面统筹开展乡村教师定向培养，培养一批下得去、留得住、一专多能、素质全面的本土化乡村教师，定向培养的乡村教师需在乡村学校任教5年以上。各省还积极推进高师院校师范生顶岗实习支教，目前，顶岗实习支教已由点到面地在各地展开。

与此同时，义务教育学校教师"县管校聘"管理体制改革也在全面推进。统一城乡中小学教职工编制标准，县级教育部门在核定的编制总额内，按照班额、生源等情况统筹分配各校教职工编制，并报同级机构编制和财政部门备案。在调配各级岗位时，城乡义务教育学校岗位结构比例要总体平衡，并充分考虑乡村学校对高等级岗位的需求。统筹规划、统一选拔的乡村教师补充机制正在逐步建立，确保乡村教师队伍优先补足配齐。

(二)乡村教师社会地位提高，经济待遇有所提升

随着经济社会发展水平的不断提高，乡村教师队伍建设日益受到重视，各级政府不断加大对乡村教师队伍建设的投入力度，乡村教师的待遇明显提高，

教师正在成为越来越具有吸引力的职业。

2013年9月，乡村教师生活补助政策全面实施，启动至今中央财政核拨综合奖补资金112亿元，覆盖中西部708个连片特困地区（县），惠及乡村教师130多万人，目前全国的乡村教师生活补助人均月标准近300元，其中少数地区最高的人均月补助标准达到了2 000元。国家还专门设立了乡村教师特殊岗位津贴：在依法依规落实乡村教师工资待遇和补助政策，按照国家统一规定，正常调整基本工资标准，进一步完善绩效工资制度的前提下，将绩效工资分配向地处偏远、条件艰苦的乡村教师倾斜；依据乡村学校与乡镇距离的远近、职称等建立差别津贴制度，对于流动到乡村学校的教师，可设立特殊岗位补贴，政府可安排专项资金实现专项补助。与2012年相比，2013年乡村特岗教师的工资性补助标准，西部地区从年均2.70万元提高到3.46万元，中部地区从2.40万元提高到3.16万元。同时，这也示范引领了14个省份实施地方的特岗计划。

根据本地区经济社会发展的实际，各省多次提高义务教育教师的工资标准，确保教师工资足额按时发放；通过进一步完善绩效工资制度，将绩效工资分配向地处偏远、条件艰苦的乡村教师倾斜，如江苏省给予每人每月220～460元的生活补贴。对于乡村公办幼儿园和学生数增长较快、教师结构性缺员矛盾突出地区的义务教育学校，各地可探索通过按岗位购买服务的办法招聘教师，实行合同管理，建立相应的工资保障制度，其工资收入原则上不低于当地职工平均工资水平，并按时足额缴纳各项社会保险费，建立乡村教师失业、养老、医疗保险等特殊优惠政策，特别是增加乡村教师住房公积金额度这一教师们最关切的利益。

（三）乡村教师继续教育力度加强，教师专业水平提升

当前，乡村教师培训已经进入促进教师专业化发展的新阶段，师德建设得到重视与加强，教师教育改革逐步深化，教师继续教育工程全面启动，初步建立了义务教育教师继续教育体制，广大教师的职业道德水平、教育教学能力和综合素质得到普遍提高。

为贯彻落实《乡村教师支持计划（2015—2020年）》，推动各地变革乡村教师培训模式，提升乡村教师培训实效，在总结各地经验的基础上，教育部研究制定了《送教下乡培训指南》《乡村教师网络研修与校本研修整合培训指南》等乡村教师培训指南，推进各地做好送教下乡培训。2015年，国家全面改革实施"国培计划"，推动各省分类研制乡村中小学教师和乡村幼儿园教师培训规划，分批遴选项目区、县，分步扎实推进项目实施，并对本地乡村教师队伍现状进行全面细致的调研，摸清培训需求，确保培训针对性。目前已经构建形成覆盖

大中、小、幼、职、特的国培体系，5年来中央财政投入资金117亿元，培训教师1 729万人次，其中实现了对全部乡村教师的轮训。

为进一步建设专业化的教师队伍，提高广大教师实施素质教育的能力，促进乡村教师专业发展，江苏省已加大乡村教师培训力度，全面提升乡村教师整体水平。2016年起，开展为期5年的乡村教师素质提升工程，分为"领雁计划"和"助力计划"两大部分："领雁计划"每年为乡村学校培养100名领军校长、2 000位市级骨干教师和4 000位县级骨干教师；"助力计划"主要是支持乡村学校重点领域、紧缺薄弱学科教师的培训，包括乡村学校校长、音、体、美兼职教师和幼儿园教师培训。

此外，县级教师培训机构是乡村教师培训的主体力量，是广大乡村教师接受教育培训的主要机构。为了整合县级教师培训机构的力量，最大化地实现优质资源共享，更好地促进乡村教师的专业发展，江苏省持续推进省示范性县级教师发展中心建设，加强对乡村教师专业发展的指导和服务，有力地促进了全省乡村教师队伍整体素质的提高。

(四) 乡村教师建设法制进程加快，准入机制更加完善

长期以来，由于缺乏对教师任职资格条件的法制规范，乡村学校在相当长的时间里不按教师资格条件录用教师的现象较为普遍，致使大量不具备教师资格条件的人员进入乡村教师队伍，教师整体素质得不到保障。为此，国家决定实施教师资格制度，相继颁发了《中华人民共和国教师法》《教师资格条例》《〈教师资格条例〉实施办法》等，这些法律法规共同构成了我国教师资格制度法制规范的完整体系。各省份也制定了相应的《教师资格制度实施细则》等一些具体法律规章制度，并积极研制教师教育教学能力测试办法，逐步施行教师资格证书制度。通过教师法和教师职业资格证书的认定和颁发，教师职业资格标准和教师的权利、义务、职责以及教师的职前培养、在职培训和任用管理等都纳入法制化轨道。

2014年，江苏省开展中小学教师资格考试改革和定期注册试点工作，教师资格5年一认定，全面实行教职工岗位聘任制，建立健全教师转岗和退出机制，同时加强了教师培训，实行5年一个周期的教师资格考核，考核如果未达到要求可以再申请一次，如果还是没有通过，则不能上岗。这意味着教师将打破终身制，教师准入制度更严格，有了退出和转岗机制。教师资格制度的规范化对教师队伍和教师教育产生了很大的推动作用，也使得乡村教师队伍整体素质获得明显提高。教师职业资格证书的普遍推行，促进了教师资源市场的形成和发展，促进了教师来源多样化，逐渐有更多的优秀人才选择教师职业，为农村教师队伍建设提供了丰富的人才资源基础，促使乡村教师队伍建设逐步走上

科学化、规范化和法制化的轨道。

二、乡村教师队伍建设的问题与困境

中华人民共和国成立 60 多年来，特别是改革开放以来，党和政府对乡村教育的重视及师范教育的大发展给乡村输送了大量教师，在很大程度上改变了教师队伍的落后状况，乡村教师的经济地位和社会地位也比以前有所提高。但与此同时，由于受多种不利因素的干扰，我国乡村队伍建设潜在的问题也不断地随着乡村经济的发展和基础教育改革的进一步深化，越来越突出地表现出来，教师队伍建设问题是制约我国乡村教育发展的瓶颈。如何认识和解决教师队伍建设中的诸多矛盾，是当前迫切需要回答的问题。

调查研究表明，我国乡村教师队伍建设中主要存在以下问题：一是乡村教师整体素质偏低，结构不够合理，包括年龄结构、性别结构、学科结构、学历结构等；二是乡村教师编制结构面临的多重矛盾，包括分布结构矛盾、供给结构矛盾、功能结构矛盾；三是乡村教师培训机制不尽完善，培训经费缺乏、培训形式单一等；四是乡村教师保障体系未完全建立，工资待遇与福利保障仍有待进一步提高。

江苏省乡村教师队伍表现出较明显的区域间的不均衡，即江苏南部、中部、北部的乡村教师队伍发展不均衡现象。带着这些问题，2015 年 7 月至 12 月，江苏省高校哲学社会科学重点研究基地——江苏农村教育发展研究中心对所在省、所在市的乡村教师队伍建设现状进行了调查分析。所调查的市（县、区）均已通过国家义务教育均衡发展督导认定，校园环境得到改善，教育装备配置逐步齐全，但在教育发展整体繁荣的背后，仍存在着不充分、不均衡问题。部分乡村学校、乡村教育主要弱在了软件建设上。以对 Y 市的 103 所村小（办学点）和 961 位乡村教师进行的调查、访谈为例，研究选取的 Y 市地处江苏省中北部，下辖两个区、五个县和两个县级市，Y 市域内存在着经济、教育发展的地区差异，其经济发展、教育水平在全国较有代表性。据调查，Y 市共有乡村小学 257 所、办学点 169 个，乡村教师队伍建设隐藏着诸多困境，乡村教师支持与发展之路任重道远。

（一）乡村教师队伍结构性失衡，改善机制不利

一是区域性失衡。规模较小、地处偏僻的办学点中，教师老龄化的现象愈加严重，年轻教师所占比重愈小。有研究以在校生人数为基准，将村小（办学点）的规模分为三个层次，分别为 50 人以下、50～100 人以及 100 人以上，103 所村小（办学点）中，办学规模在 50 人以下的有 34 所，50～100 人的有 34

所，100 人以上的有 35 所。从总体上看，教师老龄化的现象并不十分严重。这些学校的专任教师中，年龄在 50 岁以上的教师仅占 38.07%。

图 1-1 显示了 Y 市村小（办学点）50 岁以上专任教师所占比重的情况。在校生数低于 50 人的村小（办学点），50 岁以上专任教师占学校教师总数的 62.38%；学校规模在 50 人以上的村小（办学点），50 岁以上专任教师占学校教师总数的 74.83%。教师老龄化现象在个别区、县尤为突出，以调查的一个区、县为例，全县办学点中，50 岁以上的专任教师比重高达 79.21%。一些办学点负责人反映，由于教师年龄普遍较大，大部分已接近退休年龄，教育教学工作心有余而力不足，教学质量不高，这也使得很多中青年教师一肩多挑，工作压力加大。

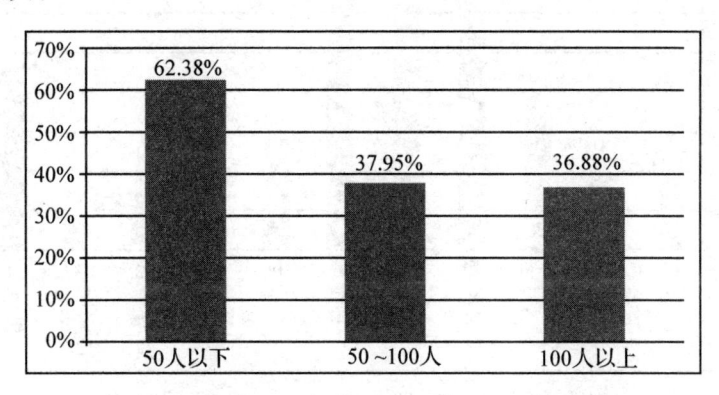

图 1-1　Y 市村小（办学点）50 岁以上专任教师所占比重情况

究其原因，乡村教师招聘难，"新鲜血液"难以注入。调查结果显示，被调查的 961 位教师中，35 岁以下教师仅占教师总人数的 28.20%。66.70% 的村小（办学点）负责人反映，学校已连续 5 年没有引进新教师。其中一办学点专任教师 18 位，有 7 位临近退休，若不尽快引进教师，学校将无法正常运转。对年轻教师访谈后发现，大多数年轻教师进入村小（办学点）都是不得已的选择，普遍对工作环境、福利待遇不满，并且希望能够尽快调动到中心小学或者城市学校工作。

二是学科性失衡。调查发现，Y 市的村小（办学点）几乎没有专业的"常识技能科"教师。如图 1-2 所示，所调查的村小（办学点）普遍存在"常识技能科"教师缺编的情况，特别是音乐、体育、美术、计算机教师严重缺乏。在被调查的 103 个村小（办学点）中有 75 个村小（办学点）缺少音乐教师，65 个村小（办学点）缺少体育教师，65 个村小（办学点）缺少美术教师，47 个村小（办学点）缺少计算机教师，各占被调查村小（办学点）的 72.12%、62.50%、62.50% 和 45.19%。由于义务教育小学阶段，以每班每周四节体育课的要求配备体育教师，每一所乡村学校都是缺少专职体育教师的，而这一缺口只有通过聘请代课教师或者由其他任课教师兼任的方式解决。需要指出的是，尽管从数据上看，有部分村小（办学点）并不缺"常识技能科"教师，但我们通过访谈了解到，这些村小（办学点）由于教师人数较少，音、体、美等科目都是由兼职教师任教，并未配备专业教师。比如，一办学点共 4 个班，在校生共计 69 人，仅配备 6 位教师，音、体、美等课程只能由语文教师负责。另有一村小，在校学生数达 540 人，"常识技能科"教师严重缺乏，全校除语、数、外教师以外，仅有一名音乐专职教师。

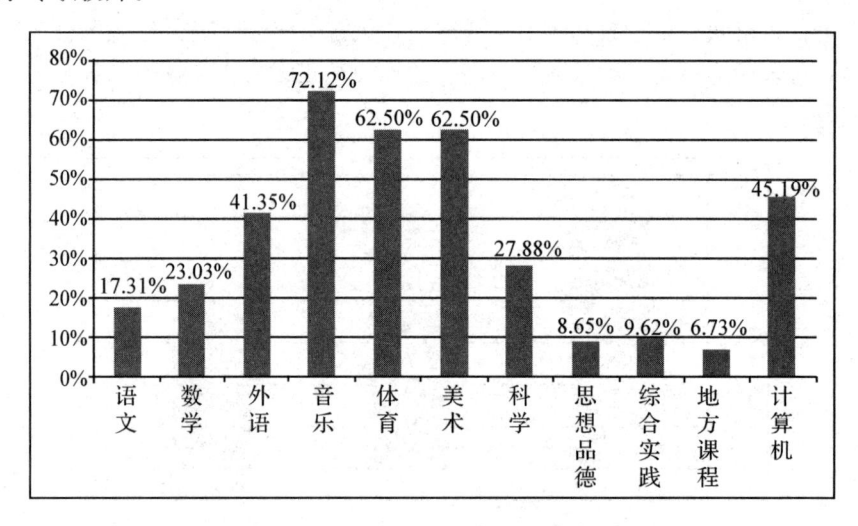

图中数据：
- 语文：17.31%
- 数学：23.03%
- 外语：41.35%
- 音乐：72.12%
- 体育：62.50%
- 美术：62.50%
- 科学：27.88%
- 思想品德：8.65%
- 综合实践：9.62%
- 地方课程：6.73%
- 计算机：45.19%

图 1-2　Y 市村小（办学点）专任教师缺编情况

除此以外，村小（办学点）语、数、外教师配置也存在缺口，有 17.31% 的村小（办学点）缺少语文教师，有 23.03% 的村小（办学点）缺少数学教师，有 41.35% 的村小（办学点）缺少英语教师。一些办学点由于学生人数少，几个办学点共享一位英语教师。相关课程由其他任课教师兼任或聘请代课教师任教。可是各级各类乡村教师培训中，对教师在工作中应用培训所学的程度或兼、代课程的专业水平提升鲜有关注。

三是层次性失衡。2004 年教育部出台的《教育部关于实施全国教师教育网络联盟计划的意见》，启动实施了新一轮中小学教师全员培训，要求到 2007 年年底，全国小学教师具有专科及以上学历者达到 70.00%。然而，目前在所调查的村小（办学点）中，学历为大专的教师占专任教师总人数的 36.10%，高中学历占 45.75%，中师学历占 10.09%，本科学历仅占 5.54%，总体学历水平远未达标。规模越小的村小（办学点），高层次学历的教师比重越低。在校生数 50 人以下的办学点中，拥有本科学历的教师仅占教师总数的 1.45%，而在规模 50～100 人的村小（办学点）中，占 7.46%，在校生数 100 人以上的学校中，达到 6.36%。教师因年龄大、工作或经济负担重等原因对学历提升心有余而力不足,且缺少学历提升与学力提高共赢的培训。

乡村教师队伍的种种失衡状况由来已久,但一直缺乏政府主导的完善机制,因而渐成难题。

(二)乡村教师知识更新过缓,培训效果甚微

一是现代教育技术运用能力普遍不足。调查发现,一些村小(办学点)还未配备或正在购买多媒体教学设备,部分村小(办学点)的硬件设施齐全,配置与中心小学无差异。但教师现代教育技术能力普遍较差,导致多媒体设备使用率低,一些设备长期闲置。在被问及是否能够熟练运用多媒体设备时,仅28.60%的村小(办学点)教师表示能够熟练运用多媒体设备,49.50%的教师完全不会使用现代化教学设备。在多媒体设备的使用频率方面,3.20%的教师从来不使用,仅32.70%的教师表示每学期使用1~3次。有个别县、区教育管理部门组织全县教师进行了多媒体教学设备使用的培训,而其他县、区并未组织全员培训,教师们只有通过自学或者相互学习的方式了解多媒体使用方法。调查还发现,乡村教师的办公软件的操作水平也有限,就PPT的制作与使用而言,只有8.30%的教师表示能够熟练掌握,69.10%的教师反映不具备独立制作PPT的能力。尽管各村小(办学点)都配备了实验室、功能室,但其使用率也非常低,仅13.80%的教师使用过实验室或功能室。

二是对条件性、实践性知识掌握较薄弱。49.50%的教师对学科知识(本体性知识)掌握好于教育学、心理学和教法等方面的知识(条件性知识),这说明乡村教师对条件性知识以及其在实践中的应用(实践性知识)掌握较薄弱。28.60%的教师不能很好地掌握所教学科知识的思想与本质内涵,不能将相关学科知识综合化。

(三)乡村教师提升空间受限,研修机会缺失

一是乡村教师中缺少骨干,管理随性。调查发现,51.50%的村小(办学点)完全没有教研活动,所配备的教师仅是满足每一节课有人在班上课,27.20%的学校一年中所组织的教研活动不超过3次,而15.40%的村小(办学点)的教研活动挂靠在中心小学进行。一些村小(办学点)负责人反映,由于教师年龄结构呈现老龄化,教学理念相对陈旧,教研活动的积极性不高。也有村小(办学点)负责人认为,缺乏优秀师资是教研活动难以组织的主要原因之一。数据显示,只有在规模较大的村小中,有少数教学能手、学科带头人。在校生100人以上的村小(办学点)中,有8.30%的教师为教学能手,有3.90%的教师为学科带头人。而办学规模在100人以下的村小(办学点)中没有教学能手、学科带头人。此外,村小教师的管理随意性较大,教研氛围不浓。一些村小和

办学点教研活动的开展完全依靠中心校，教师主要是挂靠中心小学参加教研活动，但在教研的过程中，教师的参与不充分，由于专业基础薄弱以及积极性缺乏，很难融入对实际教学问题解决的探讨中，部分教师表示教研活动只是徒有形式，并不能真正达到提高教学效果的作用。

二是乡村教师个人发展动力仍然较足，但进修机会很少。调查结果显示，Y市学校负责人仅有1.90%认为学校教师培训机会较多，68.00%认为培训机会一般，30.10%认为培训机会较少。（见表1-1）同时，76.20%的村小（办学点）教师反映，近3年内没有接受过任何形式的培训，仅44.50%的教师称自工作后参加过培训，但该部分教师普遍认为培训效果甚微，82.30%的教师反映培训存在针对性不强的问题，79.40%的教师认为培训方式单一。

表1-1　Y市村小（办学点）负责人关于教师培训机会情况调查结果

选项	较多	一般	较少	合计
村小（办学点）数（个）	2	70	31	103
所占百分比（%）	1.90	68.00	30.10	100

学校负责人44.70%认为教师参与培训的积极性较高，49.50%认为教师培训积极性一般，1.90%认为积极性较低。然而在被问及是否会主动参加培训时，81.90%的教师选择会主动报名参加培训，9.70%的教师选择乐于被学校派去学习，8.20%的教师对培训持无所谓态度，认为可去可不去，没有教师不愿意参加培训。教师们普遍表示已经自费完成了学历提升，也非常希望能够通过培训提高自身素质。但县级以上培训机会往往都集中在中心小学教师手中，村小（办学点）教师几乎没有机会参加高级别培训。可见，Y市乡村教师的个人专业发展的动机水平总体较高，专业发展的动力充足。

三是乡村教师职业幸福感普遍较低，缺少工作热情。数据结果显示，Y市村小（办学点）教师职业幸福感较低，缺少工作热情。如图1-3所示，受访教师仅10.41%认为职业幸福感较高，68.03%认为职业幸福感一般，10.92%认为职业幸福感较低。一些学校负责人反映，村小（办学点）教师身兼多职，教授多门课程，工作压力较大，福利待遇低，这些影响乡村教师切身利益的问题是他们职业幸福感偏低的主要原因。村小（办学点）教师每周课时量平均在20节，是城市教师的2倍，而其收入（因普遍学历、职称难以提高）却低于同龄城市教师25.00%。同时，村小（办学点）缺少一定的激励制度，教师的教育教学工作、教科研活动、评奖、比赛等没有相应的奖励办法，无法有效调动教师的工作热情。

在规模较小的办学点，教师的职业发展受到限制，在校生数小于50人的

职业幸福感

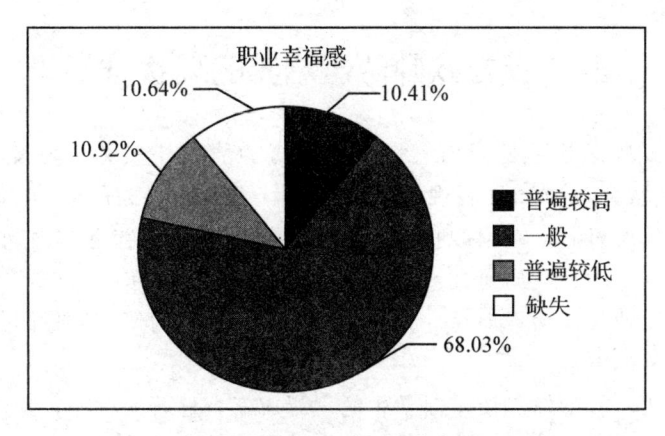

- 普遍较高 68.03%
- 一般 10.41%
- 普遍较低 10.92%
- 缺失 10.64%

图 1-3 Y市村小(办学点)教师职业幸福感情况

办学点中，82.70%的教师反映从未有机会开设公开课或优质课，71.20%的教师从未获得过任何奖项。此外，68.40%的村小(办学点)教师认为得不到尊重和认可，成就感较低。一些办学点负责人反映，部分教师正在寻找或已经从事第二职业。

从全国范围来看，江苏省的教育均衡化与现代化程度较高。2015年，江苏省成为全国第一个实现所辖市(县、区)全部通过义务教育均衡发展督导认定的省份。教育走向优质均衡发展、走向内涵发展的薄弱环节仍是乡村教育，优质资源流失与优秀教师数量太少、年龄偏大、结构不合理等是乡村学校薄弱、学生流失的主要原因。

在调查中发现：Y市乡村教师发展问题是中国东部地区乡村教师发展的普遍问题，《乡村教师支持计划(2015—2020年)》颁布后，各地政府也纷纷出台相关实施办法，全面加强乡村教师队伍建设，力争到2020年，建立可持续发展的长效机制，造就一支数量充足、结构合理、素质优良、甘于奉献的乡村教师队伍。每一项政策的出台，对于广大乡村教师来说是福音，但是与此同时也引发了学者、专家、一线教师的热议，他们更多地关注《乡村教师支持计划(2015—2020年)》能否迅速从国家政策变成广大乡村教师的实惠，是否下达到地方政府后政策会有所缩水，可操作性不够等，强大的政策执行力是实现政策目标和政策精神的重要保证，因此政策的后期执行力是此次《乡村教师支持计划(2015—2020年)》能够真正落到实处的至关重要的步骤。只有《乡村教师支持计划(2015—2020年)》及各省(市、自治区)实施办法落到实处，才能使各地乡村教师资源配置进一步优化，教育教学能力水平稳步提高，各方面合理待遇依法得到保障，职业吸引力明显增强，因此亟须进一步采取应对措施。

三、乡村教师队伍培养的现状分析

缩小城乡教育差距是当前我国推进义务教育公平的重要战略任务之一，《国家中长期教育改革和发展规划纲要(2010—2020年)》提出，建立城乡一体化义务教育发展机制，在财政拨款、学校建设、教师配置等方面向农村倾斜。要建设一支稳定的、高质量的乡村教师队伍，一方面，应着力提高教师待遇，增强教师的职业吸引力；但另一方面，提高教师队伍的培养质量则是提升整个乡村教师队伍的关键。

研究表明，教师培养质量对学生的学习成就有显著的影响，特别是对新教师而言，师范专业的培养质量对他们从教第一年的教学成果发挥着重要作用。国外对教育薄弱地区师资培养的研究发现，从师范专业的培养来看，对新教师从教的教学成果产生显著影响的培养环节主要有三个方面：一是师范生的学习机会与学习方式，特别是师范生是否有机会进行研究性学习。二是师范生的实践学习是否有设计良好的充分指导，即师范生是否有高度组织化的、精心指导的教育实践。上述两个因素对从教第一年的新教师尤为重要。第三个方面则在于师范生的学科知识，师范生的学科知识水平将与上述两个因素一起，共同影响新教师从教的第二年的教学成果。因此，提高乡村基础教育质量的根本在于提高乡村教师的培养质量，通过补充高素质的新教师完成整个乡村教师队伍的更新和质量提高过程。

(一)乡村教师队伍培养概况

我国的乡村教师教育与其他国家的教师教育一样，没有专门的系统。与乡村教师有关的教师教育机构，曾经主要包括本地师资培养的师范学院或大学、高等师范专科学校、教育学院、中等师范专业学校和县(区)教师进修学校等机构。随着教育改革和发展的日益深化，基础教育对师资在学历、品德、知识、能力等方面要求的不断提高，师范教育在高等院校的布局结构调整中，很快实现了旧"三级"(中师、专科、本科)向新"三级"(专科、本科、硕士)的过渡，为此乡村中小学教师的职前培养主要由地方师范院校承担。县(区)教师进修学校调整为教师发展中心，原来承担民办教师转公办的提高任务和学历补偿性的提高任务，随着这一特定历史任务已不再进行，其职能由学历达标为主的培训转向以本地区教师学科、管理能力素质不断提高为主。

中华人民共和国成立后建立的乡村教师培养制度是以独立设置的师范院校为主体，以公费做保障，由初师、中师向高师上延，由培养乡村小学教师为主向培养乡村中小学教师拓展，并通过定向招生、分配及义务服务期等一系列政策和运行机制来实施的；同时，师范院校也不断完善专业结构、课程设置、人才培养模式的内部制度，以适应乡村教育对教师的知识、能力和素质要求。这一制度具有以下典型特点：一是由政府举办，培养乡村教师作为政府生产、提供和配置的一种公共产品；二是师范院校在培养乡村教师方面得到一系列政策的保障，同时在专业及课程设置、教学内容等方面适应乡村教育的要求；三是政府为师范生提供助学金，定向招生入学、再分配到乡村学校任教，二者构成一次性"买断"关系，师范生由此承载城乡二元体制带来的种种差距。这种强制性制度安排为乡村教师的培养和输送提供了稳定的保障，但也给一些人想通过调动、改行、跳槽改变乡村教师身份和离开乡村提供了心理动力，成为乡村教师流失的制度根源。

(二) 乡村教师队伍质量提升的阻滞

乡村教师的培养按培养阶段划分可分为三种类型：职前培养，职后培训与职前、职后"一体化"培养模式。我国乡村教师培养、培训工作这些年虽然得到了长足的发展，但是在实际培养过程中仍存在着一系列的问题，值得大家关注。尽管国家对乡村教师队伍建设很重视，但由于各种原因，乡村教师培养、培训的工作状况仍有很多不尽人意之处。

1. 职前培养层面：存在着离"农"的偏向

一是生源素质下滑严重。由于受诸多因素的影响，师范教育逐渐被边缘化的问题一直未能得到有效的遏制，教师职前培养缺乏应有的政策支持，存在着重职后培训轻职前培养、重城市教育轻乡村教育的现象。报考师范的优秀学生越来越少，生源素质下滑越来越严重，毕业生质量越来越差，导致了历经百年风雨洗礼的师范院校，难以从根本上改变"二流"中学毕业生报师范、"二流"师范毕业生当中小学教师的基本格局。教育部虽然在直属的6所师范大学实行了师范生免费教育，但时至今日，在各地也未能得到有效的推广。

二是职前培养出现偏向。教师职前培养与实践脱离、与乡村疏远。不少地方师范院校：一是盲目"攀高"，纷纷上本科，上硕士点，上博士点；二是"改名换姓"，千方百计变成综合性高校、研究型大学；三是"本末倒置"，丢掉固有的教师教育优势，无限地扩大非师范类专业，淡化和弱化了教师教育特色；四是不是追求为基础教育尤其是乡村基础教育培养了多少优质师资，而是比规模大、设备好、考研多；五是在整个教师教育体系内部缺乏相应的功能分工，对"教师谁来培养""培养什么层次和类型的教师"认识模糊，缺乏分工，秩序混乱。可以说，伴随我国高等院校的升格、转型、扩招而带来的开放的格局和数量的膨胀，教师教育的发展面临"失范"（办学规范的缺失）、"失格"（教养规格缺失）、"失真"（教师教育课程缺失）、"失重"（财力保障缺失）。

2. 职后培养层面：培训效果不理想

自 2010 年我国开始全面实施提高中小学教师特别是乡村教师队伍整体素质的"国培计划"以来，我国乡村教师职后培训的状况得到一定的改善但仍然存在诸多问题，主要有以下几个方面。

一是乡村教师参与职后培训的动力不足，积极性不高。教师培训名额存在政府或学校摊派，教师个人没有选择权等问题。我国的教师培训（包括"国培计划"）的实施基本上都是"自上而下"的单向活动，培训的驱动力均源于上层机构或部门。然而，在实际操作过程中，培训计划经省主管部门确定后，地方教育行政主管部门根据计划将参与培训的教师名额分配至学校，由学校上报参训教师名单。学校在分派教师参与培训时，部分教师会以工作任务重等各种原因推拒。这使得学校派出"边缘"教师或不需要培训的教师参与培训，甚至是退休老教师。参训过程中部分教师将参与培训视作旅游或放松的机会，在培训机构报到后便自行安排时间，不能保证参训时间和质量。由于培训教师大部分由高校专家教授担当，知识水平的差异使培训教师与受训教师难以碰撞出火花，受训教师的积极性不高。

二是培训内容缺乏针对性和实用性。"授人以鱼不如授人以渔"，关于培训内容的选择，历来有"授予鱼"与"授予渔"之争。其实，"鱼"与"渔"是一个问题的两个方面，彼此不可分割，相互依存。在培训过程中，每位培训教师都希望能使受训的乡村教师既可获得可以直接在教学过程中使用的教学方法，又希望受训教师能够得到理论上的提升，使他们以后能够自己选择适当的教学方法。然而，实际上由于培训教师多为高校教师或城市中的中小学名师，他们缺乏对乡村教育状况的了解，对受训教师的基本情况掌握不够，因此，培训内容往往缺乏针对性和实用性。

三是评价机制的缺失导致培训效果不甚理想。完善的评价机制涉及一系列问题，如有谁来评价、评价什么、怎样评价。就评价主体而言，目前的评价主要是由培训教师对受训的乡村教师进行，而对培训人员的评价则处于缺失状态。在评价方式方面，当前的乡村教师职后培训往往只注重结果性评价，且形式单调多为书面测试；而过程性评价也只是停留于表面地关注听课人数，缺乏实质性的评价。总的来说，乡村教师职后培训的评价体系流于形式，缺乏对内容的关注，往往导致培训教师和受训乡村教师质量意识淡薄，培训效果不理想。

3. 职前、职后一体化层面：脱节现象严重

一是我国的教师教育体系形成了培养与培训分离，培养与培训机构并存而不同隶属的二元结构。职前、职后培养模式的两套机构、两套人马的沟通和衔接始终存在着诸多难以解决的矛盾，既不利于教师成长和专业发展，也不利于

教师教育质量的提高。

二是职前、职后培养目标彼此脱节。目前，我国师范院校的办学重点和工作热点首先集中在职前培养这一块。职后只在学识扩展和知识更新方面搞些专题性培训，如师德培训、专业技能培训、教法和教学评估培训、科研及教学管理培训等。这些专题培训时间短，多是强化型。因而，培养目标并不详细，文字上只有简单的概括，甚至有的培训沿用职前的培养目标，将职后教师的培养目标仍定位在职前培养目标水平。目标内容依旧，成为职前培养目标的"速成型"和"压缩型"。另外，鉴于我国在改革开放初期乡村教师中不达国家学历标准的人数较多，师范教育学院在职后培训中承担了乡村教师学历达标的教育任务。随着"五大"考试的实行，2016年，来自《中国农村教育发展报告2017》的数据显示，"义务教育教师学历继续提升，城乡差距进一步缩小。全国小学专科及以上学历教师比例为93.70%，比上年提高1.8个百分点，农村为91.80%，城乡差距为6.2个百分点，比上年缩小1.4个百分点。全国初中本科及以上学历教师比例为82.50%，比上年提高2.2个百分点，农村为78.60%，城乡差距为11.7个百分点，比上年缩小1.3个百分点"。仅以小学、初中的乡村教师作为观察对象，对比2010年的数据，乡村学校专科及以上学历的小学教师、本科及以上学历的初中教师占比由41.76%、71.15%上升至91.80%、78.6%。乡村教师的学历有了较大提高，基本符合国家规定的学历要求。因而，职后培养目标的学历补偿任务亟待转变，以适应乡村基础教育发展需要。

三是职前、职后培养机构彼此脱节。我国目前的乡村教师教育机构，分别隶属于国家和各级地方政府或教育行政部门管辖。不同隶属关系的学校、培训机构各自为政，形成一个相对封闭的系统。现有的师范大学（学校）负责培养新教师，教育学院和教师进修学校负责职后教师培训。这种两相分离的格局，使得职前培养与职后培训脱节，出现了一些不协调的情况。职前、职后培养机构彼此脱节的状况，使得处于条块分割的教师教育体系内的师范院校与教育学院相互之间沟通不够，给管理上带来一定的困难与障碍，造成了教育资源的浪费与闲置。师范院校在教学内容、教学技能培养等方面无法借鉴职后教育所包含的实践性因素，使理论研究与教育实践严重脱节。大多数专门的职后教育机构的师资力量和教学水平大大落后于普通师范院校，致使职前教育与职后教育低水平。重复问题较为突出，出现教学水平倒挂现象。教育学院和教师进修学校就整体而言，在培训层次、师资条件、办学水平、综合实力上都与职前教育的水平有很大差距。因此，难以达到更新学科专业知识、提高教育教学水平、实现专业化发展的目的。

以上是我国乡村教师三种类型教师培养模式实施过程中存在的问题与困

境。除此之外，良好的教师培养政策对国家的教育发展具有举足轻重的作用。中华人民共和国成立以来，教育部等国家各级教育行政部门，对乡村教师的培养在不同时期做了明确规定。由于中国经济社会发展的不均衡、城乡"二元"经济体制、城乡教育发展不均衡等因素影响，中国广大乡村教师资源短缺且质量不高，同时由于政策制定与执行过程中也存在制定不合理、执行不到位等情况，对乡村教师的培养也产生了影响。相信，今后随着乡村教师受到越来越多的关注，政府对于乡村教师的培养政策会更加合理、更加具有针对性，从而进一步推进乡村教师队伍建设。

第二章　经验借鉴：国外乡村教师培养模式

乡村教育质量问题一直是一个全球性问题。师资是教育人力资源的核心，是教育资源均衡配置的关键。缩小城乡教育差距、促进教育均衡发展必须从教育资源配置上着手，包括学校办学条件等物质资源的均衡配置，以及教师等人力资源的均衡配置。相比于物质资源的均衡，师资等人力资源的均衡更为复杂。没有高素质的教师队伍，即使拥有一流的教育设施，一个地区或学校也无法产生一流的教育。基于此认识，世界各国在促进城乡基础教育均衡发展的进程中，不约而同地选择了对落后地区和薄弱学校的师资进行宏观调控。当前，各国政府纷纷颁布相关政策，积极采取各种措施改变城乡教育分割及重城市轻农村的倾向，力图实现教育资源的合理配置，促进城乡义务教育的协调发展。总结国外在城乡学校师资均衡配置方面的经验，研究和借鉴其他国家或地区尤其是发达国家或地区城乡义务教育均衡发展的经验，对推动我国城乡教育统筹发展、提高乡村教师的整体素质具有重要的现实意义。

西方发达国家和亚洲诸多国家都积极关注乡村教育和乡村教师专业发展问题，在促进城乡教育均衡化以及乡村教师的培养方面都已经做出了相当多的努力，提出了各自农村教师专业发展的促进策略，并积累了一定的经验。本章主要介绍以美国、澳大利亚为代表的西方发达国家以及以日本、韩国和印度为代表的部分亚洲国家在乡村教师保留机制、乡村教师培养策略方面的主要经验，为我国乡村教师队伍建设提供借鉴与参考。

一、美国乡村教师培养模式及启示

美国与中国都积极关注乡村教师教育问题，并做出了相当多的努力，提出了各自乡村教师教育的促进策略。美国与中国在乡村教师培养过程中面临着一些类似的问题：偏远地区远程教育网络支持困难；乡村教师缺乏互助合作关系；缺乏促进乡村教师专业自主发展的内在机制等。但由于美国对乡村问题关注得较早，促进乡村教师专业发展的政策实施得较早，因而在乡村教师教育方面积累了很多成功的经验。美国根据自身乡村的结构性和动态性等特点，对如何促进乡村教师的专业发展采取了具有针对性的措施。美国教育部加大了对乡村教育的专项经费资助，用于改善乡村办学条件、提高乡村教师待遇并促进乡村教师教育发展。美国各州地方政府革新了乡村教师的招聘方式与保留策略。美国高等学校专门设置了针对乡村教师的教育方案，并利用学校现有资源开展了多种形式的乡村教师教育项目。这些经验为我国的乡村教师培养提供了一些可供参考之处。

(一)美国乡村教师培养模式分析

进入21世纪后，提高教育质量成为美国教育发展的重点。然而，由于缺乏优质师资，乡村教育质量的提升面临发展困境，这也成为困扰美国教育部门的一大难题。美国可以说是当今世界头号经济大国，但其城乡社会发展的失衡也比较严重。根据美国联邦统计局的统计，全美超过80万名乡村儿童进入公立学校，占所有公立学校学生总数的21.00%；在乡村地区共有24 143所公立学校，占学校总数的49.30%；有超过40万位的教师在乡村学校任教，占所有公立学校教师的31.00%。① 从以上数据可见，乡村教育在美国基础教育体系中占据着较大比重，有着重要地位。但据美国教育部的调查显示，乡村学校的教育质量远远落后于城市地区，许多乡村学校的学生并没有获得高质量的教育。这其中的主要原因之一就是乡村师资问题。因此，如何通过科学化路径建设高素质的乡村教师队伍来推动美国乡村教育的持续发展一直是美国政府致力研究的重要课题。

1. 美国乡村特点与乡村教师专业发展问题

(1)美国乡村特点

促进乡村教师教育，提高乡村教师质量必须以深入分析乡村地区的地域、经济、教育等特点为前提，了解乡村地区对教师的需求，积极探索适合乡村教师

---

① Lorna Jimerson, ED. E., *The Competitive Disadvantage: Teacher Compensation in Rural America*, Washington, Rural School and Community Trust, 2003, pp. 8-10, p. 18.

教育的路径。在美国，有关乡村的定义各种各样，根据美国政府责任署（Government Accountability Office）的定义，凡离都市55英里（1英里≈1.61 km）或以上，且注册学生数为300人或以下的地区，即为小型的乡村地区。美国大约每3名学童中就有1名在不足25 000人的村庄或小镇接受教育。美国全国约有5 900万人生活在乡村，21％的学生就读于乡村学校。① 美国俄亥俄大学的艾米·豪利（Aimee Howley）教授认为，乡村特点主要表现在以下三个方面。

第一，结构性。在学校规模上，乡村地区学校要比城市学校小得多，小规模学校的教师主要来源是当地居民。这些教师能够坚持在乡村学校留教很大程度上是由于他们对家乡的热爱之情，这种情感支撑着他们长期从事乡村教师这份工作。在美国多数乡村地区，高水平教师所占比重非常低，由于缺少专业引领，乡村教师队伍质量的提升也受到了一定程度的阻碍。因此，"乡村教师的专业发展要着眼于建设当地的教师队伍，因为当地的教师会致力于提高他们成长和生活地区人们的生活质量。教师专业发展的内容和目的也应该着眼于当地，但是，目前却很少这样做"②。乡村教师的专业发展应该指导教师解决课堂上所面临的问题，指导教师解决当地乡村存在的具体问题。教师面临的问题主要表现在："学生的方言和学校标准语言之间的转换困难；有些家长缺少对孩子的赏识，缺少社区成员对某一学术问题的研究；学生缺少多样化的伙伴之间的交流等。"③此外，财政问题也是教师专业发展的重要障碍，因为乡村地区比较贫困，当地税收对高质量教师专业发展的资金支持有限。

第二，动态性。乡村地区范围广阔，呈现出极富变化的动态性特征，不同地区乡村教师发展所面临的问题也各不相同。但是，教师专业疏离和生活方式对专业行为的影响这两个方面的问题是较为突出且具有普遍性的。在教师专业疏离方面，由于乡村学校规模偏小且高水平教师数偏少，使得乡村地区很难形成教师专业群体。在许多偏僻地区的乡村学校，一名学科专业教师就构成了学校该学科教师的全部。"在这种情况下，要形成专业学习团体，就必须在几个区内形成一个团体网络，学校领导在一所学校内建立跨专业学习团体。"在生活方式对专业行为的影响方面，"除了专业训练方面的困难以外，乡村教师还要承担抚养子女和日常家务等工作。这些日常工作，倾向于教育接受性而不是批

---

① "National Center for Education Statistics, Information on Public Schools and School Districts in the United States, Common Core of Data," http://nces.ed.gov/ccd/search.asp, 2016-12-20.

② Howley C.B., "How to Make Rural Education Research Rural: An Essay at Practical Advice". *Journal of Research in Rural Education*, 1997, 13(2), pp.131-138.

③ Aimee Howley, Craig B. Howley, "High-Quality Teaching: Providing for Rural Teachers' Professional Developmen," *Policy Brief*, 2004(12), pp.4-6.

判性，因此，许多乡村教师倾向于传统习惯而不敢尝试变革"①。以乡村为取向的教师专业发展不能忽视乡村社区的传统活动，毕竟生活在乡村的人们是在循序这些传统，以这些方式相互交往并构成了乡村生活。而当前，美国乡村教师的培养没有全面考虑到乡村生活的现实性。

第三，文化意义。乡村生活所蕴含的文化意义与乡村教师的培育有着紧密联系。然而，乡村生活在文化层面上的特征在现阶段还没有引起乡村教育研究者的广泛关注，无论在乡村教师的职前教育还是在职后发展中都没有得到应有的重视。乡村生活的文化意义包括："对地区的依恋；强烈的社区建设责任感；与户外活动和自然环境的密切接触；关注在某一地区生活的长期性和稳定性。"②乡村教师的专业发展需要科学有效的培训方案，但目前，美国这种高质量的培训方案，尤其是充分考虑乡村文化意义的培训方案较为罕见。教师专业发展水平直接关系到地区、社区的利益。因此，教育部门不仅要致力于教师教学水平的提升，更应给予教师作为个体成长的内容和方案应有的重视，关注教师教育教学实践中遇到的具体问题。同时，在学校和社区紧密联系的基础上，应着眼于乡村校本课程开发以及指导教师如何融入乡村生活等。

(2)美国乡村教师专业发展问题

美国乡村学校，特别是地处偏僻地区的学校，普遍存在着教师短缺现象。师资的不足严重阻碍了教育均衡和提高教育质量目标的实现。从每年国家标准化考试的结果来看，乡村学生的平均学业水平要低于城市学生。理论上，有效的教学依赖于高质量的教师，然而现实是乡村教师队伍在数量和质量上都无法满足乡村学校的需求，这一现象已经成为公众关注的教育焦点之一。因而，吸引合格甚至高质量的教师在乡村学校任教仅仅是解决教育公平问题的第一步，而要保留这些教师长期在乡村从教则更为困难。

由于美国劳动力的相对短缺，众多的高校毕业生毕业后能在城市轻松找到工作。而乡村的工作待遇相对较低，工作环境也远不及城市地区有吸引力，成为导致乡村教师队伍短缺的重要因素之一。由于乡村学校特殊的地理位置、乡村环境等原因，在招聘和保留合格教师上困难重重。一方面，申请乡村教职的候选人就已是少数；另一方面，即使这些教师入职后，能够留在乡村、扎根乡村的则更是屈指可数，这就给乡村学校开展教学工作带来了障碍。此外，有学

---

① Camilla A. Mahan, "Home-Grown Teachers: Will their Rural Roots Keep Them in Virginia's Rural Schools," Richmond, VA, Virginia Commonwealth University, 2010, p. 38.

② Aimee Howley, Craig B. Howley, "High-Quality Teaching: Providing for Rural Teachers' Professional Development," *Policy Brief*, 2004(12), pp. 4-6.

者指出，美国乡村教师短缺更多的不是因为进入人员少，而是因为大量乡村教师离开其所在岗位。美国乡村地区教师流动率接近15%，科罗拉多州乡村学校的教师流动率达到23%，超过全国教师平均流动10%的2倍还多。① 另外，乡村学校办学条件较城市地区要差，缺乏必要的教学资源及专业支持，生活上的地理隔离与社会隔离等都成为阻碍教师扎根乡村的重要因素。大量的乡村教师流失到条件更好、待遇更优的城市学校。在乡村教师的职后培养方面，还存在着偏远地区远程教育网络支持困难、乡村教师缺乏互助合作关系、缺乏促进乡村教师专业自主发展的内在机制等。总体来看，美国乡村教师队伍专业化发展方面面临着诸多挑战。

①师资短缺，入职门槛较低。

首先，美国乡村学校师资短缺。奥巴马于2015年签署的《每个学生都成功法案》(Every Student Succeeds Act，ESSA)，是美国自1965年以来较为重要的基础教育改革法，是当今美国中小学教育工作必须遵守的教育法令。② 该法令的中高质量教师条款，把谁可以当教师的决定权留给了州政府，并由州政府决定如何提高教师与校长的质量。但要求州政府和学区提供教师和校长资格材料以及教授来自低收入家庭学生、有色人种学生的新教师、质量达不到要求教师的比例。除此之外，该法案还授权用联邦资金来开展下列工作：助力地方创新；向更多的儿童提供高质量的学前教育；对在急需教师地区工作的有效教师进行评估和奖励等。

其次，部分乡村教师的教学能力不能满足实际需要。乡村在社会、文化、专业发展上的狭窄，要求教师具有教授多门学科和多个年级的水平以及应对不同年龄和水平学生的能力，这样的能力要求对乡村教师的水平提出挑战。并且，教师的短缺现象在数学、科学、特殊教育等领域更为严重。由于乡村的教师职位设置远少于城市地区，安排注册教师也存在一定的困难。现有的乡村学校教师大多数来自当地，他们生在乡村、长在乡村，熟悉并习惯于乡村环境。他们通常在家乡的学校或附近的学校工作，离家较近，往来方便并喜欢这样的工作环境。但是，由于前面提到的乡村教职对教师专业知识和能力的较高要求，以及教师实际能力的不足，使其面临严峻的工作压力，这在很大程度上增加了他们脱离乡村教职的可能性。有研究者认为，"由于乡村教师不足，乡村

---

① Lorna Jimerson，ED. E.，*The Competitive Disadvantage：Teacher Compensation in Rural America*，Washington，Rural School and Community Trust，2003，pp. 8-10，p. 18.

② Third Way,"How the Every Student Succeeds Act Changes No Child Left Behind," http：//ic. galegroup. com/ic/bic1/NewsDetailsPage，2015-12-25.

教师需要做更多的工作，承担更多的责任，有些工作对于他们来说并不具备资格，这样，专业疏离和缺少专业支持会极大地影响教师队伍的稳定"[1]。美国佐治亚州贝里学院（Berry College）的玛丽·E.奥拉（Mary E. Outlaw）也认为："缺少足够和适当的教师支持是教师离开教师职业的重要原因。"[2]对于小规模学校而言，情况更为严重。因此，确保乡村教师获得足够的专业发展和专业支持对于维持师资队伍的稳定性是极为重要的。

最后，教师聘任存在降低入职标准的现象。由于师资短缺，且补充困难，许多乡村学校的普遍做法都是降低教师招聘标准，聘用不具备教师资格的或者是不合格的教师来补充教师队伍，或者采取多个学校共享一位某一学科教师的方式，再或者使用一位教师同时教授多个学科的办法维持教学。根据美国教育统计中心的调查数据，"6%的普通课程教师和10%的特殊教育教师在他们所任教的主要学科中没有达到合格标准"[3]。乡村教师素质偏低不能满足高质量教学要求。美国学校管理人员联合会（American Association of school Administrators，AASA）和阿帕拉契亚教育实验室（Appalachia Educational Laboratory，AEL）合作对全国范围的乡村学区负责人进行网络调查，其调查结果显示，占调查教师总量9%的中学教师被学区评定为不符合要求。这些教师仅具有小学教师资格证书或一个教育专业学位。某些科目教师短缺问题更为严重，数学、科学及特殊教育等学科的教师匮乏，使得许多教师跨学科任教，并且很多学校聘用了大量的代课教师。

②工作条件差，工作压力过重。

乡村学校不利的工作环境，如简陋的学校设施、偏远的地理位置、缺乏必要的教学资源、低效的领导以及松弛的学生纪律等因素也影响到乡村教师的保留。

其一，乡村学校办学条件较差。一些乡村学校建筑年久失修，相关调查表明，51.70%的乡村学校至少有一幢建筑物不符合标准，54.00%的学校至少有一项环境指标不达标，如能源（39.00%）、室内空气质量（18.00%）或通风状况

---

[1] Jean-Marie, G. & Moore, G., "The highly qualified teacher: Implications and recommendations for rural school districts,". *Teacher Education and Practice*, 2004, 17(2), pp. 146-161.

[2] Outlaw, Florence, Clement, Mary, Outlaw, Mary E., "Then and Now: Developing Highly Qualified Teachers," *Delta Kappa Gamma Bulletin*, 2007, 73(4), pp. 26-29.

[3] Partricia Hammer, Georgia Hughes, Carla Mcclure, Cynthia Reeves, & Dawn Salgado, "Rural Teacher Recruitment and Retention Practices: A Review of the Research literature, National survey of Rural Superintendents, and Case Studies of Programs in Virginia," Appalachia Educational Laboratory, 2005, pp. 1-56.

(24.00%)等。① 学校其他器材设施也不能完全达标，教学条件较差。

其二，地理位置因素影响着教师的去留。同是乡村学校，地理位置的不同，其招聘和留任教师的难度也是有区别的。一般来说，小城镇和乡村要比大城市或大城市的郊区招聘和留任教师更为困难；小规模学校又比大型学校，在吸引和保留教师时更为困难。而地处偏僻位置的小学校，招聘和留任教师则最为困难。偏僻地区的学校一般位于边远地区，地广人稀，经济、文化发展落后，居住条件差，且娱乐设施少。由于交通不便，信息闭塞，得不到足够支持，教师处于地理和社交的隔离状态。许多科目在其所在学校或者学区只有一位或寥寥数位教师，缺少必要的专业支持。偏僻的乡村学校对于年轻的新教师来说，生活、工作中的孤独感令他们难以忍受。即便是"离城市郊区比较近的学校，常常能够吸引教师，但也很难留住这些教师，只需几年之后，这些教师就会离职。或许是这些新教师把这些乡村地区看成有吸引力的地方而开始了其教学生涯，但不久就会到附近的郊区学校而从事薪水更高的教学工作"②。因此，乡村学校的地理位置使教师们望而却步。

其三，学校领导者的管理水平对于教师的去留也起着重要的作用。"当校长无法有效管理学校、缺乏组织和计划技能，且无法给予新教师或提供很少的帮助之时，会给新教师产生巨大的工作压力感和紧张感。"③此外，由于教师短缺，一位教师可能要教授几门学科，而这些学科并非教师本身的专业，这样就造成了教师的工作量明显增加。相关调查表明，某些州的乡村学校中有高达49%的科学教师要教授四门科目。一些乡村地区的教师还需要在同一班级教授不同层次的学生(如特殊教育学生和非英语母语的学生)。④ 为了解决教师短缺的问题，校长可能会对班级进行合并教学，这导致班额过大，从而增加了教师的教学压力。乡村课程资源匮乏，在一定程度上又加大了教师组织教学的难度。

其四，学校管理者的领导风格和教师人际关系也是影响教师留任的重要因素之一。在一个管理者关怀下属、同事间人际关系和谐的学校，教师有着较强

---

① 田静，王凌：《美国乡村高素质师资短缺的原因与对策》，载《基础教育参考》，2004(5)。

② Lorna Jimerson, ED. E., *The Competitive Disadvantage: Teacher Compensation in Rural America*, Washington, Rural School and Community Trust, 2003, pp.8-10, p.18.

③ 白治堂，方彤：《美国中部地区教师教育机构农村师资问题的解决策略》，载《外国教育研究》，2009(4)。

④ 傅松涛，杨彬：《美国农村社区基础教育现状与改革方略》，载《比较教育研究》，2004(9)。

的归属感。在这样的工作环境下,教师的工作满意度也较高,一般情况下不容易离职。而相反,在一个校长的管理风格令教师不满且人际关系不融洽的工作环境下,学校就很难吸引教师留任。乡村学校管理者对教师的关怀,对其教学工作的支持,能够使他们顺利克服工作中的障碍,协助新教师克服在教育教学上的挫折感,对于教师的留任将会产生积极的影响。

其五,学生特点也是影响教师去留的另一个重要因素。学校学风、学生对教师的尊重程度、是否用功学习、是否具有良好的纪律,对乡村教师去留也会产生影响。如若学生纪律松散、学习积极性差、学习能力不足,随之带来的标准化考试的压力等就会磨灭教师留任乡村学校的意志。

③工资偏低,工作满意度不高。

就全球范围看,大多数国家的乡村地区与城市地区相比仍处于落后状态,长期以来乡村教师的工资仍比城市地区教师工资低。仅通过政府加大对乡村地区的财政支持来提高乡村教师收入的办法,并不足以吸引足够的合格教师投身乡村教育。美国公立学校教师的待遇本身就较低,且相对于其他行业的同学历和同工龄的人员,其加薪的速度也比较缓慢,收入水平在美国社会中属于中等,低于公务员的收入水平。相同学历的教师与其他行业从业者相比,工资待遇要略低。且相同学历和教龄的乡村教师和城市教师的收入也存在差别,乡村教师收入要低于城市教师。

④培训体系不完善,关注度不足。

首先,高校未承担起为乡村学校教师提供培训服务的职责。高等院校有义务为乡村教育提供乡村教育研究并为乡村教师提供培训服务。然而,美国高校并没有对乡村学校的需求做出应有的回应,即使地处乡村地区的高等院校也忽视了该领域。并且教师培训项目对此领域也缺乏足够的关注。[①] 政府的财政拨款主要面向城市教师培训,导致乡村教师培训项目、经费等严重不足。这就导致了由于乡村学校经费有限,自身很难组织针对薄弱学科教师的相应培训。

其次,针对乡村教师培训及研究的机构较少。乡村学校办学条件相对较差,聘用合格教师存在一定难度,可以胜任的高素质教师也较为匮乏,因而必须加强对乡村教师的培训。然而根据巴克和贝克纳(Buck & Beckner)于1985年的调查显示,教师培训项目中关注乡村教师培训的不到2%,只有28%的机构有关于乡村教育的课程,仅有3%的机构有涉及乡村学校的科目。对乡村教

---

① 李国丽:《二十世纪美国农村学校教师培训浅探》,载《外国教育研究》,2007(1)。

师进行培训及研究的机构甚少,也成为乡村缺乏合格教师的原因之一。①

2. 美国促进乡村教师培养的策略

美国从 1983 年《国家处在危险之中——教育改革势在必行》报告出台之后,开始逐渐重视教师对教育质量的影响作用,2001 年《不让一个孩子掉队法案》(No child Left Behind Act)的颁布,以及后来的《每个学生都成功法案》的推行,美国政府更将对教师质量的要求提高到了前所未有的高度。美国为此提出了一系列的乡村教师教育促进策略。这些有效之举对于提高美国乡村师资队伍的质量起到了积极作用,也为其他面临相似困境的国家或地区提供了一定的借鉴。

(1)联邦政府加大对乡村教师的专项资助

美国的教育投入一直处于世界前列,而当意识到教师的质量问题之后,更是重视教师专业发展的资金投入。因此,美国成立了多项基金,用于促进教师的专业发展,并且在基金分配上特别关注对乡村地区的资助。美国于 1999 年设立"教师质量提升基金"(Teacher Quality Enhancement Grants),从 2002 年开始的美国高质量教师计划为乡村地区高质量教师教育投入了专项资金,2007 年的数据表明,高质量教师培训补助计划(Teacher Qualitey Enhancement Recruitment,TQER)在第一个 3 年补助周期内已经完成 9 项补助,总补助金额为 671.32 万美元,其中 110.91 万美元用于新墨西哥州的乡村教育。2000—2009 年,共拨款 7 亿美元,用于奖励愿意到乡村地区任教的高校毕业生。②2006 年,美国联邦教育部成立了"教师激励基金"(Teacher Incentive Fund),用于促进教师教学质量的提升,其中乡村地区的教师效能提升是其关注的目标之一。至 2012 年,"教师激励基金"为全国教师质量提升提供了将近 16 亿美元的资助。2009 年美国联邦教育部又将教师质量提升基金改组为"教师质量伙伴计划"(Teacher Quality Partnership Grant Program,TQP),将乡村地区的教师专业发展作为计划的主要工作目标之一,并于当年为该计划拨款 1.43 亿美元。③

从这些基金设立的目标上我们可以看出,美国政府为了促进乡村地区的教师专业发展,一方面关注对乡村地区教师的补充,积极鼓励大学生到乡村任教,以带动当地的教师质量提升;另一方面利用激励机制促进乡村教师自我提

---

① 黑晓佛:《农村教育价值取向的现实考量》,载《东北农业大学学报(社会科学版)》,2010(5)。

② "Teacher Quality Enhancement Grants," http://www.ed.gov/programs/heatqp/fy-07-recruitment.html,2016-10-10.

③ 陈永明:《主要发达国家的教育》,128~129 页,天津,天津教育出版社,2006。

高与发展，并对乡村优秀教师的留存起到了积极的影响。此外，基金的投入为美国乡村教师的培训提供了充足的费用，能够扩大培训的范围，提高培训的质量。为了进一步提高教师质量，鼓励教师为贫困地区处境不利的儿童提供高质量教学，2007年，美国教育部（U. S. Department of Education）成立了教师激励基金，用于支持各地区尤其是乡村地区提高教师质量。以新墨西哥州为例，2007年开始，资助新墨西哥州第一年57.1万美元，第二年165.659万美元，第三年175.36万美元，用于鼓励教师到偏远贫困地区、印第安人和西班牙裔聚居地区任教。2009年10月，美国教育部拨款21.8亿美元支持各地教育的发展，其中10.8亿美元用于资助小学和初中阶段的贫困家庭儿童，1.6亿美元专门用于提高教师质量。①

（2）各州出台多种项目加强乡村教师培养

在国家层面，联邦政府针对乡村地区制定了相关的教师政策并指导和规范各州的乡村教师培养政策，取得了积极的效果。由于美国的联邦制国家体制，其基础教育发展过程中，地方学区扮演着极为重要的角色，始终处于核心地位。乡村学区在教师专业发展政策的变革方面具有更大的自主性与主动性，能够根据地区的实际情况有针对性地制定最能符合当地教师需求的政策。因而，地方学区的政策变革在很大程度上取决于学区相关政策改革经验的积累。

①实施"自我生长"战略。

2007年，宾夕法尼亚州立大学（Pennsylvania State University）教育学院教授大卫·孟克通过对前几年的调查提出解决乡村师资短缺的策略之一，即自我生长战略（Grow Your Own Strategy）。② 自我生长战略的核心理念是将本土学生作为乡村教师招募的主要来源。当地学生更加了解乡村情况，习惯于乡村的社会环境，因而也更有可能在乡村留教。

第一，土著基层教师计划。内布拉斯加-林肯大学（The University of Nebraska-Lincoln）自1999年以来便实施一项由美国教育部提供75万美元支持的针对美印第安人的土著基层教师计划（Indigenous Roots Teacher Education Program）。③ 该计划要求参与者必须具有准学位，必须掌握印第安人的语言和文化。参与者可就近入学，可以获得奖学金、书费、学费等，学业完成后即可收到基础教育许可证。该计划从根本上为巩固美印第安人社区的教育体系做出

---

① "$ 21.8 Billion Distributed to Promote Educational Improvement," http// www. ed. gov/ news/ press releases/ 2009 /10/ 10012009. html, 2012-10-10.

② Monk, D. H. R, "Ecruiting and Retaining High-Quality Teachers in Rural Areas," *The Future of Children*, 2007, 17 (1), pp. 155-174.

③ Zoe A. Barley & Nancy Brigham, "Preparing teachers to teach in rural schools," Institute of Education Sciences U. S. Department of Education, 2008.

了应有的贡献。

第二，教育职业阶梯。东北部内布拉斯加教育职业阶梯(The Northeast Nebraska Para-Educator Career Ladder)是 2003 年以来实施的应对肉类包装工业的快速发展导致的乡村双语、英语(外语)教师短缺的项目之一。该项目由内布拉斯加-林肯大学、两个社区学院和韦恩州立学院(Wayne State College)合作计划教育 30 名双语专家。主要课程通过在社区学院和远程教育系统获得。学业完成后，参与者可获得基础教育和英语双学位。①

第三，可选择性的证书计划。东南密苏里州立大学(Southeast Missouri State University)提供选择性的证书保证乡村教师的招收和挽留。凡具有一定知识基础的大学毕业生可以边工作边学习教师教育的课程。培训教师要尽量满足申请者各方面的要求，引导学生参加必需的网上培训。针对不想放弃白天工作又想获得教师资格证的申请者，内布拉斯加-科尼尔大学(The University of Nebraska-Kearney)提供学士后教师资格证(Post-Baccalaureate Teacher Certification)。参加者只需 3 次连续 6 小时网上学习(包括在校观察)、一个学期实习(包括学习社区服务)合格后便可获得。梅萨州立学院(Mesa State College)提供密集型硕士许可项目(Intensive Post-Baccalaureate Licensure Program)，只需 12 个月的培训，包括面授、网上课程、课程辅导、15 周的实践锻炼。②

②缓解乡村新教师的流动。

首先，安排实习生支教乡村。乡村教师本身的流动性就比较大，加之缺乏合格教师，安排实习生去乡村支教既可以给学生锻炼的机会又可以有效缓解乡村师资不足的问题。一些高等院校与乡村地区学校一直保持着良好的合作关系。比如，威奇托州立大学(Wichita State University)每年都会安排 40% 的实习生去乡村中小学进行教育实习；迈诺特州立大学(Minot State University)和匹兹堡州立大学(Pittsburg State University)都强调多样化的教学实践，鼓励学生深入乡村学校开展教育教学实践。③

其次，加强师资匮乏科目教师的培训。针对乡村教师在数学及科学、特殊教育、英语等多科目上的短缺，政府及各大高校采取了一系列的举措。各州政府及基金会组织为师资教育提供资金支持。例如，美国国家科学基金会(Na-

---

① Zoe A. Barley & Nancy Brigham, "Preparing teachers to teach in rural schools," Institute of Education Sciences U. S. Department of Education, 2008.

② Zoe A. Barley & Nancy Brigham, "Preparing teachers to teach in rural schools," Institute of Education Sciences U. S. Department of Education, 2008.

③ Monk, D. H. R., "Ecruiting and Retaining High-Quality Teachers in Rural Areas," *The Future of Children*, 2007, 17(1), pp. 155-174.

tional Science Foundation Grant)①为内布拉斯加州立大学林肯分校(University of Nebraska ar Lincoln)教育数学教师的计划提供500万美元。各大高校对职前教师进行针对性的教育，保证毕业生走上工作岗位之后成为合格的教师；针对在职乡村教师的加强培训，面授与现代远程教学相结合，提高他们的专业素质，比如，北科达他州立大学(North Dakota State University)提供两年制的特殊教育教师，受到当地政府和学校的普遍欢迎，其特殊教育毕业生已遍布美国各州。这些针对性的教师教育项目，在一定程度上缓解了部分科目教师的匮乏，并有利于乡村教师整体水平的提高。

③加强远程教育技术的利用。

现代通信技术和计算机技术的发展在一定程度上可以降低乡村学校对高质量教师课堂教学的依赖性。乡村地区利用计算机和远程通信技术的范围不断扩展，特别是这些设施可以为学生提供更加丰富、多元的课程资源，同时弥补了本校薄弱课程的不足，同时为乡村教师和学生接触外界信息提供了新的途径与机会，拓宽了视野。

④实行乡村地区学校合并政策。

由于城市化的不断发展，农业技术的持续提高等原因，美国农业人口占国民总人口的比例也随之下降，因而造就了大批乡村小规模学校。因而，各州教育部门从20世纪下半叶起就陆续开始推行乡村学校合并政策。乡村学校合并政策也在一定程度上填补了小规模乡村学校的劣势，但是这种并小为大的做法并不能完全解决乡村学校的固有问题，反而滋生出了新的问题。合并学校政策的实施并没有达到预想的状况，学生的学业平均成绩并未在合并后出现大幅度提高，尽管教师工作环境有所改善，但是合并后的学校的文化氛围并没有真正形成，教师的人际关系也还处在磨合之中。因而，该项政策并未使各地完全消除小规模学校。

(3)高等学校针对乡村教师设计教育方案

美国部分高等学校向来具有服务乡村教育的传统。比如，为偏远乡村地区量身定做的特殊教育师资培训计划，就是利用大学的教育资源，运用现代远程教育技术，教育和培训乡村特殊教育教师的计划。② 该计划是乡村教师教育的重要途径之一。

在美国，乡村教师教育计划已逐渐在各种类型和层次的高校中开展。1987年，

---

① Zoe A. Barley & Nancy Brigham，"Preparing teachers to teach in rural schools,"Institute of Education Sciences U. S. Department of Education，2008.

② Debra D. O'Neal，"Teacher's Perceptions of Their Preparation for Teaching Linguistically and Culturally Diverse Learners in Rural Eastern North Carolina,"The Rural Educator，2008，pp. 5-13.

巴巴拉·吉恩·琼斯(Barbara Jean Jones)教授对美国27个州负责教师教育的208个公立和私立高校的调查结果显示,其中有21个(10.1%)机构实施专门的乡村教师培养计划,如表2-1所示。①

表2-1 1987年美国实施专门乡村教师培养计划的高校情况

州	学校
艾奥瓦(Iowa)	北艾奥瓦大学(University of Northern Iowa)
堪萨斯州(Kansas)	海斯堡州立大学(Fort Hays State University) 卫斯理大学(Wesleyan University)
缅因州(Maine)	缅因大学麦奇阿斯分校(University of Maine, Machias) 缅因大学奥罗诺分校(University of Maine, Orono)
密苏里州(Missouri)	汉尼拔拉格兰奇学院(Hannibal La Grange College)
明尼苏达州(Minnesota)	西南州立大学(Southwest State University) 明尼苏达大学摩里斯分校(University of Minnesota, Morris)
内布拉斯加州(Nebraska)	卡尼州立学院(Kearney State College)
新墨西哥(New Mexico)	东新墨西哥大学(Eastern New Mexico University)
北达科他州(North Dakota)	北达科他州立大学(North Dakota State University)
俄克拉荷马州(Oklahoma)	俄克拉荷马州立大学(Oklahoma State University) 东南俄克拉荷马州立大学(Southeastern Oklahoma State University)
俄勒冈州(Oregon)	东俄勒冈州立大学(Eastern Oregon State College) 波特兰大学(University of Portland)
得克萨斯州(Texas)	西南三育书院(Southwest Adventist College)
犹他州(Utah)	杨百翰大学(Brigham Young University) 犹他州立大学(University of Utah)
华盛顿州(Washington)	遗产学院(Heritage College)
西弗吉尼亚州(West Virginia)	西弗吉尼亚卫斯理学院(West Virginian Wesleyan College)
威斯康星州(Wisconsin)	威斯康星大学麦迪逊分校(the University of Wisconsin, Madison)

---

① 王依依:《美国农村教师合作培训模式研究》,硕士学位论文,华中师范大学,2015。

在乡村教师培养方面，有些高等学校为乡村教师培养提供了有针对性的方案。比如，内布拉斯加州立大学林肯分校自1999年起就实施了一个针对美洲印第安学生的方案。至2007年，已有19名学生毕业且回到他们自己的社区工作。①

内布拉斯加州立大学科尼分校（University of Nebraska at Kearney）则把同乡村教师合作，为乡村教师服务作为学校的重要理念。由于位于典型的以乡村为主的州中心，学校采取多种策略，充分利用学校现有资源开展专门针对乡村教师教育的项目。这些策略包括设计学校证书获取通道方案、提供专业支持、创建学徒式教育方案和实习基地、为已经完成合格证书的乡村教师提供其他学科的培训。②

该校教师教育系设计了适合乡村教师资格证书的获得路径。为了增加课程的针对性，大学教授和教师教育主管领导共同分析乡村教师的水平、特点以及需求，设计乡村教师最需要的培养课程。计划允许参加培训的乡村教师使用现有的教学设备，并要求他们在城镇地区教育机构进行实习。该方案允许受训的教师在两年内兼职学习完成课业，在一学期内修习两门课程，共计一个学期外加一个暑假，并要求教师在所工作的乡村学校完成最后的实习。此外，大学教授和系主任商讨一系列的网络课程，由一名教授和两名讲师承担学校每年暑假的网络教学，并在一学年后把现场教学转成网络模式。教授共承担四门课程和实习，每位讲师承担一门课程，其他系的教授承担另外一门课程。每门课程至少每年可以在网上获得一次，而大多数课程每学期都可以在网上获得。③

3. 美国乡村教师培养策略的特点

美国现行乡村教师培养策略是在法案的指导基础上形成的，各项子法案得到了美国教育部的正式授权，各州及当地学区教育部门也采取了类似的策略。州政府和地方学区的乡村教师政策作为法案的扩展，其政策的调整与改革对乡村教师政策的实施有积极的实践意义。从目前各级教育部门实施的情况以及各项公布的数据来看，它对美国乡村中小学教师队伍的稳定，保证乡村教师高质量，改善教师工作环境及待遇，提高乡村学生学业成绩，扩大乡村中小学与地

---

① 白治堂，方彤：《美国中部地区教师教育机构农村师资问题的解决策略》，载《外国教育研究》，2009(4)。

② Mollenkopf, Dawn L., "Creating Highly Qualified Teachers: Maximizing University Resources to Provide Professional Development in Rural Areas. *The Rural Educator*, 2009, pp. 34-39.

③ Mollenkopf, Dawn L., "Creating Highly Qualified Teachers: Maximizing University Resources to Provide Professional Development in Rural Areas," *The Rural Educator*, 2009, pp. 34-39.

方大学的合作等方面起着积极作用,具有鲜明的美国特色:教育行政管理科学化、乡村教师政策研究协同化、乡村教师教育体系一体化、乡村教师权益保障立法化。

(1)教育行政管理科学化

目前,美国已经基本形成了较为完备的各级学区的乡村中小学教育管理体制,法案针对乡村教育的各类资助子项目都是通过有效的行政体制来保证完成的,具有较强的强制性。尽管各州拥有教师政策方面的自主权,但各州的政策措施要以联邦政府颁布的法令为基础。这对实现城乡基础教育的均衡发展,促进乡村薄弱学校快速发展具有较强的促进作用。

(2)乡村教师政策研究协同化

各高等院校及各类教育研究机构对乡村教师培育政策的变革与推行起了重要作用。近年,美国各研究机构以及高校学者在乡村职前教师的教育、乡村教师多学科教师资格认证的获得、乡村学校教师的补充与保留、乡村教师的教学实践及专业发展途径、乡村教师培育课程的建设、乡村教师的收入以及偏僻地区教师短缺问题等方面产生了丰富的研究成果。隶属于美国教育部的教育研究和改进办公室(Office of Educational Research and Improvement,OERI)是联邦拨款的研究机构,主要致力于教育研究、发展和政策的宣传。OERI的乡村教育研究极为成功,联邦教育部门关于乡村教育的重要决策几乎都是在 OERI 研究成果的基础上制定出来的。当然,这也与联邦政府大量持续拨款分不开。[1] OERI 同时负责国家教育实验中心和国家教育统计中心的运行。联邦政府,州政府乃至学区重要的乡村教师政策的出台都是先建立在其先期调查研究的基础上,制定出完整的实施方案再付诸实施的。因此,学术界对相关问题研究的兴起对乡村教师政策的变革与发展起着积极的作用。

(3)乡村教师培养体系一体化

美国乡村教师的职前教育政策、入职教育政策、职后培训政策已经形成体系,各政策承前启后,具有系统性和稳定性的特点。

从职前教育着手,保证教师数量与质量,教师短缺和流失与职前教育有着紧密的关系,从职前教育着手有利于保证乡村学校教师的数量和质量。从高中阶段开始实施教师教育项目,不仅可以保证乡村学校师资的供给,还可以使准教师较早地接受到优质的、有针对性的教育,从而保证了乡村学校的师资质量。此外,在招收对象、课程设置和教育过程中也呈现出了不同特点。

---

[1] Topper Sherwood,"Where Has All the 'Rural' Gone? Rural Education Research and Current Federal Reform," *Journal of Research in Rural Education*,2000(16),pp. 159-167.

首先，在招收对象上，倾向于乡村本地招生。从招生对象来看，美国乡村教师职前教育项目强调从乡村本地招生，或者招收有乡村工作经验的人员。这一举措能够有效地防止乡村教师流失，有利于维护乡村教师队伍的稳定性。许多乡村学校地理位置隔绝，远离经济、文化中心，很难招聘到优秀教师。即便招聘到优秀教师，可能会由于不适应乡村生活环境，并且接受不了工作上期望与现实之间的差距，使这些教师产生孤独感和挫败感，继而离职。相比之下，来自乡村社区的学生不仅对乡村环境较为了解，也已适应乡村生活，而且他们社会关系大多就在身边，这就避免了因为交通因素引起的社交孤立，从而很大程度上减少了教师的流失。

其次，在课程设置上，加入乡土理论知识。美国乡村学校教师教育项目与一般教师教育项目相比，其最大的特色之一就是在课程设置上融入了乡土理论知识，如弗吉尼亚州家乡教师项目中教师培训课程中加入了乡村文化、乡村社会、乡村环境等与乡村教学相关的课程。对于教师的基本素质与要求来说，学科知识、教育专业知识、语言表达能力、人际交往能力等素质是必要的。但是，对于乡村教师而言，由于工作环境和条件的特殊性，除了应具有普通教师的基本素质外，还要具备一些特殊的技能以应乡村教育教学环境中的各种任务，满足乡村学生的需求。

再次，在教育过程中，强调教师理论与实践相结合。从职前教师教育过程来看，美国乡村教师的教育项目十分注重教育理论知识学习与教学实践活动紧密结合，教育实践几乎伴随学生的整个学习过程。这样，不仅有助于学生掌握教学技能，而且有助于提高他们的教学反思能力。参与美国各州的家乡教师项目的学生在经过一阶段教育理论学习后，都会被分配到乡村公立学校进行实习，听课、上课或担任校长助手和教师助手等。

最后，在教师的职前教育过程中注重教师责任感的教育。乡村教师的流失率高始终是乡村师资队伍建设面临的主要障碍之一，然而单纯依靠提高教师待遇并不能保障教师队伍的稳定性。一些研究表明，在收入变化不是很大的情况下，职业稳定性会更加明显地受心理感受、精神追求等因素影响。因此，一些教师教育项目加强了教师职业道德和教师责任感的教育。比如，在家乡教师项目实施过程中，在课程学习与实践环节中加强责任感等教育内容，并为学生提供感受乡村教育和教学的机会，使他们对乡村教育的需求有更加深刻的感受与理解。

(4) 乡村教师权益保障立法化

美国通过立法来保障乡村教师的权益。由于美国是地方分权制国家，各州都有自主权采取适合本州的教育政策。因而，经过多年的发展各州的乡村教师政策已经形成了较大差异。唯有通过立法的途径保障乡村教师的权益，才能从制度上提高乡村教师的待遇,从而稳定教师队伍。现阶段,美国已形成较为全面系统的乡村学校师资保障体系。纵观美国的乡村学校师资保障策略,可以发现,美国已形成一套从教师招募、职前教育到职后保留与专业发展,从制度保障到资金、资源、技术支持等较为全面系统的乡村基础教育师资队伍保障体系。

NCLBA、ESSA及各项子法案有力地保障和推进了乡村教师权益进程,体现了美国联邦政府在乡村教师政策问题上的重视。一些研究表明,单纯的经济激励措施并不能保证教师留在偏僻的乡村学校从教,能否得到社区和学校的充分支持,今后能否有足够的专业发展空间是新教师更为关心的问题。为了使新教师更快地适应工作环境,减轻工作压力,促进专业发展,最终在乡村学校留任,目前,美国几乎所有的州都实施了新任教师指导计划,如弗吉尼亚州的新教师帮扶项目、马萨诸塞州的初任教师发展与培训计划、加利福尼亚州的新教师指导与评价项目等。这些新教师入职指导项目都是由州政府参与制定与执行的,并且通过立法的形式加以保障。这些新教师指导计划是各州实施新教师入职指导的重要指南,其内容规定极为详尽,如入职指导的目标、时限、内容、指导教师的选择标准和职责、指导教师的培训内容、专业发展活动的开展,以及指导效果的评估都有详细的政策规定。新教师指导计划的推行促进了乡村教师的专业发展,避免了部分教师的流失,进而保证了乡村教师队伍的稳定性。

(二)美国乡村教师培养典型案例分析

北卡罗来纳州(North Carolina, NC)是美国东南部大西洋沿岸的一个州,是最初的13州之一。北接弗吉尼亚州,东滨大西洋,南界南卡罗来纳州和佐治亚州,西邻田纳西州。面积136 560 km²,在50个州内列第28位。人口超过970万人。乡村人口占50%以上,为美国乡村人口最多的州。同时,该州乡村学生人数超过80.00万人,占该州所有公立学校学生总数的一半以上,在全美各州乡村学校学生总数排名中名列第二。因而,北卡罗来纳州可以较为全面地反映出当前美国乡村教师政策改革的面貌。目前,该州积极实施联邦政府、州教育部门的教师教育政策,当地的社会团体也积极参与制定、支持乡村教师相关政策。可以说,北卡罗来纳州是当前美国乡村教师教育策略变革领域的典型代表。

1. 北卡罗来纳州乡村教师队伍概况

城市化的进程中,北卡罗来纳州大部分乡村社区的许多乡村地区传统、文化和乡村社会关系都面临解体。大型农场经济的兴起使得当地乡村社区人口流动更加频繁:一方面,大量人口流向城市;另一方面,大型农场又聘用来自外地的季节性工人给乡村学校带来了候鸟式的学生，且这些学生中大部分人的母语并非英语。这种情况就导致学校面临教师数量和质量上的压力。在乡村小规模学校合并的潮流中，偏远地区的小型村镇已经永久性失去了自己的社区学校。可见，其乡村基础教育仍然面临诸多困难。后 NCLBA 出台，其中提出的高质量教师队伍的建设，要求各州都要保证为每名学生提供优质的教师即高质量教师。2006 年北卡罗来纳州政府公共事务部（The North Carolina Department of Public Instruction）承诺未来几年确保每日教室都有高质量教师。但是，一项报告显示北卡罗来纳州乡村高质量教师严重短缺，教师更新困难，教师质量低下，按 NCLBA 的高质量教师的定义，如期实现目标困难重重，面临着诸多挑战。[1]

首先，乡村教师资格认证合格率偏低。

教师资格认证制度的完善为教师专业水平的认定提供了标准参考，可以分为教师初始资格证书、全职教师资格证书等。NCLBA 要求提高全职教师的资格认证标准，降低初始、临时或应急教师资格证书的拥有率。在过去教师极度紧缺的情况下，此类教师资格证书的发放发挥了不可替代的作用。但据调查数据分析，在该州高度贫困地区的教师中拥有初始、临时或应急教师资格证书的仍然占很大比例。拥有全职教师资格证书的高素质教师才是乡村社区学校、家长和学生所追求的。但根据北卡罗来纳州政府公共事务部的调查报告显示，乡村流动人口的增长基本上抵消了政府和学校招募、培育高水平乡村教师的努力。截至 2007 年 5 月，北卡罗来纳州城市和乡村地区总体上仅 80% 的小学教师和不足 65.00% 的中学教师拥有全职教师资格证书，并且这些教师所承担的都是核心课程。据调查，高度贫困的乡村地区学生接受学校新教师的教学可能性为 16.00%，高于 66.00% 的概率接受的是不具备全职教师资格证书的任课教师的教学。北卡罗来纳州 145 个地区 2005—2006 学年未获得全职教师资格证书的教师数量比例调查统计见图 2-1，可见 30 个高度贫困的乡村地区中未获得认证的教师比率为 14.70%，比低贫困的地区高出 5.7 个百分点。[2]

一直以来，北卡罗来纳州鼓励本州的基础教育阶段教师通过全国教师资格认证委员会（National Board Certified Teachers，NBCT）的认证。该认证委员会一直以严格的认证过程著称。要通过认证的教师须参加共计 200 学时的教师

---

[1] North Carolina Department of Public Instruction，"North Carolina's Equity Plan for Highly Qualified Teachers，2006，". http：//www. ed. gov/programs/ teacherqual/hatpalns/ncep. pdf，2017-03-26.

[2] North Carolina State Board of Education，"Disadvantaged Student Supplemetal Fund Pilot Evaluation：Report 1，"http：//www. dpi. state. nc. us/docs/stateboard/meetings/2007/05/tcs/05tsc07. pdf，2017-03-26.

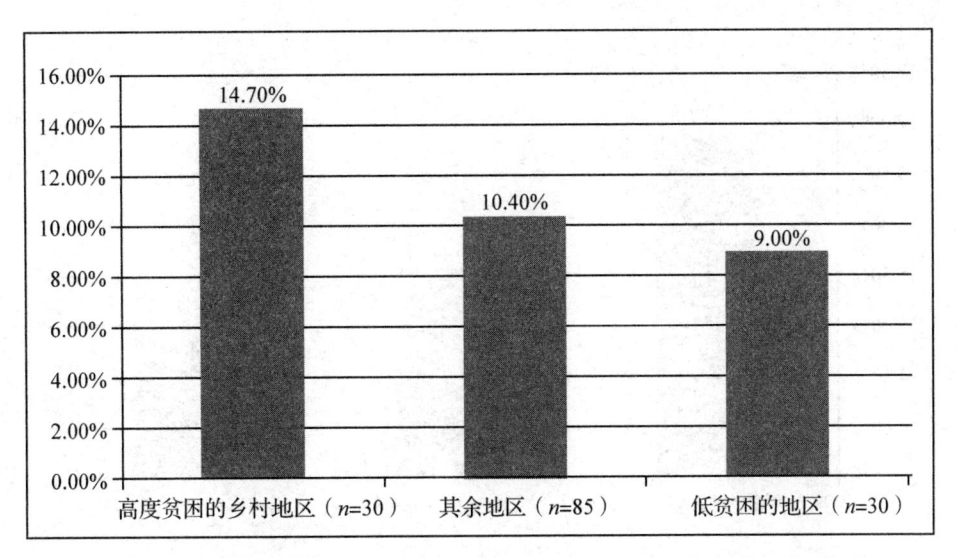

图 2-1 北卡罗来纳州 2005—2006 年未获得全职教师资格认证的比率

数据来源：北卡罗来纳州政府公共事务部，2005—2006 年学校成绩报告比较分析。

教育课程的学习，然后撰写论文并进行示范教学合格后才能通过认证。为鼓励教师们积极参加认证，北卡罗来纳州采取了许多激励措施，包括为教师提供认证费用并且承诺为合格学员加薪，最终通过认证的教师工资涨幅达 12.00%。这些激励措施取得了成效，该州一次性通过该项教师资格认证考试的教师比例高达 40.00%，北卡罗来纳州也一度成为全国教师资格认证通过率最高的州。但与此同时，这些通过认证的教师的城乡分布差异极大。贫困乡村学区的学生仅有 50.00% 的可能性能够接受通过全国资格认证教师的教导。可见，尽管该项政策在整体上提升了被卡罗来纳州的教师素质，但就乡村而言效果并不大。

其次，乡村教师流动率居高不下。

教师的高流动性能够为学校教师队伍带来新鲜血液，但是这对乡村学区也意味着学校需要花更多的时间、人力和财力用于招募和培训新教师，不断重新组建教学团队。这种时间、人力和物力的占用不可避免地影响到其他教师的专业发展机会。同时，教师的频繁更换对学生学业成绩会产生不利影响，不利于学生的稳定成长。对全州 145 个地区教师流动率进行调查研究的结果见图 2-2。从图 2-2 中可见 30 个高度贫困的乡村地区教师平均流动率仍然是全州最高，达到 16.90%。[①]

---

① North Carolina State Board of Education, "Disadvantaged Student Supplemetal Fund Pilot Evaluation: Report 1," http://www.dpi.state.nc.us/docs/stateboard/meetings/2007/05/tcs/05tsc07.pdf, 2017-03-26.

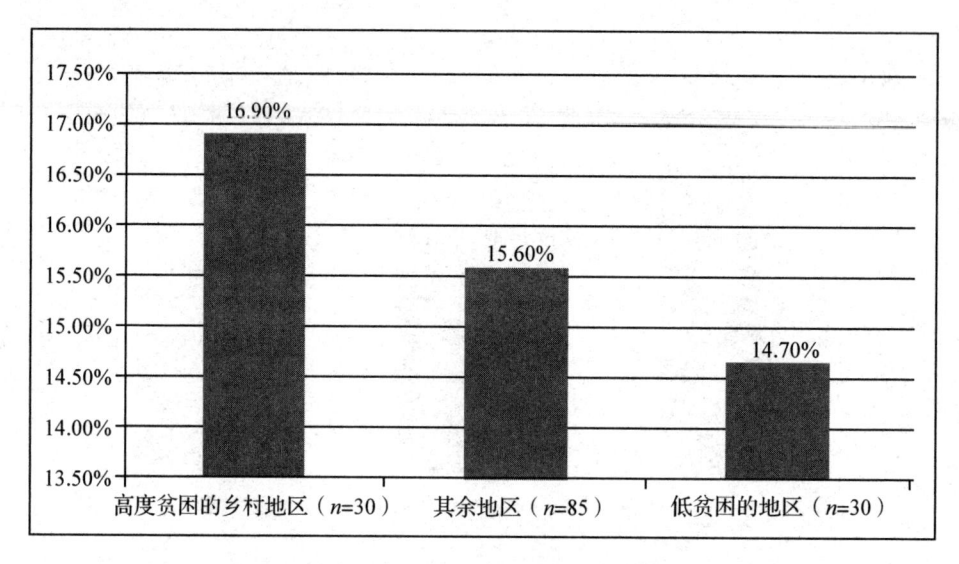

图 2-2　北卡罗来纳州 2005—2006 年教师流动比率

数据来源：北卡罗来纳州政府公共事务部，教育系统教师流动率报告比较分析。

该州贫困乡村地区的高水平教师通常是流向待遇更高的学校或工作条件及环境更优越的城市地区。高水平教师流失后，补充进来的教师往往是新教师、获得教师资格赦免的教师或者仅具有临时教师资格的教师。而相对低贫困的地区高水平教师正常退休后，所补充的教师却还是高水平教师，因而对教学所产生的影响并不大。北卡罗来纳州 30.00% 的高度贫困的乡村学区几乎每个学年流失高水平教师 1~5 名，这些地区年均下来教师的流动率超过 18.00%，教师队伍的稳定性对教学质量的影响可想而知。①

北卡罗来纳州最贫困的乡村地区不仅在教师资格认证方面处于劣势，而且教师的高流动率使得原本就已困难重重的乡村师资队伍建设雪上加霜。此外，此类地区教师的专业发展机会、待遇水平、工作条件、工作环境和师生比例等方面都与其他低贫困的地区有较大的差距。面对这样的困境，该州教育部门加大力度改革乡村教师政策，探寻具有本州特色的乡村教师问题解决途径。

2. 北卡罗来纳州乡村教师培养的现状

外来移民的涌入，形成了候鸟式学生群体，乡村人口和种族构成呈现出新的变化，加上来自移民学生的在语言、文化、生活等方面的诸多挑战，乡村社区对教师的需求也越来越多样化。传统的乡村教师政策不断受到责难，针对这

---

① North Carolina Department of Public Instruction, "System Level Teacher Turnover Report," http://www.ncpublicschools.org/docs/recruitment/surveys/turnover/2005-06 turnoverreport.pdf, 2017-09-03.

样的问题,北卡罗来纳州实施了具有鲜明本州特色的乡村教师政策,实施了五项政策对乡村教师队伍加以建设。

(1)乡村教师经济激励政策

针对乡村教师政策实施的难题,很多州都试图采取众多的激励措施来吸引高质量教师去条件艰苦的地区任教,激励的对象包括城市和乡村所有教师,以及在高校的愿意未来从事教学岗位的学生。激励政策的主要措施有:由州教育部门发放薪水补贴;获得各类资格认证和培训等奖学金;延期或减轻个人还贷;签发工作奖金;提供因工作调动的乔迁补贴费用;提供低息房贷;返还部分收入税收等。

北卡罗来纳州提供的激励措施主要是针对愿意在乡村从事教师职业的大学本科生,但是资助对象的数量十分有限。该州针对乡村教师政策实施的项目主要有五个方面。

第一,北卡罗来纳州教学伙伴计划(North Carolina's Teaching Fellows Program)每年为 400 名获得教师资格认证的高校高年级学生每人提供达 6 500 美元的贷款。如若这些学生毕业后在贫困地区学校从教满 4 年,这些贷款将予以减免。

第二,未来教师助学贷款计划(Prospective Teacher Scholarship Loans,PTSL)和助理教师助学贷款计划(Teacher Assistant Scholarship Loans,TASL)都是为符合条件的 4 年大学和社区本科生提供的助学计划。这两个计划均要求学生毕业后在乡村贫困地区或工作条件艰苦地区从教,学生的贷款利息将会被免除。2005—2006 学年,两个计划共资助了 876 名符合条件的未来教师,但是 PTSL 计划只有 1 500 人申请,其中只有 654 人获得助学贷款。

第三,P. 罗宾逊学者项目(Prezell Robinson Scholars Program)每年提供 50 个助学名额直接面向难以招聘高质量教师的贫困地区的学校系统。该项目主要支持学生进入高校教育学院学习并通过教师资格认证,符合要求的学生将会得到 PTSL 计划和地方学区的资助。[1]

第四,千禧年教师奖学金项目(The Millennium Teacher Scholarship Program)来源于州财政支持,奖学金项目设立于温斯顿塞州立大学(Winston Salem State University)、费耶特维尔州立大学(Fayetteville State University)、伊丽莎白城市州立大学(Elizabeth City State University),奖励致力于乡村教育的学生。获取该项目奖学金的条件:为上述大学的注册学生;学术能力评估测试(Scholastic Assessment Test,SAT)成绩达到 900 且大学课程成绩的平均

---

[1] Alexis Schauss,"Information Analysis and Reporting," *North Carolina DPI*,2007(05).

绩点为 2.5 以上；学生所选的教师资格认证学科须先从紧缺学科中选择；申请该项目的学生在校期间至少获得大学助贷中心提供的 3 000 美元的助学资金。每人大学 4 年期间每年可以获得的助学金达 6 500 美元。①

第五，北卡罗来纳州的州教育委员会实施小型学校实验计划，为该州克朗布和伯蒂两个高贫困地区提供 15 000 美元的经费用于数学和科学教师队伍的建设。此外，北卡罗来纳州在乡村教师工资待遇方面采取激励措施。该州教师按教师资格级别发放工资，这就意味着当地学区可以争取更多的高级岗位来招募高质量教师，而且各个学区可在本州教师工资待遇规定的基础上提供本学区额外补贴，补贴额 100～14 000 美元。

(2)充分利用社会资源整合乡村教师队伍

北卡罗来纳州已经开始对全州范围内学校系统的教师数量和质量进行调查，并对所有教职申请者进行统计，成立社会中介组织即州教育系统的人才交流中心，从而达到为教职申请者提供更多的选择机会且增加为边远的乡村学区输送高质量教师可能性的目的。此外，州教育部门还联合社会教师资格认证机构为在高度贫困的地区从事教学的新教师提供教师资格认证。北卡罗来纳州的当地学区或学校可通过州政府公共事务部和教育人才交流中心发布教学岗位空缺信息。当前，北卡罗来纳州对来自其他州的教学申请者放宽了教师资格认证要求，并且为申请中级岗位的教师提供了许多可选择的路径。

以外，北卡罗来纳州还通过本地化策略来扩充乡村教师队伍。乡村教师本地化策略是根据乡村地区的特殊性而提出来的。2005 年，阿巴拉契亚教育实验室关于边远乡村教师问题的研究报告，说明了乡村地区当地居民热衷于教师职业(如教学辅助人员)或通过教师资格认证成为一名教师，这是提升位于边远贫困乡村地区教师队伍质量最为成功的策略之一。该政策主要面向具有特殊需求的地区，同时还有赖于州教育部门和当地学区的支持，政府会为有志于获得临时教师资格证书的居民提供学费补助。

2006 年，北卡罗来纳州制定并实施《高质量教师公平计划》，该计划要求本州 4 年制的大学和社区学院应为教师资格认证提供相关课程，且要求课程要设置灵活的教学时间安排以适应学员的需求。由于所有提供的培训课程都是根据统一标准设置的，参加认证的学员可就近获取教学资源并且培训课程的学分在不同学校间是互认的。与此同时，课程总体上由州教育委员会统一管理，州教育委员会要求各大学和社区学院逐步更新课程，并且对课程开展情况进行评

---

① North Carolina Millennium "Teacher Scholarship Loan Program," http：//www.cfnc.org/Gateway? command = GetBasedProgram Detail&note = no&type = 7&vocType = 10& vocational = no&id=136，2016-04-06.

估。此外，北卡罗来纳州也为符合教师资格认证的社会人员提供应急教师资格认证，尽管这些新教师获得的是临时或应急教师资格证书，但也为补充乡村教师队伍产生了一定效用。州教育部门和地方学区多方位的政策努力使得当地乡村居民中符合教师资格认证的人能够更容易地成为教师。当然，尽管他们的职业身份产生了变化，但是这个群体仍然是未受到足够重视的特殊群体。

（3）形成校本研究氛围，奠基乡村教师专业成长

失去教师专业发展的机会和支持实际才是最为困扰乡村新教师的问题。北卡罗来纳州各学区实施了多种提高教师教学水平的计划，并给予教师职后教育培训充分的重视。这将会使新教师在入职指导计划和导师传帮带制度中受益，也为教师未来的专业发展打下良好的基础，使得教师愿意长期在乡村学校中工作，从而保证教师队伍的稳定性。同时，地方学区与当地高等院校以及教育科研机构合作，合作机构的教师和教育专家深入乡村学校课堂进行现场指导和调研，为乡村学校改革和教学评估提供方案。北卡罗来纳州的新教师在入职的前3年将承担课外活动课程，并有指定的高质量全职教师进行跟踪指导与评价，由州政府承担所有指导费用。新教师所在学校根据州的要求为新教师制订指导计划并监督实施，同时州政府通过教师质量保障中心调查新教师工作环境以及学校对新教师的入职教育情况，以此作为州教育部门对学校的年度考核指标之一。

（4）利用现代远程教育技术提高乡村教师质量

阿巴拉契亚教育实验室2005年公布的研究报告认为，不断发展的信息技术可以作为工具来满足乡村地区教师专业发展的诉求，这对乡村学校吸引和挽留高质量教师提供了新的途径。[1] 先进的网络技术可以为地理上与社会隔离的乡村学校提供最新的教学资源，教师可以通过远程教育学习系统获得专业发展和继续教育的机会，更重要的是该系统可以帮助新教师与高水平教师进行沟通并建立指导关系。

当前，北卡罗来纳州的州政府公共事务部与北卡罗来纳州在线学习网络服务商(http://www.ncpublicschools.org/profdev/)合作，为乡村教师提供免费的在线教师教育专业发展各类课程。此外，北卡罗来纳州当地大学与北卡罗来纳州数字科学研究机构一起开发多媒体交互式双向技术，为边远地区的教师提供最新的教学信息。北卡罗来纳州并未就乡村学校招募和保留高水平教师的情况进行专门调查，但州政府公共事务部公布的数据则可反映出未来北卡罗来

---

[1] North Carolina State Board of Education, "Disadvantaged Student Supplemental Fund Pilot Evaluation: Report1," http://www.dpi.state.nc.us/docs/stateboard/meetings/2007/05/tcs/05tsc07.pdf, 2017-03-26.

纳州乡村教师政策的改革方向，即对紧缺特殊教育数学和科学等课程教师的乡村学区进行积极鼓励与支持，而双语教育课程是最紧缺师资的。同时，该州每年需要大约 10 000 名中小学新教师，而本州培养新教师的能力为每年 3 000 名左右，其中只有 2/3 的毕业生在当地中小学就业。由此造成的教师数量缺口非常大，每年大约需要来自全美各地的 8 000 名新教师来充实教师队伍。[①] 因此，高贫困地区将在招募高水平教师方面面临更为严峻的困境，政府要为这些高贫困的乡村学校吸引和保留教师提供更加切实可行、科学有效的策略。

3. 北卡罗来纳州乡村教师政策的改革

为了适应北卡罗来纳州社会经济发展的需要，州政府和地方学区依靠高等院校、科研机构的调查研究，为解决乡村教师问题制定了诸多的政策并付诸实施，取得一定成效，也为北卡罗来纳州乡村基础教育达到国家标准奠定了坚实基础。尽管近年来乡村教师政策的变革取得了成绩，但仍旧面临着许多困境，州政府不断调整政策以解决新问题，不断完善乡村师资队伍。因而，北卡罗来纳州乡村教师政策的未来主要趋势表现在以下几个方面。

(1) 加强乡村学校自身造血功能

在社会支持下，乡村学校的领导根据本校实际情况制定相应的教师培养计划，努力创造条件，积极招募、保留并培养高水平教师。NBCT 认证的教师分布情况表明了学校自身师资培育的重要性。NBCT 的认证主要功能之一是提升在职教师职业生涯进程，因此乡村学区可以提升经过 NBCT 认证的高水平教师作为学科教学带头人或学校管理者。此类计划包括发挥乡村学校俱乐部在教师培养方面的作用，为实习生提供职业指导。课外项目计划招聘接受过社会资助和财政援助的教学辅助人员，特别是紧缺的学科教师或已经获得教师资格认证的学科教师来指导、支持在职教师通过急需学科的资格认证。与此同时，当地学区或地方社会团体制订奖学金助学计划来保证经过培训的教师能够返回原校工作，并且保证现有的计划能够得到充分实施，并能够按照计划要求兑现承诺。

(2) 完善乡村教师经济激励政策

州政府继续支持和协助特定高度贫困的地区已有的教师激励项目并予以评估，加快高度贫困的地区学校新教师入职指导项目的建立。新教师入职指导项目的经费主要用于在高度贫困的地区任教的导师和新教师，保证乡村学区形成高质量教师的梯队，主要资助面集中于颁发奖金、低息房贷、房屋迁移补贴、

---

① North Carolina Department of Public Instruction, "System Level Teacher Turnover Report," http://www.ncpublicschools.org/docs/recruitment/surveys/turnover/2005-06 turnoverreport.pdf. 2017-09-03.

提供低租金住房、协助照看小孩、提供继续深造的经费等。① 总而言之，必须保证当地学区提供的条件不得低于本州居民的平均收入水平。

教师本地化政策中关于教师的奖学金和优惠贷款项目均要接受评估，同时向州教学委员会和州议会提供调研报告。报告的主要内容包括以下四个方面问题：符合条件的教师是否都享受到这些政策；新教师是否完成学位并获得教师资格；提供新教师所在学校的具体信息资料；是否需要增加针对乡村学区的奖学金计划和优惠贷款项目。

（3）完善并扩大高校与乡村中小学的合作机制

北卡罗来纳州的地方高等院校为乡村学校培养后备人才，为在职人员提供继续教育课程等相关服务。实施的主要政策有：第一，高校与地方学区合作，主要包括乡村学校管理者培训，开设学校管理学、课程管理学等继续教育课程；第二，州政府公共事务部联合州财政部门和高校相关机构直接参与调查过去5年教师流失最多的高度贫困的乡村地区，对教师流失的原因进行深层次分析，该项目的研究成果将直接指导这些学区，提出问题的解决策略；第三，州教育部门花费350万美元为每个学区提供新教师入职指导专门经费，其目标是在所有学区都能实现每15位新教师就有1位全职指导教师能够对其进行全方位指导。该项目先在5年来教师流失率最高的低收入地区进行试验，以此来鉴定该项目能否降低教师流失率和提高学生的学业成绩。此外，该项目成功的标志之一是能够在高贫困乡村地区的特殊环境中为当地教师队伍的稳定发挥作用。②

（4）为乡村学区提供先进的网络技术支持

现代网络技术的飞速发展为边远的乡村社区提供了信息的便利，将发挥不可替代的功能。乡村学校的基础设施建设需要州政府教育部门和当地学区的投入。州政府教育部门在未来的计划里面包含了学校信息技术建设的内容，主要有：其一，通过与网络公司的合作，确保每个学校都安装高速网络系统，保证所有的教师和学生能够有条件使用网络来提高自己的工作和学习能力；其二，远程教育系统的发展为乡村教师提供了在线交流的平台，而且也为学生学习和使用信息技术提供了条件；其三，加快教学资源网站建设，高校、科研机构、教育部门以及社会中介为乡村学校教学提供及时的信息资源；其四，互联网的

---

① RSCT Program, "Facts and Figures About State Education Funding for Rural Districts," http://www.ruraledu.org/articles.php?id=2542. 2013.01-30.

② North Carolina Department of Public Instruction, "System Level Teacher Turnover Report," http://www.ncpublicschools.org/docs/recruitment/surveys/turnover/2005-06turnoverreport.pdf. 2016-09-03.

畅通有利于北卡罗来纳州偏远地区乡村学校教师基本信息数据的收集,如调查乡村学校教师培训需求以及乡村学校课堂信息技术的应用情况等。总之,在原有的基础上利用先进的技术解决乡村教师的发展问题是乡村教育事业发展的需要。

(5)发挥社会各界参与的积极性

北卡罗来纳州政府及教育部门加大了学区之间的经验交流合作,采取了多样的高水平教师招募和保留措施:第一,定期召集在乡村留任的高水平教师召开座谈会,分享其成功经验,指导和帮助新教师融入乡村生活。同时,协助他们通过更多的教学训练和团队合作精神来面对现实工作中的挑战。第二,加大学区间、学校间的信息沟通与交流,保证政府官员、人事负责人和当地居民对当地教育状况有清晰的了解,在学区间、学校间的比较中改进自身的不足,以此来招募和保留高水平教师。第三,成立针对教师招聘政策的专门研究团队,评估高贫困地区学校的真实需要,决定在这些学校引进新教师时是否增加州政府层面的支持与帮助。第四,地方学区要保证各校有经验的教师作为本校评委参与新教师入职面试工作。确保入职面试的公开、公平与公正。

北卡罗来纳州重视教育管理部门同乡村教育研究机构的合作。州教育主管部门主要是根据本州的乡村特点及乡村学区的特殊需求与科研机构开展合作。合作的主要议题有:第一,教师的质量和学校解聘或保留教师两者的关系;第二,不同的乡村学区策略相同而结果不同的原因;第三,对成效显著、成绩优秀的乡村学区的做法进行调查、研究并总结经验、加以推广等。这必将减少乡村教师政策的变革走弯路的可能。

北卡罗来纳州争取社会各界的广泛支持,采取的措施主要有:其一,州教育委员会要求当地学区每年召开两次关于教育公共经费使用情况的听证会,听证会将向社会公开关于教育公共经费使用达到的教育成果,尤其反映在招募和保留乡村教师的策略和乡村学生学业水平提高的程度方面。听证会为社会各界了解教育经费使用情况提供机会,并为来年教育经费预算的顺利通过奠定基础。其二,地方教育财政经费应该投入较为成熟的乡村学校项目,同时学校委员会同地方社会团体进行项目进程及实施方向合理性的讨论,地方社会团体参与学校委员会会议决定并加以监督审核。其三,乡村社区会议必须要求学校解释"教师公平计划"进程,该项措施可以预防无经验或经验不足的、非专业领域的或未通过认证的教师充斥于高水平教师紧缺的乡村学校里面,造成教学质量下降。其四,密切学校与社区的关系,促进建立社区和教师的伙伴计划,为教师提供多方面的帮助与支持。

(6)鼓励乡村教师融入当地的文化氛围

帮助教师学习乡村文化,了解当地社会的基本情况和文化特点,对教师正确理解当地社区居民的需求，扫除教学工作障碍，从而创造良好的学校周围环境能带来积极作用。主要的做法有：第一，在教师职前教育计划中，设置地方文化常识和自然历史的课程内容，以保证新教师能够在入职后快速融入当地的社会生活，并能够掌握学生的文化背景。课程内容主要包括地方常识、历史、生态环境和学校文化等。第二，建立乡村社区团体与学校互动机制，在教师流动和招募方面加强合作，以便新教师能够迅速融入新环境。

(三) 美国乡村教师培养经验对我国的启示

美国教育改革发展的过程中，教师政策的变革作为重要的组成部分，一直处于不断探索和更新之中。美国城市化的进程造成了城乡教育发展不均衡的局面，处于弱势地位的乡村学校发展越来越受到社会各界的关注，而乡村基础教育发展的关键取决于乡村教师队伍的发展，所以乡村教师政策的重要性是不言而喻的。美国多年以来乡村教师政策改革形成的经验是值得我国学习和借鉴的。

1. 继续加大对乡村教师培养的资金投入

2012 年我国教育投入占国民生产总值的比率首次达到 4%，也正逐年加大用于乡村教育发展的资金投入，乡村教师教育经费也有了基本保障。但与美国用于教育的财政投入相比，我国还是存在一定距离的。况且，我国地区间社会经济发展的失衡也造成了教育投入的不均衡，乡村学校缺乏资金支持的状况比比皆是。现今，我国经济发展态势良好，政府应更加重视对教育的投入，并且认真调查和研究我国城乡教育差距的现实问题，加大对教师专业发展在地域、资源不均衡问题的重视，着力推进边远贫困地区的教师专业发展，促进地区间的教育投入的均衡化，最终促进我国教育公平发展。

2. 乡村教师培养需要社会各界的积极参与

乡村教师政策变革是一项系统的工程，需要社会各界的积极参与，从联邦政府到州政府教育部门直至各地方学区乃至乡村学校，除了政府部门还包括高等学校(社区学院)、各类的社会中介组织(如教师工会、教师资格认证机构)等。但是乡村教师政策的改革并不是参与的机构越多越好。不同的机构代表着不同的主旨和不同的利益群体，所制定和实施的政策不一定完全符合乡村教师的真实需求。因此，需要协调好各方的复杂关系，才能形成合力，最大限度地利用各类社会资源推动教师政策改革的顺利进行。

我国各地方教育部门已经具备了较好的关注乡村教育与乡村教师教育的意识，也采取了一定的措施。但较之美国各州制定的乡村教师政策，还是显得缺乏针对性与灵活性。在联邦政府领导下，美国各州对自身的教育政策有很大的决定权，因此，在对本州乡村教师教育的政策与项目上各州均考虑了本州乡村学校的特点与需求，呈现出自己的特色。我国地域广阔，各地乡村地区资源环境特点也不尽相同，因而各地在制定本地区乡村教师教育计划与策略时需要认真考察本地区的情况，尤其是在参考和借鉴其他地区乡村教师培训与发展经验时，需要格外慎重，不能人云亦云，不顾本地乡村教师的特点与现实需求，盲目照搬其他地区的模式与做法。

高校应增加对乡村教师教育的关注。我国的高校均位于城市地区，远离乡村，高等院校不了解乡村教育的教学状况，也不知晓乡村教师教育与培训的需求。而美国很多高校则是地处村镇中心，与乡村学校的关系较为密切，能够更为及时地了解乡村教师的教育状况与需求，及时制订相关培训与指导计划。相比之下，我国的高校对乡村教育的关注与帮助较为缺乏，高校对乡村教师教育的支持作用还有待提升。高校教育教学方面的专家、研究者应更加深入本地乡村学校，积极与乡村教师沟通交流，加深对乡村教师教学中的所想、所需的了解，及时调整高校相关培训课程与计划，使得高等院校能够为乡村教师专业发展提供最为及时有效的专业理论与实践指导。

美国非常重视建立学校与社区的合作关系，许多乡村学校借助于社区的资源来促进学校提升和推动教师的专业发展，并使学生获得积极的学习体验。而我国乡村社区发展还不成熟，很多乡村学校与社区隔离，几乎不能从乡村社区中获取帮助。当前，我国城镇区域规划正趋于成熟，学区内城乡学校的分布也正逐步均衡。因此，城镇与乡村学校之间应建立多层次的辐射状的帮扶关系，先利用城市中心优质学校的资源帮助近郊学校获得教师专业发展的指导与帮助，再由近郊学校将本校获得的资源向乡村学校或更加偏远的学校传递，由此缓解偏远地区乡村学校由于地理孤立导致的教师专业发展的困境。

3. 创新乡村教师培养模式

从教师职前教育到职后培训，美国在教师专业发展上都开创了许多新颖的模式，例如，"临床实践"模式、"自我导向学习"模式、"训练—指导—反思"模式等，这些模式体现了一定的层次结构和目标指向，能够为不同时期的教师专业发展提供指导。我国在教师专业发展模式上略显单一，特别是乡村学校缺乏教师专业发展模式的针对性指导，许多乡村教师入职前没有任何系统的实践经验，且缺乏心理建设，对教学工作流程及工作环境缺乏了解，导致入职后出现各种不适应，容易对现状产生不满，继而产生消极情绪，或者是在入职后对教育教学工作缺乏积极性，对职业发展没有正确认识与明确规划，过早出现职业倦怠等问题。

乡村教师政策的制定和实施应与当地社会政治、经济和文化的现状相结合，政策应符合乡村学校环境的特点。每项政策从制定到实施的过程中，政策倡导者、制定者、实施者和实施对象都是社会不同利益的主体，只有与这些主体利益协调一致的政策措施才能符合当地的政治、经济和文化发展的多重需求。因此,教师政策应符合当地的现实需要。我国幅员广阔,东部、中部、西部乡村的社会情况既有共性又有较大差异性。因此,借鉴美国先进经验不光要考虑到国情的差异,还应考虑到地方乡村教师的实际情况。我国应设计适合乡村教师的专业发展模式,以满足乡村教师职前、职后教育的需要,让乡村教师在相对落后的条件下能够获得专业上的有效发展。

4. 乡村教师培养政策的实施应立法进行保障

美国乡村教师政策的顺利推行是建立在法律的保障和充足的经费之上的。大量关于乡村教师培养政策的案例为教师政策的顺利实施奠定了法律基础。联邦政府教育部颁布的各类相关教育法案成为各州制定和实施乡村教师政策的指导依据。我国目前乡村教师政策的随意性还较大,并且主要以行政性法规为主,经费投入也并不稳定。此外,美国的各类乡村教师政策项目都以详细而著称,这些立法与配套措施都是我国制定乡村教师政策可供借鉴的。

二、澳大利亚乡村教师培养模式及启示

澳大利亚乡村教师的培养事关乡村师资状况,影响着乡村教育的发展,是该国教育领域中不容忽视的重要组成部分。乡村教师培养问题是澳大利亚政治、经济、文化等社会诸多因素和国际社会共同影响下的产物。因此,研究澳大利亚乡村教师培养模式需要先了解澳大利亚乡村教育的相关情况,进而分析模式产生的背景,以利于深入把握澳大利亚乡村教师的培养模式。

(一)澳大利亚乡村教师培养模式分析

1. 澳大利亚乡村教育概况

澳大利亚是发达国家,而且是城市化水平最高的国家之一,有近2/3的居民居住在城市。同时澳大利亚的教育水平也居于世界一流,虽然教育发展起步比较晚,但是发展迅速。据统计,当今世界上有12位诺贝尔奖得主来自澳大利亚,这一数据也从侧面反映了澳大利亚教育发展的实力。正因为澳大利亚的城市化水平相当高,它的乡村教育也表现出不一样的特征。根据人口数不足1 000人这一标准,澳大利亚乡村地区占据该国面积的95%左右。[①] 因此,研究澳大利亚乡村教育具有重要意义。本文将主要从乡村学校的规模、乡村教师的问题、乡村学生的特点三个方面来研究澳大利亚乡村教育的基本情况。

---

① 曾俊霞等:《澳大利亚农村和边远地区中小学教育支持政策》,载《世界农业》,2016(3)。

(1) 乡村学校的规模

澳大利亚国土面积世界第六大,约为 7 690 000 km², 但人口总数仅仅有 2 000 多万,是一个特殊的国家。截至 2016 年,澳大利亚约有 2 412.72 万人,其中乡村人口约有 252.03 万人,占比仅为 10.40%。2013 年,澳大利亚的城市化水平排名全球前三,达到 89.20%。①② 作为城市化水平较高的国家,4/5 的澳大利亚人口聚集在少数内陆省会和沿海城市,1/5 的人口分散于广阔的乡村。由于地广人稀、人口密度低,澳大利亚的乡村社区通常规模较小,多为小型乡村社区。③ 与此同时,澳大利亚的乡村学校有较为明显的特点,就是多数乡村学校为小规模学校。因而,研究澳大利亚的乡村学校必须要抓住这一重要特点。若以小于 100 名学生为标准,乡村小规模学校数量颇多,约占澳大利亚学校总数的 34 个百分比。此外,在不同的州乡村小规模学校的比例也有所差异。比如,昆士兰州、西澳大利亚州、南澳大利亚州、维多利亚州的这一比例为 25.00%,北领地地区则高达 50.00%。④⑤ 为保障所有儿童公平受教育的权利,澳大利亚政府明确提出要"保留乡村小规模学校"。乡村小规模学校的发展对澳大利亚教育的发展有重要的影响与意义,对于进一步保障乡村学生获得均等的教育机会以及在乡村教育发展上起着关键的作用。⑥

(2) 乡村教师的问题

乡村教师队伍的建设与补充对乡村教育发展的意义重大。与很多国家及地区相同的是澳大利亚的乡村教师一样面临着迫切需要解决的问题,主要表现为:乡村教师数量供给不足、老龄化现象严重、在职流失率较高、专业水平相

---

① Australian Institute of Health and Welfare. Labor Force and Rural Health Unit, "Rural, Regional and Remote Health: A Guild to Remoteness Classification," Canberra, 2004, p.76.

② 田洁:《澳大利亚农村教师合作培养项目研究》,硕士学位论文,华中师范大学,2017。

③ 田洁:《澳大利亚农村教师合作培养项目研究》,硕士学位论文,华中师范大学,2017。

④ Stokes, H., Stafford, J., Holdsworth, R.A., "Survey for the Human Rights and Equal Opportunity Commission," Youth Research Centre of University of Melbourne, 1999, p.45.

⑤ 田洁:《澳大利亚农村教师合作培养项目研究》,硕士学位论文,华中师范大学,2017。

⑥ 赵丹,范先佐:《促进教育机会均等:澳大利亚农村小规模学校发展策略及启示囵》,载《现代教育管理》,2014(3)。

对较低、学科结构不合理等。①

第一，乡村教师数量供给不足。根据澳大利亚 2014 年对全国教师所做的调查：在澳大利亚 440 313 位教师中，约 66.00% 的教师位于城市学校，31.00% 的教师位于地区学校，3.00% 的教师位于偏远地区学校。② 地区和偏远地区的学校基本是乡村学校，从这一数据可以看出澳大利亚教师中乡村教师占比相对较小。以新南威尔士州为例，该州政府对州内的乡村教师开展过 2 次全面调查。一次是 2002 年新南威尔士州小学校长联合会（NSW Primary Principals Association）曾对乡村学校教师数量问题做过的相应调查，调查发现：92.00% 的校长指出在乡村学校存在着教师招募困难的问题。另一次是 2003 年新南威尔士州教师联盟（NSW Teachers Federation）与澳大利亚教育联盟（Australian Education Union）对州内 437 位校长做过的类似调查，调查结果显示：54.00% 的校长反映在乡村学校的几年间经历过教师短缺问题，57.00% 的校长表示该问题并未得到有效解决反而恶化了。③④ 另外，就 2005 年新南威尔士州的乡村学校师生状况而言，该州有 48.00% 的学校属于乡村学校，乡村学生占全体学生的比例为 34.00%。但是，在该州 46 763 位全职教师中，乡村教师只有 7 934 位，乡村教师仅占全体教师的 17.00%。乡村师生比例不协调，说明乡村教师数量供给不足。⑤

第二，乡村教师老龄化现象严重。澳大利亚教师队伍也同样有着人口老龄化现象严重的问题，乡村教师表现得尤为明显。据 2002 年的调查数字显示，澳大利亚当时教师的平均年龄已经达到 43 岁，而 49 岁教师所占比例最大⑥，

---

① 田洁：《硕士学位论文，澳大利亚农村教师合作培养项目研究》，硕士学位论文，华中师范大学，2017。

② Teacher Quality National Partnership, "National Teaching Workforce Data set-Data Analysis Report," AEEYSOC National Teaching Workforce Data-set Working Group, 2014, p. 73.

③ Roberts, P., "Staffing an Empty Schoolhouse: Attracting and Retaining Teachers in Rural, Remote and Isolated Communities," Sydney, NSW New South Wales Teachers Federation, 2005, pp. 17.

④ 田洁：《澳大利亚农村教师合作培养项目研究》，硕士学位论文，华中师范大学，2017。

⑤ Roberts, P., "Staffing an Empty Schoolhouse: Attracting and Retaining Teachers in Rural, Remote and Isolated Communities," Sydney, NSW New South Wales Teachers Federation, 2005, p. 17.

⑥ "Demand and Supply of Primary and SecondarySchool Teachers in Australia," http://www.mceecdya.edu.au/mceecdya/teacher_demand_and_supply_2003, 11940.html, 2012-12-12.

乡村教师的平均年龄为 43.1 岁，以此推算，到目前为止占比多的年龄层的教师已经到了退休年龄，乡村教师老龄化现象越发严重，这些教师也即将退休，可能造成乡村教师队伍出现青黄不接的问题。

第三，乡村教师在职流失率较高。由于乡村学校在基础设施、教师待遇和专业发展环境等方面，比较城市学校均处于劣势，不少乡村学校的教师打算或已经流向城市学校。① 道格拉斯·N. 哈里斯（Douglas N. Harris）和史葛·J. 亚当斯（Scott J. Adams）2007 年的研究表明，教师的平均流动速度比其他职业员工的平均流动速度快。② 乡村教师的流动率主要表现在年轻或新入职的教师群体中，而且教师在乡村工作的前 5 年期间流动现象特别明显。比如说，澳大利亚小学校长协会曾对澳大利亚 1 351 位新教师进行了调查，结果表明：虽然 93.00% 的教师热爱教学职业，但是其中 24.00% 的新教师打算在 5 年后离开教学岗位。③

第四，乡村教师专业水平相对较低。据调查发现，乡村学校不仅对于能力水平较高的教师缺乏吸引力，同时在任的乡村教师多数专业水平也相对较低，表现为教学经验不足、教学能力无法满足乡村教学需求。根据经济合作与发展组织（Organisation for Economic Cooperation and Development）在 2014 年公布的数据，澳大利亚乡村学校比城市学校有更多的教学经验不足的新手教师，乡村学校中教学经验不足 5 年的新手教师占比 26%，而小城市学校和大城市学校这一占比分别为 16.10%、18.10%。④ 同时，科学、技术、工程、数学这些学科的教师专业水平较低的比例更高。根据 2013 年澳大利亚乡村教育协会发布的数据，物理、化学、数学这三门学科当中，有 11.00%～29.00% 的中学教师未接受过相应学科的大学教育的第二年教育，意味着 11.00%～29.00% 的中学教师并未达到澳大利亚教师招聘的教学要求，甚至未达到学位委员会所认可的教师毕业标准。

正是澳大利亚的乡村教师目前仍存在诸多问题，澳大利亚政府实行"两手抓"，一手抓乡村教师的在职培训，另一手抓乡村教师的职前培养。20 世纪 80 年代以来，澳大利亚政府更加关注乡村教师的职前培养。

---

① 田洁：《澳大利亚农村教师合作培养项目研究》，硕士学位论文，华中师范大学，2017。

② 杨妮：《澳大利亚农村教师招募与保留策略及其启示》，载《教育导刊》，2015(04)。

③ "Australian Primary Principals'Association the Experiences of Beginning," Teachers Canberra Reports Australian Primary Principals'Association, 2006, p. 8.

④ 田洁：《澳大利亚农村教师合作培养项目研究》，硕士学位论文，华中师范大学，2017。

(3)乡村学生的特点

乡村的学生身处乡村,所接受的教育与城市学生也有所差异,主要表现在受教育程度和学科学习上。[1] 首先,在受教育程度方面,乡村学生的学业成就落后于城市学生。2005年人权与机会均等委员会进行了一次澳大利亚乡村教育问题调查,调查发现:乡村学生的在校入读率低于国家平均水平,而且乡村学生的辍学率高于城市学生;与城市学生相比,乡村学生选择接受进一步教育的数量更少。[2] 比如,悉尼北部地区如莫斯曼、库林盖[3] 2002年16岁学生的在读率高达97.30%,而西澳大利亚金伯利地区(为乡村地区)的学生在读率只有40.40%、南塔斯玛尼亚为46.90%、昆士兰州西南与中部地区为52.60%。这些数据表明:相比城市地区的学生,乡村地区的学生完成义务教育年限的可能性更小。以完成高中教育的学生为例,城市地区的比例为67.00%,而乡村和偏远地区的比例分别为63.00%和54.00%。具体到个别州上这一现象表现得更为明显,如在维多利亚州,城市地区的学生完成高中教育的比例最高为81.50%,而乡村的吉普斯兰地区仅为64.40%。[4] 其次,在学科学习上,乡村学生与城市学生的学科喜好也有所区别。调查的数据显示,乡村学生比城市学生在健康、家庭科学、农业、职业教育与培训等学科上的学习积极性更高。

澳大利亚乡村教育情况与我国乡村教育有较多的相似之处:首先,在乡村学校规模方面,随着城镇化进程的加快,我国乡村地区人口数量也日益减少,乡村地区也同样有较多的教学点或村小。这些学校规模较小,在数量和布局上与澳大利亚乡村学校相似。其次,在乡村教师队伍方面,我国面临着乡村教师数量不足、质量不高、学科结构不合理、老龄化问题突出、流失严重等问题。[5] 澳大利亚乡村教师队伍建设也同样面临着这些困境。在乡村学生方面,我国乡村地区学生辍学率较高[6],乡村学生的受教育程度偏低,这与澳大利亚

---

[1] 田洁:《澳大利亚农村教师合作培养项目研究》,硕士学位论文,华中师范大学,2017。

[2] Roberts, P., "Staffing an Empty Schoolhouse: Attracting and Retaining Teachers in Rural, Remote and Isolated Communities," Sydney, NSW New South Wales Teachers Federation, 2005, p.17.

[3] 注:这两个地方是悉尼的富人区。

[4] Australian Council for Educational Research, "Rural and Urban Differences in Australian Education," LSAY Briefing Reports, 2002, pp. 1-6.

[5] 王泽德、赵上帛:《当前我国农村教师队伍建设中存在的问题及对策研究》,载《教育探索》,2011(8)。

[6] 廖其发:《关于我国农村义务教育阶段学生辍学问题的研究》,载《国家教育行政学院学报》,2004(2)。

乡村学生所呈现的特点相同。因此，基于澳大利亚乡村教育概况与我国乡村教育情况有许多类似之处，研究澳大利亚乡村教师合作培养模式能为我国乡村教育及乡村教师问题的解决提供一定的启示与借鉴。

2. 澳大利亚乡村教师合作培养模式的实践情况

(1)合作培养模式的培养主体

澳大利亚的职前教师培养自20世纪90年代开始，更多是以合作的模式进行培养。澳大利亚在乡村教师培养的实践过程中逐渐形成了以合作为特点的培养模式。因此，要了解乡村教师的培养模式就要进一步探索其合作培养模式的内容。根据澳大利亚乡村教师培养的合作运行机制，本研究将从合作培养模式的主体、内容、特点这三个方面来剖析澳大利亚乡村教师培养的路径，从而深入研究澳大利亚乡村教师合作培养模式。

在澳大利亚乡村教师合作培养模式中，合作培养主体是指推进合作模式开展的参与对象，主要包括：政府、大学、乡村中小学及社区等。[1] 此外，因为澳大利亚是联邦制政体，政府分为联邦政府和州政府。为实现合作模式的培养目标，各主体充分发挥自身优势，积极实施合作培养模式。

进一步来看政府主要通过行政力量对乡村教师培养提供资金上的保障与支持，保证合作培养模式的顺利实施。以联邦政府为例，联邦政府对合作培养模式的资金支持主要有以下两种途径：一是以时间进度进行资金支持。例如，联邦政府通过研究理事会(Australian Research Council，ARC)的"发现项目资助计划"对"澳大利亚乡村与偏远地区教师教育更新"培养模式进行了资金资助。该培养模式主要在2008—2010年实施，研究理事会按照时间进度对该模式进行资金资助共计达245 000澳元。其中，2008年资助了90 000澳元，2009年资助了75 000澳元，2010年资助了80 000澳元。[2] 二是一次性对项目予以资金支持。例如，联邦政府通过学习与教学委员会对"澳大利亚乡村及偏远地区学校教师招募和保留的职前开发策略"模式进行了一次性资金支持。该模式于2010—2012年这3年间进行，澳大利亚学习与教学委员会一次性给予了217 000澳元，用以支持培养模式的设计和开展。[3] 大学主要利用自身的理论研究优势，对乡村教师培养模式进行顶层设计和具体开展，包括组建研究团

---

[1] 田洁：《澳大利亚农村教师合作培养项目研究》，硕士学位论文，华中师范大学，2017。

[2] Completed Projects, "Projects and Fellowships-Excel Format," http://www.arc.gov.su/grants-dataset.

[3] "Developing Strategies to Address Critical Teacher Attraction and Retention Issues in Australian Rural," Regional and Remote.

队、合作开展模式、合作推广和宣传模式的研究成果等。① 乡村学校与社区也是合作培养模式的两大主体，这两大主体利用自身的实践基地优势紧密合作，同时调动乡村学校在职教师和乡村社区成员的积极性，全面支持职前教师到乡村学校体验乡村教育或参加乡村学校的教学实践，为乡村教师合作培养模式提供实践平台。

(2)合作培养模式的培养内容

澳大利亚乡村教师合作培养模式的培养内容主要依据对教师培养产生影响的关键因素来设计，大致有以下三个方面。

一是培养教师的乡村教学信念。教学信念，指的是教师对教学过程中相关因素所持有的观点、态度和心理倾向。② 它是相对教师外显行为的一种内隐特征，支撑着教师的教育教学行为，起着保证教学成效的重要作用。③ 教师在之前所接受的教学信念会对其今后是否到乡村教学有很重要的影响。因此，澳大利亚为培养愿意到乡村教学的教师，首要关注的是对职前教师乡村教学信念的培养。根据人权与机会均等委员会的调查，澳大利亚职前教师的乡村教学信念不强，职前教师由于对乡村教育认识不深且带有一定的偏见，多数教师在进行就业选择时会将乡村学校排除在外。④ 有心理学者研究表明，不少职前教师对到乡村进行教学有焦虑感和恐惧感。

鉴于乡村教学信念的影响，澳大利亚乡村教师合作培养模式一方面注重引导职前教师正确地认识乡村教学，同时通过政策保障与宣传进一步减少职前教师对乡村教学的焦虑感和恐惧感。例如，由艾迪斯科文大学、查尔斯特大学、巴拉瑞特大学和迪肯大学合作开展的"澳大利亚乡村与偏远地区教师教育更新"合作培养模式中，4所大学合作思考相关问题以提出项目研究假设、合作制定模式研究阶段、合作收集与分析数据资料、合作总结与推广模式成果。⑤ 研究发现，要进一步增强教师乡村教学信念的关键是要让教师们正确地认识乡村社区与乡村学校。研究认为，乡村社区以政策为核心，是经济、地理、人口的有

---

① 田洁：《澳大利亚农村教师合作培养项目研究》，硕士学位论文，华中师范大学，2017。

② 郭晓娜：《教师教学信念研究的现状、意义及趋势》，载《外语教育研究》，2008(10)。

③ 郭晓娜：《教师教学信念研究的现状、意义及趋势》，载《外语教育研究》，2008(10)。

④ Stokes, H., Stafford, J., *University of Melbourne*, Holdsworth, R. *Rural and Remote School Education*, Victoria, Youth Research Centre, 2000, pp. 15-16.

⑤ 田洁：《澳大利亚农村教师合作培养项目研究》，硕士学位论文，华中师范大学，2017。

机统一体。认识乡村社区先要加强职前教师对相关乡村政策的了解，然后引导职前教师了解乡村社区的经济、地理、人口等因素特征。①②

二是设置乡村特色的教师培养课程。职前教师学习相关教学理论知识的重要途径是通过培养课程获取。培养课程是教师教育的关键环节，同时乡村教师的培养课程是各个国家包括澳大利亚在乡村教师培养过程中的薄弱环节，所受的重视程度也有待提高。澳大利亚以往的教师教育重点关注的是城市教师，对乡村教师培养的重视程度不足，导致教师培养课程中未设置针对乡村教师的培养课程。研究澳大利亚教师教育的学者指出，澳大利亚多数承担师范培养任务的大学在开设教师培养课程时并未关注乡村教学问题。因此，澳大利亚逐渐认识到要设置乡村特色的教师培养课程才能培养合格的乡村教师。为研究和创设乡村教学的职前培养课程，澳大利亚4所公立大学合作实施了"乡村与偏远地区教师培养课程更新"培养模式。③ 在该培养模式中这4所大学以促进职前教师的乡村知识学习为目的，研究设计了带有鲜明乡村元素的教学模块，为乡村教师的职前培养提供了宝贵的思路及启示。

三是注重教师的乡村教学实践。培养乡村教师有必要重视和加强职前教师的乡村实践活动。因此，澳大利亚乡村教师合作培养项目十分重视合作加强职前教师的乡村实践活动。一方面，澳大利亚大学通过合作研究职前教师的乡村实践活动，调查实践活动的意义与职前教师对乡村教学实践的期待。比如，在科廷大学、艾迪斯科文大学、莫道克大学、西澳大利亚大学合作进行的"澳大利亚乡村与偏远地区学校教师招募和保留的职前开发策略"培养模式中，大学的研究者们合作制定职前教师的学习课程、合作开发课程资源、合作引导学生学习相关课程、合作组织职前教师的乡村田野实践、合作反思与分享成果。④合作培养模式实施后发现，职前教师对乡村教学实践有以下期待：进一步了解乡村学校；学习如何利用乡村学校资源；了解乡村学生的特点；获得乡村教师

---

① Trinidad, S., "Going Bush: Preparing Pres-service Teachers to Teach in Regional Western Australia," *Australian and International Journal of Rural Education*, 2012(1), pp. 39-55.

② 田洁：《澳大利亚农村教师合作培养项目研究》，硕士学位论文，华中师范大学，2017。

③ Trinidad, S., "Going Bush: Preparing Pres-service Teachers to Teach in Regional Western Australia," *Australian and International Journal of Rural Education*, 2012(1), pp. 39-55.

④ 田洁：《澳大利亚农村教师合作培养项目研究》，硕士学位论文，华中师范大学，2017。

的支持；获取乡村居民的态度与价值观；熟悉乡村生活方式等。① 乡村教学的实践课程学习有助于提高职前教师的乡村实践能力，体现为能够帮助教师更好地运用乡村教学策略，加强对乡村学生的了解程度，学习有针对性的乡村学生管理方法，了解建立积极的乡村教学师生关系的有效策略。此外，研究还发现乡村教学实践活动在转变职前教师的乡村教学观上发挥着积极作用，主要表现为职前教师能更好地认识到乡村工作和生活的好处，包括专业发展和文化体验等方面，能更客观地看待乡村学生和乡村学校，能与乡村教师及校长进行适当的交流，更加重视教师间的交流。②

与此同时，大学与乡村学校、乡村社区联合开展乡村体验活动。比如，由西澳大利亚大学和西澳大利亚州乡村中小学及社区合作实施的"乡村教育田野考察"项目中，大学负责招募和鼓励职前教师参与乡村体验活动项目，乡村中小学及社区负责安排相应的乡村体验地点及活动。③ 通过合作实施乡村教师培养，能让职前教师更深入更直接地融入并了解乡村、乡村学校、乡村社区等，保障职前教师乡村教学实践的效果。

3. 澳大利亚乡村教师合作培养模式的特点

为了解决乡村学校教师的招募难题与促进职前乡村教师队伍建设，澳大利亚实行了多种类型的乡村教师合作培养模式。澳大利亚教学委员会2002年共同开展了"教学质量高效合作关系"项目，目的在于促进乡村社区与乡村教师的联系与合作，为新南威尔士州乡村学校更好地培养职前教师。④ 西澳大利亚教育培训部和矿产与能源部在1999年合作开展了"师范生乡村体验项目"，提供职前教师更多到乡村实习的机会，帮助乡村学校吸引教师留在乡村。从整体上看，乡村教师合作培养模式具有以下特点。

(1) 培养对象的非定向性

职前教师的培养按照其入学前就业意向分为定向培养与非定向培养。定向培养的教师在入学前就明确了毕业后的职业发展方向甚至已经明确了就业单

---

① Trinidad, S., "Going Bush: Preparing Pres-service Teachers to Teach in Regional Western Australia," *Australian and International Journal of Rural Education*, 2012(1), pp. 39-55.

② Trinidad, S., "Going Bush: Preparing Pres-service Teachers to Teach in Regional Western Australia," *Australian and International Journal of Rural Education*, 2012(1), pp. 39-55.

③ 田洁：《澳大利亚农村教师合作培养项目研究》，硕士学位论文，华中师范大学，2017。

④ Lock, G., "Teachers for Rural Appointment: Lessons from Australia," *The Rural Educator*, 2008, pp. 24-29.

位；非定向培养是指完成大学培养课程后通过学习与兴趣最终明确就业方向。澳大利亚乡村教师合作培养模式的培养对象具有非定向性，是面向有志于到乡村教学的职前教师，旨在通过一系列的培养措施，引导职前教师学习与留在乡村教学。因此，澳大利亚乡村教师合作培养模式最大的特点就是培养对象的非定向性。

从培养模式的选择性来看，澳大利亚的乡村教师合作培养模式的自我选择性较强，职前教师都是自愿参与培养过程，未有强制性要求，这样一来这部分的职前教师到乡村发展的意愿本身就较强。相比定向的乡村教师培养，此类项目自由度更高。定向的乡村教师培养下，由于职前教师早已知悉自己的就业方向，容易出现学习动机不足、学习效果低下等问题[1]，与此同时，少数定向培养的教师会出现职业意向改变的情况，在一定程度上造成了社会资源的浪费。澳大利亚乡村教师合作培养模式培养对象的非定向性，能够让参与对象更多，且培养对象本身因为接受的专业教育不同其视野更开阔。其通过培养教师的乡村教学信念、开设具有乡村特色的培养课程、注重乡村实践活动、开展乡村体验、支持乡村教学实习等，增强教师对乡村的认识，提升教师乡村教育专业能力，能够真正地发现有意愿到乡村从事教学的教师，保证培养模式的培养效率与培养效果。

(2) 培养主体多元化

乡村教师培养不仅是教育问题，也是关系到社会进步与发展的社会问题，所以乡村教师的培养需要充分调动社会各方的力量，需要多方共同合作参与培养过程。"培养主体多元化"是澳大利亚乡村教师合作培养模式的特点之一。在澳大利亚乡村教师合作培养模式中，乡村教师的培养不再只是将大学作为单一培养主体，而是多主体参与合作培养，包括政府与大学合作培养、大学与乡村学校、乡村社区合作培养等。多元化的培养主体能够帮助职前乡村教师培养解决理论与实践相脱离的问题，提升乡村教师职前培养的质量，发挥社会多方力量的作用，引起社会各界对乡村教师培养的关注，也进一步提升了乡村教师的社会地位。

在乡村教师合作培养模式中，多元化主体的合作与互动进一步促进了培养模式的实施，有助于充分利用与全面整合社会资源，实现乡村教师队伍建设水平的提高。目前来看，澳大利亚乡村教师合作培养模式多元化主体合作主要有以下方式。

第一类是大学与政府合作。这种合作模式当中，政府与大学承担不同的角色，发挥不同的作用。政府主要是提供保障模式运行的资金支持与政策支持，

---

[1] 田洁：《澳大利亚农村教师合作培养项目研究》，硕士学位论文，华中师范大学，2017。

大学主要是以培养更多、更优质的乡村教师为目的，根据培养计划开展培养活动。大学与政府合作的培养模式大多数为普惠性项目，即涉及的对象与区域较广。如"澳大利亚乡村与偏远地区教师教育更新"项目、"乡村与偏远地区教师培养课程更新"项目、"澳大利亚乡村与偏远地区学校教师招募和保留的职前开发策略"项目等都是政府与大学合作共同实施的。①

第二类是大学与乡村学校及社区合作。这种合作模式下，大学的职责是完成模式方案的制定，如制定相应的教师实践活动方案、招募参与培养的志愿教师等。乡村学校及社区主要是辅助与配合完成培养方案，从而帮助职前教师更全面更深入地认识乡村，获得更好的乡村体验。这类合作模式多为澳大利亚各州内实行，相比第一类合作模式规模较小，如"从海岸到乡村"项目、"乡村教育田野考察"项目、"跨越山脉"项目等。

第三类是大学与乡村学校及职前教师合作。此类项目中，合作的主体更为多元，往往需要借助信息技术构筑的合作平台进行。大学主要负责提供相应的大学学习资源及与指导教师的沟通联系，乡村中小学主要负责提供职前教师真实的乡村教学环境和乡村在职教师的实地指导，职前教师则负责结成专业学习共同体相互支持与鼓励。例如，"在线论坛"项目、"在线交流社区"项目、"学科在线指导"项目等。

(3) 培养内容多样化

因为澳大利亚是联邦制国家，所以各州政府在乡村教师的培养上有较大的自主权。各州、各大学因地域差异，在明确乡村教师培养模式时，结合地域特点制定的乡村教师培养模式也各有特色。以昆士兰州为例，同样是针对昆士兰州乡村教师招募困难，解决职前教师的乡村教学信念问题，昆士兰科技大学实施了"跨越山脉"培养模式，是一个乡村体验培养模式，主要包括参观昆士兰州的乡村社区、参与乡村学校课程、寄宿当地家庭、进行乡村课堂教学等，旨在加强职前教师对昆士兰州乡村教育的了解，减轻其对乡村教学的焦虑感和恐惧感。② 澳大利亚学者对该培养模式进行调查发现，培养出来的职前教师对昆士兰州乡村及乡村教学的认识大大改观。昆士兰阳光海岸大学也实施了一个名为"从海岸到乡村"的职前教师的乡村体验项目。该培养模式主要是到昆士兰州特色乡村学校进行实地学习参观、与乡村一线教师沟通交流等，较关注职前教师

---

① 田洁:《澳大利亚农村教师合作培养项目研究》，硕士学位论文，华中师范大学，2017。

② Beutel, D., Adie, L., Hudson, S., "Promoting Rural and Remote Teacher Education in Australia through the Over the Hill Project," *The International Journal of Learning*, 2011(2), pp. 377-388.

深入乡村的直接体验。

又如,为解决职前教师乡村教学实践时专业支持不足的问题,昆士兰州实施了"专业实践社区"培养模式。① 大学构建虚拟的乡村教师社区,职前教师可以通过电子邮件的方式与其大学导师保持专业联系,便于职前教师与一线乡村教师交流讨论。南昆士兰大学实施的是学科在线指导项目,主要探索在线"一对多"指导对职前教师乡村实践的作用。

(4)注重远程化教育平台

当前的澳大利亚远程教育逐渐规模化,实现了以多种形式融入教育,已是澳大利亚现代教育中不可或缺的组成部分。澳大利亚的远程教育历史悠久且发展较为完善,于20世纪60年代就开始被在大学人才培养过程中充分运用。澳大利亚地域广阔,乡村与城市之间距离较远,远程教育正好能够很好地解决这一困境,可以运用到乡村教师的培养当中。在澳大利亚乡村教师合作培养模式中,不少培养模式的实施都得益于远程教育的支持。借助远程教育构建不同的教育平台,大学教师与研究者、乡村学校一线教师、教学工作者等,能够通过远程教育平台与职前教师分享教学经验,共享教学资源,更重要的是能够促进相互之间的教学反思和专业对话,开展进一步的合作。

(二)澳大利亚乡村教师培养典型案例分析

针对澳大利亚乡村卓越教师合作培养模式的不同合作培养内容及方式,本节选取了"为澳大利亚而教"(Teach for Australia,TFA)项目作为案例。为保证培训的顺利进行以及确保培训的有效性,TFA项目选取墨尔本大学教育学院为培训的合作伙伴。墨尔本大学教育研究生院是历史悠久、人才培养质量领先的教育学院。墨尔本大学教育学院的主要任务是创设与讲授学术课程,提升教师专业发展素养。志愿教师不仅可以通过集中的校园学习方式与校外自主学习方式相结合,同时还能够获得经验丰富的在校导师、教育研究生院的专家的指导与帮助。

1. 澳大利亚墨尔本大学乡村教师培养的核心理念与目标

(1)墨尔本大学乡村教师培养的核心理念

TFA培养模式与其他补充贫困地区师资项目的不同之处在于:志愿教师不会直接进入教师岗位后再参与各种培训,而是坚持让志愿教师在从事正式的教学工作之前必须接受岗前培训,并在培训期间到即将任教的地区进行见习。虽然岗前培训仅有六周,时间相对较短,但对于志愿教师尽快适应贫困地区和弱势群体的教育工作有着重要的作用。TFA项目如此坚实地提供岗前培训的原因之一是

---

① 田洁:《澳大利亚农村教师合作培养项目研究》,硕士学位论文,华中师范大学,2017。

所有志愿教师都是没有从教资格的毕业生或专业工作者。集中的岗前培训能使他们更好地进入教师职业、熟悉教学工作中的各项内容、高效率地完成教学任务。

(2) 墨尔本大学乡村教师的培养目标

墨尔本大学不仅要培养优秀的教育者，而且其最终目标是期望培养各领域特别是教育领域的未来领导者，所以除专业的教师培训外，志愿教师还有机会接受知名企业的培训，提高他们的领导、管理、沟通、组织等技能。领导能力和管理能力的培养也贯穿始终，传统的培养模式通常是对学员进行单一的教师培养，因为他们的目标和未来发展方向都是确定的并且是唯一的，即成为一名中小学教师。TFA项目仅选取未获得教师资格的人参与该项目，不仅给渴望进入教师行业而又没有资格的青年提供了新的希望和梦想，而且更渴望培养出来的人才不会被单一的教师培养模式所束缚。

2. 澳大利亚墨尔本大学乡村教师培养的实施现状

(1) 墨尔本大学乡村教师培养阶段设计

墨尔本大学教育学院为TFA教师的培养提供了十分重要的支持，培养志愿者教师所推行的"临床型"实践教学模式的花费要比墨尔本大学教育学院国内全额学费毕业生的学费高很多，前者为47 000澳元，为期两年，而后者仅为30 000澳元。但仍有很多志愿者教师抱怨他们需要更多的实际课堂实践的机会。TFA项目第二阶段所推出的"夏季学校"(Summer School)也正是基于此。在项目合约的两年时间内，墨尔本大学教育学院将为志愿者教师提供职前为期6周的强化训练、在职期间两次的暑期年中培训以及试点学校校内指导教师的培训。

阶段一：六周专业理论知识学习，"快速上岗"。

TFA项目为志愿者教师安排的专业强化学习通常为每年的12月和次年的1月，在试点学校开学之前开设，课程是由TFA团队和墨尔本大学教育学院共同合作在墨尔本大学开设的，在这6周的时间内通常会为志愿者教师提供食宿，因为他们将在这里完成白天和晚间的课程学习。这是一种全封闭的集中式强化培训，这种形式也被称为"快速上岗"模式。

第一，培训内容。

在这6周的时间里，志愿者教师们将进行学科知识和教学专业知识的学习，以支持他们在未来的课堂上能够运用相应的知识进行教学。主要的课程有：①特定学科教学；②课程与教学法；③个性化学习与教学；④语言与教学；⑤领导力；⑥专业实践和组合；⑦社会与专业背景；⑧非特定学科讲习会。

每一期的教学课程可能会根据这一阶段的试点学校所提供的岗位空缺计划进行调整，同时也会考虑到墨尔本大学教育学院专家学者的建议和志愿者教师们的个体要求，但通常情况下会在几个核心科目——课程与教学、数字教学、教学评价、数学与科学教育、思想知识和创造力当中进行选择，能够充分保证志愿者教师接受知识的系统性和合理性。课程的选择遵循了澳大利亚教育、幼儿教育和青年事务部理事会在 2011 年 4 月 1 日至 5 日发布的《澳大利亚教师教育课程认证标准及程序》（Accreditation of Initial Teacher Education Programs in Australia Standards and Procedures，AITSL）。在课程的设置方面要求应当包含：现代学校和教学系统要求、现代专业知识、权威教育机构调查的相关内容、社区期望。

这一阶段的学习和其他的教育人才培养所进行的学习本质上是没有太大的区别的，都是进行一些基础的、理论性的知识学习，多数的志愿者教师都认为墨尔本大学教育学院所提供的强化训练对于他们的"职前准备以及专业发展都是很有帮助的，正如训练本身名字所说的那样，是高强度而又高要求的"。

第二，培训实施情况。

志愿者教师们都很重视教授与他们一起讨论教育领域内容的问题。一部分志愿者们希望培训的内容能够更加具有针对性、指向性和学科性。例如，对于那些自然科学专业的学生，他们将很难从多数的人文学科课程中获得收益；也有很大一部分的参与者认为他们需要更多的支持，尤其是在行为举止以及专业教学技能方面，这些技能方面的学习对于志愿者教师们是十分重要的，尤其当他们所面对的是那些处在不利条件下的学生或原住民学生时更是如此。

此外，有关 TFA 项目志愿者教师对于 6 周强化训练的态度调查表明，两批志愿者教师对墨尔本大学教育学院提供的 6 周强化训练都有较好的评价，但第二批志愿者教师对于强化训练的热情度远远低于第一批的教师。

阶段二："夏季学校"专业实践训练。

TFA 项目对志愿者教师的培养路径的特质之一就是以一种"临床性"（clinical practice model）的方式进行教学，这与传统的教师培养路径有很大的不同。所谓的"临床性"最先普遍应用于医学教学培养中，越来越多的教育学者认为在教师培养中也应当更多地加入这种"临床性"的实践环节，更好地促进教师的专业发展和教学实践水平。在澳大利亚，最先将这种"临床性"的实践环节加入教师培养的是墨尔本大学教育学院，来自国家教师教育认证委员会（National Council for Accreditation of Teacher Education，NCATE）的赫斯（Hess）教授。他认为："未来教师教育的发展将发生翻天覆地的转变，教师教育的转型将专注于临床实践中交织有学术内容和专业课程的模式。"他主张，可以建立一种"住宿制教学"（residency model），为教师的培养提供一个特定的工作地区，将教师放入具有挑战性的环境中，让他们进行深入细致的工作，与学生们进行真切的交流，正像医学学生和其他理化学科的学生需要定期做实验一样，教师教育也需要到学校中进行实验观察。

其一，"夏季学校"的实践。

墨尔本大学教育学院的教育人才培养在澳大利亚享有很高的声誉，目前它是唯一一个在澳大利亚设立实践性教学框架教育人才培养模式的学院，学生除了需要学习理论知识课程，还需要每周有两天时间深入学校观察课堂和模拟课堂，这能够很好地将学到的知识和实践经验第一时间结合起来。2010年澳大利亚教育研究委员会在对其教学模式的评价中肯定道："能够有效地提高专业实践能力、判断学生个体的需求，能够满足不同程度的学习者。"墨尔本大学教育学院加入TFA项目团队，将能更好地发挥它的优势，帮助志愿者教师在进入课堂之前就有充分的实践经验以应对课堂。

正是由于考虑到TFA志愿者教师们更加需要接触真正的课堂、观摩课堂，以帮助志愿者教师们能够得到更多的实战锻炼，TFA项目创新性地将中小学"搬到"了大学校园中，大学课堂就是中小学课堂，他们将同步理解教学理论和教学实践，更加便捷快速地适应课堂教学。多数志愿者教师都对课堂管理教学这一科很感兴趣，尽管他们必须为此付出更多的努力。

由于学校教师岗位空缺结算通常是在年末进行，而对教师的培养通常要将其专业特长与特定的学科特点相结合，所以TFA志愿者教师"职前强化训练"通常是在12月和7月进行(见表2-2)。由于正值学校暑假期间，所以这些教师没有办法到小学校园中去实际观察课堂，为了给教师更多的实践机会，墨尔本教育学院选取了120名9~10年级的"志愿者学生"组成"夏季学校"，给予教师更多观察课堂、参与课程设计和课堂管理的机会，第一批教师安排了3天的观摩实践时间，应第二批教师的强烈建议，延长到了4~9天。调查表明，76.00%的TFA教师都认为这一"临床性"实践十分有用，可以将理论知识迅速转化，并得到及时的反馈。

表2-2 TFA职前强化训练

在职强化培训	时长	时间安排
第一期	4天	任职第一年7月
第二期	4天	任职第一年12月
第三期	4天	任职第二年7月

志愿者教师们将被要求在这9天的时间内对夏季学校进行课堂观摩、组织和策划教学，并通过小组讨论的形式相互交流，最后向专家教授进行信息反馈，这种将中小学课堂"安置"在大学中进行教学的方式也是一种新的尝试。

其二，"夏季学校"的实践反馈。

几乎所有的第一批和第二批的志愿者教师们都认为，"夏季学校"这样的教学实践模式非常有用，就如同医学专业的学生需要临床一样，教学专业也需要通过模拟课堂来达到教学统一。无论是志愿者教师、专家教授还是试点学校的校长都认为，从"夏季学校"中所学习到的经验对于志愿者们今后进入学校教学是十分宝贵的，他们通过观察和亲身体会，并将所获得的经验进行相互交流，及时反馈，是目前TFA项目职前强化训练中最有效、最突出的部分。针对志愿者教师们在进入学校之后反映最多的问题仍是实践经验的不足，TFA团队正在考虑延长"夏季学校"的实践时间。

作为19世纪教师培养创新改革的"师范学校"（Normal School）在20世纪被综合性大学取而代之，而到了21世纪，人们是否仍能以一种激进的眼光来看待教师教育的变革？对学院式或大学式的教师教育进行进一步的缩减，以学校为基础的培养是否能够得到认同？这些问题都值得深入探讨，因为要考虑包括教师的编制、指导教师的配备、足够且合格的大学监管、成本投入等问题。虽然目前在澳大利亚已经开展了类似的尝试，如波士顿寄宿教师（Boston Teacher Residency，BTR）等，但专家更多关注的是这种模式是否能够且值得被大范围地推广。

阶段三：网络平台学习。

其一，网络学习平台设计的初衷。

网络学习平台设计的初衷就是为了减轻志愿者教师的负担，表2-3是针对志愿者教师是否对目前的教学状态中工作、学习和个人生活的需求能够进行较好的平衡进行的调查，共计有4种程度，从非常困难、困难、有点困难到一点也不困难。从表中的结果不难看出，将近1/4的志愿者都感到在平衡需求方面有困难或十分困难。不过令人欣慰的是，第二批的志愿者中认为不困难的占到了21.00%，这说明培养方式的合理性正在有所改进。

表2-3 志愿者教师平衡需求程度(%)

	第一批 2010 年	第二批 2011 年
非常困难	24.00	27.00
困难	30.00	27.00
有点困难	42.00	24.00
一点也不困难	3.00	21.00
总计	99.00	99.00

志愿者们还被问及网络平台学习能否满足他们完成所有学业的要求，同时也被问及学校的作息时间表能否满足他们有效地运用时间和完成学习任务的需求。第二批志愿者教师中有多于1/4的人认为，他们的自主时间较第一批而言较为充分，对于学校的作息时间安排，两批志愿者教师的认可程度差不多，均超过60.00%，这说明学校的作息时间表有一定的合理性，但未来需要教师更加自主地去安排自己的课业活动和自主学习的时间，这将会更多地依赖网络平台的

力量。

其次，考虑到网络手段的便捷性、发达性和高速性等优点，TFA项目团队能够在第一时间向志愿者教师传递信息，这也是网络学习平台建立的原因之一。此外，由于志愿者教师并不是全部被安排在同一所试点学校，他们的交流也主要通过网络这一便利的平台，网络学习平台不仅能够为志愿者教师提供学习的机会，还能成为大家课后交流的场所。

其二，网络学习平台支持。

网络教学突破了时间和空间的限制，已经成为时下最为流行的教学方式之一。在经过了长达6周的全天住宿制封闭式强化训练之后，志愿者教师将继续在网络学习平台上进行进一步的学习和交流。网络学习平台由TFA项目团队推出，联合了多方共同合作，其形式包括网络论坛、推特（Twitter）、脸书（Facebook）、网页新闻等，其中前3个平台更多地适用于支持志愿者教师交流学习之用，后者兼有宣传TFA项目之用。

网络学习平台是由TFA项目团队联合墨尔本大学教育学院共同提供支持的，分别会邀请领导力培训专家、专家学者、有经验的一线教师和教学临床指导专家定期做网络学习平台专题访问，当然志愿者们也会有机会与专家进行线上交流。网络学习平台的提供是贯穿志愿者教师两年工作的始终的，两年内主要是为大家答疑解惑和提供深造学习的平台，也有可能在他们进入其他非教学岗位之后继续被用作"校友交流"和"未来领导力支持"的平台。岗前，网络学习平台相较于在职网络学习平台而言，更侧重于理论知识的建立；入职后，网络学习平台主要被大家用来查阅教学学习资源和交流经验、分享经历。

其三，网络学习平台交流形式。

第一，专家交流，网络学习平台是志愿者教师在6周强化训练结束之后，为了获取教学硕士学位仍要继续进行学习和交流的平台。一般来说利用这个网络学习平台进行结构化的远程学习将贯穿于两年的项目教学，这种学习方式对于志愿者教师是很有用的，他们不用再担心时间的问题，这将给他充分自由安排的时间。其网络学习的职前部分和在职部分形式近似，但课程内容各有针对性。

网络学习平台的专家多数是由墨尔本大学教育学院的教授与TFA项目所聘请的客座嘉宾组成，他们会定期在网上发布一些网上课程内容以供学习，这些课程内容与墨尔本大学教育学院教学硕士网络课程学习有很大的相似之处。同时，他们也会上传部分进行观察的课堂教学录像，并对课堂教学情况进行点评，这可以促进大家的交流学习，也可以在线进行答疑，帮助志愿者教师进行校外的补充学习。调查表明，有70%以上的志愿者完成了全部的网上课程，并表示很有兴趣继续进行教学硕士的深造。

第二，校友交流。网络学习平台还会按照不同批次、不同区域的志愿者有针对性地建立。其中,"校友计划"是 TFA 项目针对培养志愿者教师未来教学领导能力的一项重要举措,主要是通过网络学习平台建立起教师之间的交流网络,形成教师联盟,利用各自的优质资源和优势,相互交换和吸纳更多的优秀力量到教学团队中。TFA 项目目前最大的竞争力就在于项目吸纳了许多优秀的教师参与新志愿者的培养,他们可以共同分享资源,现实的情况将他们紧紧地"捆绑"在一起,他们是一个团队,在"一艘船"上,他们将视其他的志愿者教师们为同伴和支持力。正如志愿者 S 所感悟的:"在网络平台上,志愿者教师们讨论的话题包括自己的教学感悟或是有关学生的故事,寻求答案或是帮助别人解决问题,这就好比一个真正的社区。"

这样的关系网络已经深深地植入 TFA 项目,使得这个团队有着更加突出的优势,即便项目结束以后志愿者教师因为某种原因不能够继续留在学校进行教学工作,他们也会在未来的职业岗位上以其他的方式回馈教育、支持教育。

(2)墨尔本大学乡村教师培养的课程设置

首先,是墨尔本大学教育学院(Melbourne Graduate School of Education,University of Melbourne,MGSE)的传统课程。为了更好地培养志愿者教师,保障教学质量,TFA 项目联合了墨尔本大学教育学院对志愿者教师进行培养,由于时间的紧迫性,志愿者教师们所接受的课程培养内容与传统教育有一定的差异性。墨尔本大学教育学院所开展的传统教育人才培养课程包括核心科目课程、选择区域课程、选修科目。

核心科目课程(25 分)包括:①领先的教育理念(12.5 分);②教学文献研究(12.5 分)。

选择区域课程(50 分)共 11 个部分,包括:①艺术教育(四门);②课程和教法(五门);③教育技术(四门);④幼儿教育(两门);⑤公平、青年与身份认同(四门);⑥资优教育(四门);⑦语言与扫盲教育(四门);⑧数学教育(四门);⑨科学教育(两门);⑩可持续发展教育(五门);⑪思想、知识和创造力(四门)。其中每门课分数均为 12.5 分,学生可自由选择。

选修科目(25 分)可以从其他区域科目选择,或者从其他经过认证的教育人才培养学院获得,或是有相关的联合项目(如 TFA 项目)。

其次,是墨尔本大学的乡村教师培养课程。墨尔本大学教育学院为参与 TFA 项目的志愿者教师专门开设了夏季课程,其目标是使志愿者教师完成课程学习后不仅能高效地完成教学任务,而且还具备获得教学硕士学位(Master of Teaching)的条件。学院主要设置了三大核心课程:临床实践教学、教育领导学、师生关系学(见表 2-4)。

表 2-4 墨尔本大学乡村教师培养课程设置

课程	课程概述	课程目标	评价方式
临床实践教学	①构建教学硕士的一般概念框架；②理解数据在发展教育中的重要性，并从心理学的角度通过积极发展师生关系来建立优质的学习过程；③学科专业知识和教学理念知识的关系以及语言表达在教学中的重要性；④教学方法、课程及评估方法的一致性	①了解该项目的教学理论框架；②用专业术语和参与者共同讨论教学；③意识到教学、课程和评估相互依存的重要性；④深入理解理论与实践之间的关键衔接；⑤理解概念框架在专业实践中的重要性；⑥在课堂中用有效的方法更充分地表达专业知识	①学习期间完成一篇 1 500 字的公众汇报论文（40%）；②学习结束后完成一篇 2 500 字的学术论文（60%）
教育领导学	①构建在学校、企业和社区理解并发展领导力的框架；②主题：设定目标，沟通合作，创造环境，有效规划，公平与尊重，变革管理体制，领导能力和自我反思；③领导能力在教学中的应用，教学与领导的关系	①理解有效领导能力的主要构成元素；②了解领导力在生产创新和变革中的重要意义；③领导者与追随者需要相互尊重的关系；④领导理念在有效教学中的应用；⑤有效解决工作环境中的实际问题	①一篇 15 000 字的关于如何处理和领导力有关的学校问题的行动计划（75%）；②一篇 500 字的对行动计划产生过程的反思（25%）
师生关系学	①教师在教学过程中指导学生的有效理论；②研究师生关系的本质；③建立和发展一种有效的师生关系，并促进教师的反思实践	①了解师生关系的复杂性；②在实践中应用有效策略处理教师和学生之间的关系，促进教学质量的提高	一篇 10 000 字的课程论文（100%）

（3）墨尔本大学乡村教师的培训方式

三大核心课程的设置体现出 TFA 项目十分重视志愿者教师的理论知识和实践能力的结合，并突出教师的领导能力。虽然夏季培训仅仅只有 6 个星期，但所有志愿者教师都很努力地学习，每周学习时间都超过 70 小时，他们希望及时完成学业后去学校开始新的工作。在培训期间，除了上述必修课程外还有多种培训的形式，主要包括以下几方面。

一是讲座。墨尔本大学教育学院定期聘请国内外知名教育学者到校为志愿者教师做讲座，讲座主要涉及教学语言、学科教学法、社会知识、学科专业背景知识等相关内容。各类讲座可以使志愿者教师在短时间内涉猎更为广泛的教育知识，并通过讲座的相互交流解除心中的疑惑，提高学习效率，达到相互学习、共同进步的目的。

二是实践研讨会。所有志愿者教师在暑期培训中根据任教年级和科目分成不同的小组，他们在完成课程学习外还将进行实习班的工作，即撰写教学计划、准备教学内容、上课实践等实习活动。他们定期开展实践研讨会，讨论在具体教学过程中的问题以及解决方法，交流各自在实践中的体会和感受，以期共同提高日后教学工作的有效性。

三是团体和个人评估。在整个培训期间，墨尔本大学教育学院和负责TFA项目培训的工作人员都会派出资深教师对志愿者教师以及他们组成的团队进行评估，评估主要涉及课程学习、教学实践、学习反思以及团队讨论等方面。志愿者教师在此之间还会不断地进行自我评估，并及时反馈评估结果。定期的评估和反馈可以帮助志愿者教师及时了解个人的优缺点，并做出正确应对，确保教学工作的顺利进行。

四是社会和团队建设活动。TFA项目是一个有组织的团队，它有着自己的文化、使命、价值观和愿景，也希望参与其中的志愿者教师能有与之相匹配的目的和理想，才能更加齐心协力地完成目标。因此，TFA项目的工作人员或富有经验的教育工作者会不定期组织社会和团队建设活动，增强志愿者教师的信心，激励他们的斗志。

除了在校的一系列培训外，志愿者教师还有机会去参观即将任教的学校。他们可以参与课堂活动，深入了解其导师和该校的具体要求，缩短面对真实课堂的适应期，尽快熟悉以后的教学工作。6周集中培训的重点是培养志愿者教师的技能、专业知识，并为即将开始的两年教学工作做好充分的准备。志愿者教师在这个时间相对较短的培训和发展中都会惊讶于自己能学到的知识，并与一些志同道合的人建立起亲密的关系。培训结束后志愿者教师就被分配到学校进行教学，当地学校会分配一名教学经验丰富的教师指导志愿者教师的课堂教学，提供教学经验和技能，帮助他们尽快适应教学环境，完成教学工作。TFA项目不仅要培养优秀教育者，而且还期望培养出未来教育改革的领导者，因此志愿者教师还有机会接受知名企业的培训，提高他们的管理、营销、沟通、组织等技能。短短6周的集中强化培训很快就结束了，但TFA项目对志愿者教师的培养并没有终止。他们在学校放假期间仍然继续回到墨尔本大学教育研究生院进行密集的培训，并对他们在校授课期间的课堂活动进行持续的评估。在志愿者教师任教的两年服务期内，为确保他们有充足的时间参加专业培训和接受校内外教师的指导，他们的工作量是其他专职教师的 80.00%，剩余的时间花在学习和自我评估上。

所有的志愿者教师按照规定完成两年任教的服务期之后就可获得墨尔本大学颁发的教育研究生证书(Postgraduate Diploma in Teaching)，并最终获得中学教师资格。TFA 项目也将会为符合要求的教师申请在维多利亚州教学协会(Victorian Institute of Teaching，VIT)注册。志愿者教师在接下来的 5 年内还有机会随时返回墨尔本大学教育研学院完成进一步的学习，最终获得学位。

(三)澳大利亚乡村教师的培养经验对我国的启示

1. 澳大利亚乡村教师培养的成效与不足

前文对澳大利亚乡村教师合作培养项目的背景、合作培养主体、合作培养内容、合作培养模式的特点进行了讨论，并通过案例研究分析了项目的合作路径，还对项目的特点进行了总结。综观澳大利亚乡村教师合作培养模式，其实施成效与不足同样具有重要的研究意义。

(1)澳大利亚乡村教师培养的成效

第一，职前教师乡村教学观念的转变。

职前教师是澳大利亚乡村教师合作培养模式的主要目标对象，也是模式实施的主要受益者。教学观念是影响职前教师就业的重要因素，澳大利亚乡村教师合作培养模式转变了职前教师对乡村教学的认识。例如，"澳大利亚乡村与偏远地区教师教育更新"模式基于乡村学校与乡村社区的紧密联系，引导职前教师正确地看待乡村教学，将乡村教学置于乡村社区中去理解；西澳大利亚的"乡村教育田野考察"模式通过使职前教师参观不同特色的乡村学校，解决职前教师乡村教学的焦虑感和恐惧感。项目实施后的调查结果显示，不少职前教师对乡村教学的认识有所好转，相关的积极反馈包括："乡村教学没有之前想象的那么恐怖了。""在参与前，当别人问我是否考虑乡村教学时，我会毫不犹豫地说不。现在，在进行了乡村体验和生活后，我的想法改变了。"[1]昆士兰科技大学的"跨越山脉"模式让职前教师感受到了乡村家庭、乡村学校及乡村社区的友好，减少了参与前对乡村教学的担忧感。[2]

---

[1] Sharplin, E. A, "Taste of Country: A Pre-service Teacher Rural Field Trip," *Education in Rural Australian*, 2010(1).

[2] Beutel, D., Adie, L., Hudson, S., "Promoting Rural and Remote Teacher Education in Australia through the Over the Hill Project," *The International Journal of Learning*, 2011(2), p. 384.

第二，职前教师乡村教学积极性的提高。

职前教师的就业意向会受到多种因素的影响，如已有的教学信念、所学课程、实践经历、就业环境等。从实施效果看，乡村教师合作培养模式提高了职前教师乡村教学的积极性。例如，2010年的"跨越山脉"模式共有21人参加，模式实施后对所有参与者进行了调查，共收到了14条积极反馈，其中，大多数人表示这一乡村体验经历提高了其乡村教学的积极性、有助于其更好地进行乡村教学。另外，还有不少职前教师表示这一项目使得他们考虑毕业后到乡村学校去任教，如有一位职前教师就这样说道："现在我正在考虑在大学毕业后去乡村教学。"①

第三，大学教师教育的完善。

在乡村教师的培养上，澳大利亚乡村教师合作培养模式更具针对性和科学性。相比传统的教师教育模式，澳大利亚乡村教师合作培养模式促进了大学对自身教师教育的反思及完善。例如，"澳大利亚乡村偏远地区教师教育更新"项目对澳大利亚不少大学造成了触动，使其开始反思与完善自己的教师教育，特别是乡村教师的培养。例如，查尔斯特大学于2012年在自身原有教师培养课程的基础上增设了一门新的课程——"在乡村中学教学"，南澳大利亚大学也增设了一门新的课程——"在乡村地区教学"，迪肯大学、艾迪斯科文大学等也增设了与乡村教学相关的课程学习与实践学习。②

第四，乡村中小学自身条件的增强。

澳大利亚乡村教师合作培养模式增强了乡村中小学的自身条件。具体而言：一方面，澳大利亚乡村教师合作培养模式改善了乡村中小学的教学环境。以多元主体合作培养乡村教师模式为例，网络技术的运用促进了电子邮件、博客、视频会议、在线交流等在职前培养中的利用，同时推动了教育信息技术在乡村学校的普及与运用，改善了乡村中小学的教学条件。另一方面，澳大利亚乡村教师合作培养模式促进了乡村在职教师的专业发展。乡村中小学是职前教师的乡村教学体验及实践基地。为促进职前教师更好地进行乡村教学，乡村中小学为之安排了有经验的在职教师进行指导。乡村在职教师通过指导职前教师，在促进职前教师乡村教学的同时，也提高了自身的教学反思能力和实践能力。同时，乡村在职教师在与大学教师及社会其他专业人士的交流与讨论中，

---

① Beutel, D., Adie, L., Hudson, S., Promoting Rural and Remote Teacher Education in Australia through the Over the Hill Project," *The International Journal of Learning*, 2011(2), pp. 377-388.

② 付淑琼，张家雯：《为农村准备教师：澳大利亚政府的系列项目研究团》，载《教师教育研究》，2015(4)。

促进了自身教育理论的丰富与更新。这些都有利于乡村在职教师更好地专业发展。

第五，乡村中小学师资状况的改善。

实践证明，澳大利亚乡村教师合作培养模式有效改善了乡村中小学的师资状况。以全澳乡村小学教师为例，2010年乡村小学教师占总教师的比例为2.70%，2013年这一比例增长为3.10%。① 这说明，近年来乡村小学教师的数量有所增加。另外，以乡村学校所占比例较大的西澳大利亚州为例，乡村教师合作培养模式的开展对该州乡村师资的补充起到了推动作用，西澳大利亚州的教师数量情况有了很大改观：2007年该州的乡村教师缺额达206名，而到2008年这一数字降至79。以全国性项目TFA项目为例，该项目自2010年起已为澳大利亚维多利亚省、首都特区、北领地的乡村学校成功安置了超过200位优秀教师，在乡村教师的培养上发挥出了显著的积极作用。② 2014年6月22日，教育与培训部的前部长宣布对该项目增加2 200万澳元的资金资助，该项目预计还将新增至少180位教师。③

(2)澳大利亚乡村教师培养的不足

澳大利亚乡村教师合作培养模式虽然取得了诸多成效，但同时也存在着一些需要改进与完善之处。"合作"是澳大利亚乡村教师合作培养模式的突出特征，但是在模式实际开展中这种合作伙伴关系的作用有待加强。

其一，大学与乡村中小学及社区合作有待规范化。在大学与乡村中小学及社区合作实施的乡村教育体验项目中，大学主要是根据乡村中小学及社区的请求，组织开展相应的小规模职前教师乡村教育体验活动。从合作性质上看，项目合作属于"松散合作"型。"松散合作"型的合作方式下，大学与乡村中小学的合作更多的是建立在二者的感情基础上，大学出于情感回应乡村中小学及社区师资不足问题，组织相应的职前教师乡村体验活动，借以减轻职前教师的乡村教学焦虑感和恐惧感，促进更多的职前教师选择乡村教学以培养乡村教师。乡村中小学及社区则接受和配合大学安排的相应活动。在乡村职前教师合作培养中，乡村中小学及社区的话语权要弱于大学。因此，大学与乡村中小学及社区在项目合作中存在着权利不对等的现象。相比建立在制度规范基础上的系统性

---

① Mckenzie, P., "Staff in Australia's Schools 2013: Main Report on the Survey," ACER, 2014, p. 20.

② 杨婕：《澳大利亚农村及偏远地区教师培养模式研究——以"为澳大利亚而教"项目为例》，载《当代教育科学》，2015(18)。

③ 赖炳根、王永川：《澳大利亚师范生农村体验计划述评》，载《世界教育信息》，2009(4)。转引自WA Department of Education and Training, "WA Teacher Demand and Supply Projections,"Perth, Depanrt ment of Education and Training, 2008.

组织活动,"松散合作"型教育体验项目的效果较难保证。

其二,行政力量有待增强。在澳大利亚,教育带有明显的市场自由色彩。大学与中小学具有较大程度的教育自主权,行政因素也尽可能少干预教育的发展与管理。① 但是,乡村教师培养所需资源较多,需要调动社会多方力量的共同参与,单凭某所大学的小规模项目很难改变乡村的师资问题。因此,行政力量的适时介入对乡村教师培养项目具有重要意义,能有效推进项目的开展、提高项目的影响力。在乡村教师培养问题上,澳大利亚对行政力量的作用已有了一定的认知,并进行了相应的行政介入尝试,如政府与大学合作培养乡村教师。但是,政府行政介入的作用还比较局限,主要体现为政策支持和资金资助等形式,以此促进项目的设计和开展。因此,在乡村教师合作培养上行政力量还有待增强。在乡村教师培养上适时的行政介入有利于整合教育资源,起到单一大学对乡村教师培养无法达到的作用,提高乡村教师培养的成效性与影响力。

2. 澳大利亚乡村教师培养带给中国的启示

乡村教师队伍的建设事关乡村教育事业的发展,关乎整个社会的和谐稳定,因此乡村教师队伍的培养至关重要。在我国,由于历史和现实原因,乡村教师的培养情况一直不够乐观。乡村教师培养相关政策和项目的推行虽然对乡村师资问题的解决起到了一定的作用,但对我国广大的乡村地区而言仍然是杯水车薪。因此,结合澳大利亚乡村教师合作培养模式的内容、特点、成效及不足,根据我国乡村教师培养的实际情况,笔者认为可以得到如下启示。

(1)整合乡村教师资源,开启多元化合作机制

其一,强化多方合作,创新乡村教师培养模式。教育的发展,特别是贫困地区的教育发展不能单独依靠某一机构或部门的力量,必须依赖于社会的共同努力与支持。在我国,整合社会各界资源以及合作伙伴关系的意识还比较淡薄。人们普遍认为,教育是教育部或者政府的职能和责任,种种教育问题的出现则是它们的失职或责任缺失。事实上,教育问题是全社会的责任。只有当社会各界都认识到这一点,并齐心协力共同解决教育问题时,才能更好地发展教育事业,让所有公民都得益于此。

澳大利亚乡村教师合作培养模式便是典型的整合多方力量和资源来补充乡村师资,推动实现教育公平的重要举措。它首先以联邦或州政府为主要支持者,在此基础上再联合大学和公、私企业以及各种相关机构和部门,同时与贫困地区中小学紧密联系在一起,了解他们的教育之需,有针对性地对口培养教

---

① 赵凌:《质量至上与层层保障——澳大利亚教师教育研究》,319页,中国社会科学出版社,2015。

师。澳大利亚乡村卓越教师合作培养模式结合了政府的强大力量、学校的专业技术、企业的社会影响和各机构部门的支持，形成了社会各界共同参与的形式。它将各种资源汇聚在一起，使各方面都得到了有效的保障，促进了教师的培养和贫困边远地区的教育发展。纵观世界教育发展潮流，主要是联合了大学教育学院或师范院校、企业、政党和政府组织、慈善基金会以及社会其他非营利性机构等多种社会资源，共同致力于培养优质教师，并把他们输送到贫困地区。其中政府、企业或慈善基金会主要提供资金支持，大学主要提供新教师的岗前专业知识和基本技能的培训，中小学则是新教师实践能力的培训地，最终合格教师将被分配到需要的学校进行一定期限的服务。

社会各界在给予帮助和支持的同时也会从中获得收益。澳大利亚乡村教师合作培养模式培训出来的学生不仅缓解了贫困地区的师资短缺问题，也为教育界输送了具有领导能力的优秀人才。两年服务期满后，一部分教师转行从事其他的职业，也为社会各阶层输送了大量人才。澳大利亚乡村教师合作培养模式整合了社会各界多种力量和资源，除了确保其有效实施外，还受到社会的广泛关注，在一定程度上起到了监督作用，无形中也是其获得成就的驱动力。多方力量共同合作的关系调动了更多的资源，最终达到了双赢。

2006年，我国启动的"特岗教师计划"则由中央财政部负责资金支持，并由人事部、中央编办公开招聘高校毕业生到乡村学校任教。这是我国联合教育部、人事部、财政部、中央编办，并利用政府机制来解决贫困地区师资的方式。各部门切实保障特岗教师的经费和编制，鼓励志愿者服务期满后继续留任，确保各项政策落实到位。此外，师范生免费教育政策的实施也是政府、中央财政、部属师范院校以及各省、市教育局相互协作、相互支持的结果。由此可见，我国在一定程度上已经开始走向合作发展的道路，但是合作的范围和力度还需进一步加强。教育公平的实现需要社会各界共同参与，整合社会各界资源，共同促进和监督乡村教师的发展。

随着时代的变迁和教育环境的变化，世界各国都加大了补充贫困地区师资的强度，着力推进教育公平的实现。在此过程中，它们都不断推行新的措施以及教师培养的方式，并越来越重视教师的"乡村导向"。澳大利亚乡村教师合作培养模式的成功经验对我国补充贫困地区的师资有一定的借鉴意义，有助于推动我国教育的均衡发展；其面临的挑战也同样有助于我国进行审视和反思，避免在发展过程中遭遇同样的困境。我国应借鉴国际上的经验和教训，依据本国的实际情况，不断改进和完善贫困地区的师资机制，促进教育公平的实现。

其二，师资问题的解决需要整合社会多方资源。在我国，人们传统上认为教育只是学校的责任，而很少看到教育更是一个社会问题，其问题解决应该集全社会之力。当前，在教师的培养问题上，我国中小学、大学、政府、社区之间的联系还不够紧密。比如，为吸引和鼓励职前教师从事教学，政府为"免费师范生""特岗教师"等解决了经费和编制问题，但是此举并没有对教师的补充困境起到扭转性作用。从长远看，为解决教师问题，我国大学、中小学及社区等的力量有待进一步挖掘和激发。

在澳大利亚乡村教师合作培养模式中，合作的理念贯穿其中。澳大利亚乡村教师合作培养模式强调将政府、大学、中小学、职前教师及社会其他教师教育人士都纳入乡村教师培养的合作共同体，充分发挥各方作用，构建乡村教师培养合作共同体。因此，学习借鉴澳大利亚乡村教师合作培养模式，我国应探索构建乡村教师的合作培养共同体，在乡村教师培养的合作共同体中，构建和鼓励政府、大学、中小学、职前教师之间及社会其他专业人士的合作互动。这主要包括两个方面：一方面，完善已有的 U-G-S 模式（师范大学、政府、中小学合作模式），充分发挥大学的理论研究优势、政府的管理和资金优势，中小学的实践基地优势，促进对教师的合作培养；另一方面，探索构建职前教师之间及其与社会其他专业人士的合作，调动社会力量参与教师的合作培养，支持职前教师的教学，减少职前教师教学的后顾之忧，促进职前教师的专业实践及专业发展。

(2)融入"乡村"特色，改革教师培养内容

其一，培养职前教师的教学信念。职前阶段是教师教学信念培养的重要和关键阶段，对职前教师的职业选择及专业发展具有重要影响。就非定向的师范生职业选择而言，以湖北省为例，针对湖北省部分师范学院及其他院校师范专业的大学一年级和四年级学生的调查结果显示，大学生中有教学意向的比例较低：表示有可能从事教学的学生占比仅为 8.40%。2008—2010 年这 3 年毕业的师范生从事教学的比例分别是 14.00%、16.00%、13.00%，而非师范毕业生从事教学的比例分别为 8.00%、11.00%、9.00%。此外，有研究表明，高校毕业生补充教师比例偏低是造成教师补充困境的原因之一。据《中国教育统计年鉴》对 2004—2009 年高校毕业生的就业调查，高校毕业生最终应聘到中小学的比例不足 3.00%，而这 6 年平均比例仅占当年师范类本专科毕业生 19.70%。由此可见，职前教师的教学信念不强，大学生对成为教师的认同度较低，培养职前教师的教学信念迫在眉睫。

因此，我国在进行乡村教师的培养时，应首先关注职前教师教学信念的培养，加强职前教师的教学意识。在职前培养中，通过相关课程学习和实践活动，引导职前教师正确认识学校及社区，增加职前教师对教学的熟悉感和亲近感。

其二，以实践为导向，科学设置教师教育课程。近年来，我国对职前教师教育实践重要性的认识逐步提高。2016 年 3 月，教育部颁布了《教育部关于加

强师范生教育实践的意见》，进一步强调了师范生教育实践的重要性，规定师范生的教育实践累计不少于一个学期。但是，就实践地点来看，各师范院校的实践基地大多选择在城市和县城学校，很少将乡村学校考虑在内。实践基地的不足导致了职前教师进行教育实践学习的不足，影响了职前教师教学实践性知识的积累和教学水平的提高。澳大利亚通过实施系列体验项目加强了职前教师的教育实践学习。因此，我国在进行职前培养时应注意增强职前教师的教学实践，加强学校实践基地的建设。通过学校实践基地的完善，引导职前教师体验环境、进行教学、感受生活。

(3) 关注培养效果，健全乡村教师质量评价与反馈机制

其一，建立培养全程质量评价体系。高校是教育工作者人才培养的重要场所，主导着我国教师教育工作的全面发展与改革创新，是培养卓越教育家的关键所在。在教师培养的整个环节，高校应从宏观角度建立起贯穿教师培养全过程的阶段性质量评价体系，即坚持过程性评价与终结性评价相结合。其中评价对象主要涉及教师教学质量和教学指导的评价、学生学习质量和实践成效的评价，以及学生培养质量最终达标的评价。

对于教师教学质量和教学指导的评价以及学生学习质量和实践成效的评价始终贯穿乡村教师的培养全过程，高校应分阶段进行两者的质量监督和评价，及时发现并解决其中存在的问题，确保培养模式的顺利进行。而对于卓越教师培养质量的终结性评价主要体现在毕业生的知识掌握、思维能力、创新能力、教学基本功、科研能力、教学技能等多元化的评价上。最终评价的结果反映了乡村卓越教师的培养质量，也反映了高校人才培养的质量，为乡村教师培养模式的改进和持续进行提供了有效信息。高校要做好过程性评价和终结性评价的有机结合，及时发现问题，适时进行培养模式各环节的反思和调整，确保培养全程的顺利进行。

其二，逐渐形成全方位、多层级的评价反馈机制。作为人才培养的不同主体，高校、地方政府和中小学校要共同参与人才培养的评价体系，逐渐形成全方位、多层级的评价反馈机制，即高校、地方政府和中小学"三位一体"的评价反馈机制。高校要积极发挥主导作用，既要大力推进学院关于教师培养质量的考核与评估工作；又要结合教育部门的相关政策的指引和来自中小学校的信息反馈，及时将三者的信息反馈融会贯通，以此改进自身人才培养的方案设计和管理体系，不断提高教育人才培养的质量水平。教育部门应建立全国范围的质量信息平台，建设统一的教师学业信息管理系统，建立以乡村教师为主导的师范生教育质量信息分析和预警机制，加大信息公开力度，及时向社会公众发布阶段性的人才培养质量报告和评估结果，主动接受来自社会各界的监督。

三、部分亚洲国家乡村教师培养的经验与启示

日本、韩国和印度的乡村教育发展面临多重问题：乡村学校规模偏小、乡村教师短缺以及乡村教育质量低下。教师队伍质量是乡村教育发展的关键。乡村教师的缺乏和素质的低下成为各国乡村教育改革和发展关注的焦点问题，该问题直接导致了乡村教育的劣势地位。为了缩小城乡教育的差距，实现义务教育均衡发展，日本、韩国、印度等国家围绕乡村师资改革，以法制建设、教学模式、待遇保障、教师培训等为重点，协调联动、不断优化、稳步推进，解决了或者在一定程度上缓解了长久以来乡村教师队伍建设中的诸多问题。对这些国家乡村师资队伍改革问题的关注和研究对我国乡村卓越教师的培养具有重要借鉴意义。

(一)日本乡村教师质量保障制度的经验

从社会学意义上看，日本乡村地区的特征比较接近中国乡村。20世纪50年代，日本制定了《偏远地区教育振兴法》以及与之配套的相关教育政策，这些法律为保障日本乡村地区包括一些偏僻地区义务教育学校在职前培养和吸引优秀师资以及职后培训方面提供了制度支持。

1. 保障偏僻地区教师质量的职前培养制度

有志于成为中小学教师的大学生是师资队伍的未来补充力量，教师培养是这些大学生成为未来教师的重要条件。第二次世界大战后初期日本偏僻地区义务教育的师资不论数量还是质量都不能适应教育发展的要求，为此日本政府采取了一定措施并取得成效。

1953年，日本政府在偏僻学校较为集中的6个都、道、府、县设立了14所临时教师养成所，学习期限为1年，学成后毕业生可获得一个临时证，后又把学习年限延长为2年，毕业生可获得2级普通资格证，这在一定程度上缓解了偏僻地区教师紧缺的问题。临时教师养成所后被改为短期大学，继续发挥为偏僻地区提供教师的作用。[1]

除此之外，1954年日本还颁布了《偏远地区教育振兴法》。该法案规定都、道、府、县必须为偏远地区学校的教职工增发特殊津贴，并规定月津贴额不得低于个人月工资和抚养津贴的25%。还实施了为服务于偏僻地区的教师提供住宅等建筑以及其他福利待遇方面的措施。为了解决偏僻地区的义务教育教师

---

[1] 李文英：《战后日本振兴偏僻地区教育的措施及其启示》，载《教育研究》，2004(12)。

的居住问题，日本政府还颁布了配套的法律来保障住房和其他设施条件。此外，该项法律规定要为偏僻地区的义务教育教师提供充分的进修机会和所需要的费用以及其他各种形式的津贴，如寒冷地区津贴、单身赴任津贴等。

2. 日本"教师轮岗制"

日本的教师定期流动制度独具特色，也最为成熟。第二次世界大战后，日本开始在城市与乡村、内地与偏僻地区的公立基础教育学校实行教师定期流动制度，提升乡村地区和偏僻地区的师资力量，促进优质师资队伍共享。日本中小学教师流动主要有3种：第一，在一所学校连续任教10年以上者或新任教师连续6年以上者，根据规定必须流动，这是硬性规定；第二，根据教师定员要求，超编部分的教师需要流动到其他学校任教，这是超编性流动；第三，因教师队伍结构不合理可在区、市、街道、村范围内的学校及学校之间进行必要的师资调整，这是结构性流动。① 定期流动政策还辅之以相应的法律法规作为保障，如日本的《国家公务员法》《教育公务员特例法》规定中小学教师为公务员，中小学教师的定期流动属于公务员人事流动的范畴，从而扫除了教师流动的法律障碍。这一政策对保持不同地区、不同学校之间的师资均衡起了较大作用，特别是对偏僻地区乡村学校状况的改善更为明显。

此外，为促进城乡学校和地区学校教育管理水平的均衡，日本对中小学校长的年龄、任期和校际的轮换也做出了明确要求。日本的教师定期交流制度由政府直接参与调控，既体现了促进教育公平的价值导向，更为城乡学校、地区学校的教育管理、师资配置和教学水平的均衡发展提供了有效途径。

3. 保障乡村学校吸引优质师资的财政支持制度

乡村学校不能吸引优秀师资的原因除了地理位置偏远、经济发展落后以外，乡村教师的工资和福利待遇偏低是阻碍乡村学校吸引优质教师的主要原因。日本通过法律手段规定了国家及都、道、府、县应尽的财政义务，以此来保障乡村教师能够享有高于城市教师的待遇。

第二次世界大战后的日本政府建立了地方教育行政分权化及学校教育财政的设置者负担主义制度，由学校设置者负担所设置学校的经费，并建立了中央，都、道、府、县及市、町、村三级行政主体共同分担的义务教育财政制度。② 都、道、府、县负责义务教育经费的主体责任，公立义务教育学校教师的全部工资和津贴由其承担。为了平衡经济发展不平衡导致的地方教育经费不

---

① 秦玉友：《美国、印度、日本农村教育发展中的主要问题及启示》，载《外国教育研究》，2007（12）。

② 金红莲，秦玉友：《日本偏僻地区义务教育教师质量保障制度研究》，载《基础教育》，2014，11（2）。

均衡，《义务教育经费国库负担法》规定都、道、府、县支付的各义务教育学校教职员工资额的 1/3 由国库负担，减轻都、道、府、县的财政压力。市、町、村地方政府虽不用承担义务教育教师工资津贴，但按照设置者负担主义原则，其需要承担相应的义务教育基建费等经费。从教师身份来看，日本的公立中小学教师属于公务员，其工资和津贴标准由法律统一规定，所工作的学校不管是城市还是偏僻地区丝毫不影响工资等收入。

(二)韩国城乡教师交流制度的经验

韩国在其城镇化和工业化过程中，大量农民迁移到城市，农村人口和农村学龄人口急剧减少，乡村教师也出现短缺的问题，导致乡村小规模学校数量迅速增加，出现了复式班级、教师教授非专业课程等一系列乡村教育教学问题，最后致使城市和乡村教育质量的差距不断扩大，并且这种差距还随着年级的升高而持续拉大。研究者指出，尽管造成城乡教育差距的因素有许多，但乡村教师的素质和其教学质量是影响城乡教育差距的首要因素。韩国乡村教师数量短缺、老龄化问题突出，存在教师队伍失衡、教师整体素质偏低的问题。相关研究结果显示，韩国乡村地区缺少经验丰富的合格教师。因此，韩国政府通过城乡教师交流制度和相应的激励措施来鼓励更多的优秀教师到乡村执教，以此来提高乡村教育质量，缩小城乡教育差距。

1. 韩国城乡教师交流制度

韩国自 20 世纪 70 年代开始实行城乡教师交流制度，该举措在促进城乡教育均衡上发挥了重要作用。1969 年，韩国制定人事管理政策，以确保各个学校的教师素质和学校领导水平均等，致力于使各学校的教育得到同步发展。在该项任职管理制度中，流动的对象有中小学校长、校监和中小学教师。[1] 韩国公立学校的校长在同一所学校的工作预定周期是 4 年，期满后将被安排到另一所学校工作。韩国中小学教师在同一所公立学校工作的年限为 4～5 年。对于包含偏远乡村地区的行政区，教师在城市工作的时间可以是 8 年或 10 年，之后，他们将流动到乡村学校工作 3～4 年。此外，韩国政府也规定了不流动的教师。[2]

而在流动区域的规定方面，韩国根据各地区的城市化水平程度，将所有学校的人事管理行政区划分为五级区域，分别为Ⅰ区域、Ⅱ区域、Ⅲ区域、Ⅳ区域和Ⅴ区域。Ⅰ区域是城市化水平最高，教师最愿意竞争岗位的地区，Ⅴ区域

---

[1] 董博清，于海波：《韩国城乡教师轮岗制度及其对我国的启示》，载《外国中小学教育》，2012(7)。

[2] 张淼，张鑫：《韩国教师教育的新发展及其启示》，载《教育科学》，2005(01)。

是城市化水平最低，教师竞争岗位最不激烈的地区。① 教师的流动将根据教师在相同的人事管理行政区和同一所学校工作的时间和工作表现来定。通常，教师在同一所公立学校的教学工作期限是 5 年。Ⅰ区域的教师教学工作年限不超过 8 年；Ⅱ区域的教师工作期限可以是 10 年。Ⅰ区域和Ⅱ区域的流动教师可以轮换到Ⅲ区域或更低区域。当教师从Ⅰ区域和Ⅱ区域轮换到Ⅳ区域和Ⅴ区域，他们再回到Ⅰ区域和Ⅱ区域的工作年限为 3 年；当他们轮换到Ⅲ区域，他们回到Ⅰ区域和Ⅱ区域的工作年限为 2 年。②

韩国教师交流制度的实施过程规范，公开透明度高，保证了教师流动的公平性。首先，要流动的中小学校长、校监和教师提出申请材料，包括个人的教育背景、工作成果、个人信息和流动意向等。每位教师可以向道教育厅提出 4 所自己希望流动去的学校。其次，道教育厅主要根据教师流动分，同时考虑其居住地和个人意愿决定教师流动的学校。校长和校监流动到哪所学校不是根据流动分，而是由道教育厅根据他们的教育经历、工作实绩、居住地、教育需要和个人意愿决定。

为激励教师流动到乡村地区执教，韩国还实行加分晋升制度，给流动到乡村的教师晋升加分。根据乡村地区不同的贫困程度和偏远程度，乡村学校将获得不同的教师晋升分值。此项制度在韩国教师激烈的升职竞争中，成了一个颇具吸引力的行为驱动器，激励了更多的优秀教师申请到乡村学校竞争上岗。作为一项经济利益鼓励措施，加分晋升制度很受韩国教师的欢迎和支持。在某种程度上，加分晋升制度的施行，缓解了乡村优秀教师不足的问题。

2. 岛屿、偏僻地区教育振兴政策

由于韩国特殊的地理环境，政府为推广义务教育，于 1967 年颁布了以振兴岛屿、偏僻地区义务教育为目的的《岛屿、偏僻地区教育振兴法》，其中关于教师的政策内容有：为教师提供住房、给予教师优先研修的机会，并支付研修所需经费；准备适合于岛屿、偏僻地区特殊情况的学习指导资料，按照地区级别向在岛屿、偏僻地区学校工作的教师支付岛屿、偏僻地区津贴。③ 20 世纪 70 年代，韩国继续振兴偏远地区的义务教育。自 1971 年起，岛屿、偏僻地区初等学校的教育经费全部由国家承担。

---

① Im Youn-Kee, "Issues and Tasks of Rotational Teacher System Between Urban and Rural Schools in Korea,"见《城乡教育一体化与教育制度创新——2011 年农村教育国际学术研讨会论文集》，23~24 页，长春，东北师范大学，2011。

② 李水山，郑范诛，金洪山：《韩国中小学教师的职前培养和在职培训》，载《高等农业教育》，2004(12)。

③ 王怀宇，张静：《国外怎样谋划义务教育阶段教育平等》，载《中国教育报》，2006-03-21。

韩国为鼓励教师到乡村中小学任教，除了对城乡公立学校实行教师定期轮换制度外，还积极改善乡村教师的住宿和生活条件。韩国推出教育"平准化"政策，对"不利学校"增加教育拨款，大力改善其办学条件，增发额外津贴（如韩国对执行复式班教学的乡村小学教师增发工资外的教学津贴），改善偏僻地区教师的膳宿条件，购置现代化设备等，以此来吸纳更多的优秀教师到乡村执教。

（三）印度乡村教师培育机制的经验

由于乡村地区生活条件艰苦、交通不便、报酬较低等，许多教师不愿意到乡村学校教书。印度全国教师委员会为此建议：乡村和部落地区招聘教师，应尽量选择本地人，并在必要时降低教师认证的一些苛刻标准，使更多的教师能够到偏远乡村学校任教。此举虽然放宽了教师质量要求，但对于缓解教师职位空缺还是有效的。面对乡村教育教师发展的困境，印度一直不断探索多样化的教师培育策略，也取得了一些成效，其具体措施如下。

第一，科学统筹，合理配置教师资源建立区域教育信息数据库。具体而言，区域教育信息数据库涵盖以下信息：其一，建立超编和缺编学校数据库；其二，建立岗位空缺数据库；其三，建立学科教师空缺数据库；其四，建立女教师以及其他类型教师数据库等。以此作为教师资源配置和调动的重要依据。合理配置教师数量。首先，印度政府详细规定了初等教育的生师比。以此作为教师资源配置和调动的重要依据。在合理配置教师数量方面，印度政府的具体措施是：首先，印度政府详细规定了初等教育的生师比。比如，1~5年级班级规模在60人以内的学校，应配备2位教师，班级规模为61~90人的学校，应配备3位教师等。其次，取消单师学校，保证每所学校至少有2名教师，"并尽可能保证其中1人是女教师"。最后，规定每个班级至少有1位教师。合理调整师资结构，具体措施包括：第一，补充女教师。比如，提出，"针对单师以及跨年级教学的情况，补充教师，其中2/3新雇佣的教师为女教师"。第二，补充特殊身份教师。比如，招聘"表列种姓"身份的教师，同时鼓励受过教育并有美好发展前途的"表列部落"的年轻人参与培训，从事部落地区的教学工作。[①]

第二，改善工作环境，吸纳更多教师投身教学工作加大对基础设施的投入。印度《普及基础教育计划》(Sarva Shiksha Abhiyan)提出，从2010年起，每年给基础教育学校划拨3类经费：学校维修经费、学校发展经费和教师学习

---

① 杨舒涵：《印度城市化进程中农村初等教育政策研究》，博士学位论文，西南大学，2013。

材料经费。提出基础设施建设的基本标准,以保证教师能够有良好的工作环境。此外,每个学校应该有一所能够提供报纸、期刊、各科教学用书以及故事书的图书馆,每个班级都要有教师学习材料。为教师提供住房或者工作补贴。比如,提出为部落和偏远地区教师提供住房,为教师提供生活补贴、山区补贴以及住房补贴。以此激发教师到乡村,特别是偏远乡村地区任教。①

第三,完善培训体系,加强教师专业发展。依据《义务教育教师任职最低资格标准》,印度政府计划用5年的时间,通过在职培训计划,培训所有未接受过任何培训的初等教育教师,提升其专业水平,使全体在职教师符合任职资格规定。加强培训内容的针对性。具体包括:其一,设置统一而灵活的培训内容。2009年10月印度颁布了新一轮的《教师教育国家课程框架》(National Curriculum Framework),该框架在统一规定教师培训内容的同时,要求地方教师培训机构根据培训对象、培训目标的不同,确定具有层级化和差异性的培训内容。其二,了解教师需求,每年更新培训内容,研究开发教师培训资料,特别是关于学生发展、学生知识、社区知识和最新教学方法的资料。② 其三,建立情境指导模式。2007—2011年,印度拉贾斯坦邦巴兰地区建立的"基于学校现场"的教师教育指导模式,培训者深入乡村学校及教师课堂实际,进行现场的教学诊断,在倾听教师意见的基础上,为教师提供教学处方。其四,提供特殊培训。比如,"表列种姓"和"表列部落"身份的学生有不同的社会背景、语言、文化表现上的差异,这就需要对教师进行特殊培训,包括语言的培训、文化敏感性的培训以及教学方法的培训等。

(四)日本、韩国、印度对我国乡村教师培养的启示

1. 增加乡村教师职业的吸引力

当前,我国不同学校教师待遇差距很大,重点学校教师的总收入远远高于同一区域普通学校和乡村学校中相同级别的教师。这种极不均衡的校际福利待遇的差距严重挫伤了非重点学校教师特别是乡村教师工作的积极性,影响了这些学校教师队伍的稳定,日本、韩国和印度政府在解决乡村教师短缺的问题时,都在积极提高乡村教师的待遇,提升教师特别是乡村教师的职业竞争力,吸引高素质教师和优秀毕业生到乡村任教。比如,建立特殊流动津贴制度,在确保教师待遇和收入的基础上,为流动到乡村工作的教师提供额外津贴。我国也可以适当提高乡村学校晋级评优的名额比例,或给予适当的升职加分,激励教师自愿到乡村任教,进而加强我国落后地区的师资建设,促进城乡师资的均

---

① 谷峪,邢媛:《印度农村基础教育述评》,载《外国教育研究》,2004(03)。
② 宋秀琚:《印度农村基础教育服务及其启示》,载《外国教育研究》,2008(5)。

衡发展。

2. 制定城乡教师流动政策

从现实情况来看，我国的城乡教师轮岗制度主要以城镇教师支援乡村教育为主，是一种支教式的城乡教师交流。这样的教师流动不仅操作程序不规范，缺乏统一的轮岗范围和标准界定明确的教师流动政策和法规，而且管理机制也不够完善，流动的主观随意性很大。日本、韩国城乡教师轮岗制度的操作程序，规范性与有序性兼具，公平与效率兼顾，值得我们借鉴。首先，我国的教师人事管理单位可以划定所在区域的轮岗范围和标准，建立区域轮岗机制。其次，还可以根据教师在贫困地区的工作经验考核教师工作业绩；规定教师在贫困地区必需的工作年限和工作经验，使得教师轮岗秩序化，实现教育均衡发展。

3. 强化乡村教师职后培训

首先，增加乡村教师的培训机会。目前，我国乡村教师参加各类培训的机会均少于城市教师，且乡村教师培训多以专项骨干教师培训为主。显然，还需要积极探索并建立针对全体乡村教师的常规化、连续性和稳定性的培训支持体制。其次，培训中要正确处理培训的普及性与特殊性的关系。相对于印度而言，我国教育部于 2011 年 10 月才颁布并开始实施《教师教育课程标准（试行）》，如何在确保教师培训基本质量的同时，更好地满足乡村教师的发展需要，还需要进一步地尝试与探索。最后，建立情境培训指导模式。我国师资培训方式主要以集中讲座式为主，统一、僵化的培训方式降低了教师参与培训的意愿，培训的效果也不明显。为此，探索地方化和具有情境依存性的教师培训模式是提高乡村教师培训质量的关键。此外，从来源上看，目前我国主持集中培训的大多是专家学者，他们对中小学教育教学实践不够了解，无法针对教师日常教学面临的困难提供有针对性的帮助。从专业素质来看，由于培训机会少，培训内容针对性不强，限制了培训者素质的提高。为此，一方面，应吸纳优秀中小学教师进入师资培训者队伍；另一方面，应加强对培训者的培训，切实提高培训者素质。

4. 促进乡村教师发展的法律建设

日本、韩国和印度都建立了与乡村教育相关的各种法律，以保证发展乡村教育和提升乡村教师素质的措施得到落实。其政府都加强了乡村教育的法律建设，对乡村教育的发展实行国家干预，并制定了配套法规，通过政府直接拨款为乡村教育发展提供经费等。特别是日本，在其百余年的义务教育实践中，通过立法确立的日益完善的中央财政对乡村义务教育的支出制度提供了经费保证，从而为乡村义务教育的全面发展实施和均衡发展奠定了坚实的基础。这对我国城乡教育均衡化发展以及乡村教师队伍的稳定与发展有着重要的借鉴意义。

第三章　理念更新：培养乡村卓越教师

在努力探索如何让乡村教师"有理想信念、有道德情操、有扎实知识、有仁爱之心"，而且能具备"融入乡土社会的内趋力、立足乡村学校的发展力、关爱乡村学生的行动力"的过程中。我们始终在试图回答"乡村卓越教师教育的命题何以独立"。从命题的逻辑分解来看，若要让命题的独立性得到较好的巩固，以下几个基本理论问题需要得到充分的讨论。

第一，乡村教师有没有异于城镇教师的特殊素质结构？

城镇卓越教师能不能教育乡村学生？或者说我们为什么要单独提出乡村卓越教师教育的命题呢？如果乡村卓越教师没有特殊的素质结构，现有的城镇卓越教师也可以很好地教育乡村孩子，就不需要对乡村教师的教育过程进行单独设计。我们的基本判断是：现有的教师教育范式，主要以培养城镇中小学为基本定位。因此，我们整个论述过程实际是建立在一定假设之上的，即整个论证实际就暗含了这样的假设：乡村教师具有基于乡村教育情境的特殊素质结构，而且城镇教师是欠缺这些素质的。所以才需要对乡村教师教育进行改革，进行一些具有乡村特质的制度设计。这样才能有助于培养出基于乡村教育、依靠乡村教育、为了乡村教育的卓越乡村教师。

第二，乡村教师应该具有什么样的特殊素质结构？

这是需要在理论上给予回答的问题，因为只有清楚了我们需要什么样的乡村教师，才能朝着这样的目标去努力培养和培训。结合多年来乡村教师教育实践探索，我们发现具备"四有"品性和"三维"动力的素质结构是乡村卓越教师的特质。这符合我们多年探索的实践精神和主要内容，这也是我们对新时代乡村卓越教师的重要期待。因此，在研究过程中，我们兼顾了教师的一般素质和乡村教师的特殊要求，兼顾了乡村教育发展在当前乃至今后相当一段时期可能面临的挑战，提出了"四有"品性、"三维"动力这种乡村教师素质的"理想型"。

第三，目前的乡村教师教育范式能不能满足这样的需要？

因为，如果目前的教师教育范式也是适合形成乡村卓越教师素质的，我们也就没有必要专门就现有的教师教育模式进行深刻变革。在研究中我们发现，现有的教师教育模式是城镇化的，从目标定位到内容安排，从教师选择到教育评价导向，都没有很好地体现乡村教师的特殊性。因此，我们的命题也暗含了如下的逻辑前提：现有的教师教育范式在培养乡村卓越教师方面具有欠缺，因此需要进行基于乡村卓越教师素质的教师教育范式变革。

因此，在探究乡村卓越教师培养的基本理论问题时，我们是按照"乡村卓越教师具有独立的素质结构—城镇教师教育乡村孩子有欠缺—目前乡村教师教育范式需要改革"这样的逻辑链条进行思考和论证的，并首先在理论上对乡村卓越教师教育的命题合法性进行了论述。

一、乡村教师应该具备异于城镇教师的特殊素质结构

由于教育教学活动的复杂性和整体性，给教师绩效评估带来了很大困难，使得我们很难估计教师在学生发展和学校绩效中具体起到了多大作用。这种困难主要表现在两个方面：一是教师作用的剥离困难。教师作用通常是同教育教学过程紧密结合的，而教育教学过程的影响因素又非常复杂，这些因素之间彼此融合、相互影响。因此，如果想把教师的作用单独剥离出来非常困难。二是教师素质往往同学校声誉、学生基础具有正向相关。一般来说，学校声誉越好，现有教师队伍的整体素质也越高，也更容易吸纳优秀的新教师来校从教，对家庭社会经济地位相对较高的孩子越有吸引力。这就产生了教师水平、学生基础和学校声誉之间的正向相关。

因此，这就很难判断办学绩效、教师素质和学生基础之间的因果关系，即办学绩效、教师素质和学生基础到底是哪个变量决定了哪个变量非常模糊。实际他们之间具有双向共生关系，而并非完全的单向因果关系。其实，一位教师之所以能够很好地发挥作用，同其所工作的微观组织生态密切相关。这种微观组织生态中的学生基础、同事水平、组织文化氛围、教学领导力、教育教学研究深度等因素是相互作用的统一整体，很难单独确定某一个因素或某类因素发挥了多大的具体作用。

关于"城镇卓越教师能不能教育好乡村孩子"的问题，其实也就很难给出确定答案。关键要看城镇卓越教师，是否具备阅读乡村教育要素的能力，或者

说，城镇的教师在多大程度上能够读懂乡村教育要素。如前文所述，如果让城镇卓越教师也承担同乡村教师一样的角色——"吃饭管理员""宿舍管理员""安全保障员""放学陪护员""心灵慰藉员"等，那么城镇教师真的能具备这些素质吗？这是存在很大疑问的。由于，城镇教师即便是城镇卓越教师，他们之所以是名师、骨干教师，也许是学生基础好、家长素质高的缘故。从这种意义来看，城镇教师只是再生产了原有的学生素养，或者说只是借助于优质学校的组织文化和身边同事的力量，顺便、从众性地成了优秀教师、骨干教师。一旦，改变这些教师的微环境，如换成了乡村孩子、乡村家长、乡村文化，他们也未必就能教育好乡村的孩子。

在近些年的调研实践中，我们遇到了两种差不多截然相反的观点。

第一种观点认为，城镇教师包括城镇的优秀骨干教师来到乡村学校将不会再是优秀骨干教师。因为他们不了解或者不甚了解乡村教育背景。乡村孩子有什么特点？乡村学校内部文化有什么不同？乡村孩子家庭有什么特殊性？乡村教育各类主体有什么样的行动逻辑？处在乡村真实场域中的教师应该采取什么样的行动才能破解教育教学难题？……城镇教师如果不深入了解这些问题，仍旧使用城镇的教育教学模式和方法，就教不好乡村孩子。一句话，如果城镇教师缺少乡村教育认知和经验，就不能成为优秀的乡村教师。

第二种观点认为，城镇的优秀骨干教师来到了乡村学校依然会是优秀骨干教师。因为，城镇教育是优质教育的代表，既然是一位城镇的优秀骨干教师，自然就应该具备审视诸多教育要素包括乡村教育要素的能力，并且能够根据教育要素的特征，恰当地调节自己的教育教学模式和方法。城镇优秀骨干教师可以对城镇教育中所使用的模式和方法进行调整，从而能更好地指导自己的乡村教育教学实践，仍然可以成为一名优秀的骨干教师。概括而言，就是乡村教育不需要特殊的乡村教育经验，城镇教师使用城镇教育经验也能够更好地指导自己的教育教学实践。

可以看出，以上这两种观点是将城乡两种教育样态对立起来的。尤其是随着国家城镇化进程的加快，很多乡村教师每天处于"工作生活异地化"的状态下，当乡村教师每天穿梭于城乡之间时，以上两种教育认识的冲突就更容易强化。每天虽然工作在乡村学校，但实际上自己是个城镇人，按照城镇的生活模式、工作标准、交往准则来审视乡村教育中的教育教学活动，可能看到更多的是城镇教育模式下所谓的乡村教育的缺点，如规则意识不强、工作效率不高、人际交往的随意性、教育教学规范性不够。而这些所谓的缺点，却同时可以被乡村教师解读为规则应用灵活、低效率可能保护了公平、交往随意性也许强化了情感纽带、教育教学秩序不整齐划一刚好符合乡村孩子素质基础差异大的现实等优点。所以，对很多相同问题的看法，一旦我们转换了立场和视角，就可以得出完全不同甚至相反的结论。总之，工作生活两地化，不利于"城镇的乡村教师"树立稳定的乡村教育观，反倒可能使用"城镇教育思维"去简单地将乡村教育中一些正常的现象归因为一种"问题"或"落后"，这是非常值得警醒而且需要慢慢改变的大问题。如果他们持有这种对乡村和乡村教师的"偏见"，就很难实现"互补化"，很难做到"城乡包容"，更会缺少开发"乡村教育"特殊优势的动力。

二、乡村教师应该具备的特殊素质结构

盐城师范学院坚持教师教育特色，重点面向苏北老区、西部地区和边疆地区，基于研究引领和实践探索，提出了乡村卓越教师素质结构，既要具备一般性的"四有"教师的基本品性，又应该具备特殊性的乡村教师"三维"动力。从这样的素质结构要求来看，乡村卓越教师可能在素质要求上比一般教师还要高，在职业发展和专业成长上，可能还存在自身特殊的逻辑和轨迹。因为，乡村教师除了具备一般的教师素质外，还需要承担很多城镇教师不必承担的职能，如看护、照料、关爱等。而在城镇教育环境下，这些职能由家庭教育和社会教育承担。所以，乡村教师实际上地承担了很多外在于"教育"的职能。

乡村卓越教师应该有什么样的理想信念？

在新时代的社会大背景下，在乡村教育发展当前的矛盾凸显时期，在广大乡村教师的地位、待遇还存在诸多问题时，广大乡村教师仍然需要对乡村教育持有信心，要相信当前的困难一定是阶段性的。党和国家正在努力改善乡村教育的面貌。广大乡村教师作为乡村教育的直接利益相关者，更应该为此做出自己的坚守和努力。所以，对乡村教育理想信念的坚持主体要兼顾"全社会"和"教育圈"，也就是指要包括"全社会"的人，但主要还是教育圈的人。首先，强调理想信念的主体是"全社会"，就是将乡村教育视为全社会的共同任务和目标，就是要秉持乡村教育是全社会的公共产品和共同利益的理念。因为，乡村教育直接关涉到农业现代化、城乡一体化、国家现代化、社会公平正义等全社会共同目标的实现，具有明显的"公益属性"。也可以说，乡村教育办不好就不利于社会的全面发展。其次，强调理想信念的主体要重点考虑"教育圈"，就是将乡村教育视为全体乡村教育人尤其是广大乡村教师的共同任务和目标。因为乡村教育现代化的实现，在全社会共同努力的基础上，主要还是依靠教育系统自身的努力，这是全体乡村教育人义不容辞的责任和目标追求，更是当前中国发展特殊历史时期赋予全体乡村教育人的使命。也只有全体乡村教育人真正将乡村教育的理想信念内化于心、外化于行，才会有助于乡村教育现代化的实现。具体到教育领域，乡村教育理想信念的主体大致包括教育行政人员、学校

校长、学校教师、学生家长等。

乡村卓越教师应该具有怎样的道德情操？

首先，要具备基本的职业道德。乡村教师从事着教书育人的工作，直接面对乡村孩子，他们的职业道德体现在他们的一言一行中。有调查显示："新时期农村教师师德表现出了较高的水平，正是这些有着较高师德素养的教师撑起了农村教育的一片天。他们爱岗敬业，依法执教，对职业负责。在市场经济的强烈冲击下，广大农村教师坚守着心中的净土，在自己热爱的教师岗位上辛勤耕耘着。他们尊重学生，关爱学生，对学生负责。调查显示84.00%的教师能尊重学生的人格，93.60%的教师在学生犯错时能耐心引导，83.00%的教师能认真做好'后进生'的转化工作。他们反思进取，严谨慎独，对自己负责。91.50%的教师教育学生时非常注意自己的行为和态度。"①但是，于各方面的影响，仍表现出了许多的不足：一是家教面前很"彷徨"。二是不尊重学生的现象还时有发生。仍有30.50%的学生认为，个别教师存在体罚或变相体罚现象。一些教师认为，管学生是对学生负责。三是教育观念滞后于学生的发展。现在的中小学生都是伴随信息化、数字化长大的，年龄偏大的教师已显现出了知识及观念的"老化"，与学生有了沟通障碍，如处理网络、早恋等问题，或方法简单或束手无策。四是工作中缺乏开拓进取的精神。一些年龄偏大或专业技术职称到位的教师在工作中出现了"懒惰"现象，安于现状，不思进取，对新课程理念不做深入的探究，墨守成规。②

其次，要具备高尚的个人品德。乡村教师在乡村孩子的成长过程中，对孩子的影响非常重要。和城市的孩子比较而言，乡村教育的家庭教育、社会教育和学校教育这三者之间的地位关系具有很大差别。在乡村教育的场域内，家庭教育和社会教育缺失严重。在一些相对落后的地区，留守儿童多、隔代监护多，孩子回家得不到城镇家庭那样的家庭教育。更没有相当成熟的乡村社会资源，可以供孩子们使用。比如，在城市社区普遍存在的电影院、图书馆、科技馆、少年文化宫、各类孩子拓展实践基地等，在广大乡村社区是缺少的，甚至是没有的。甚至，有不少孩子放学回家，不但是没有接受到优质的家庭和社会教育，反而可能受到家庭困难、家务繁重等其他事情的拖累，连写家庭作业的时间都没有。还有些乡村社区的社会风气不佳，游戏机、麻将馆到处都是，这些不良社会风气会对孩子们的学业和品行造成不良影响。因此，在广大乡村学

---

① 强兆麟，彭学秀：《农村教师师德现状分析及对策研究》，载《天津教育》，2010(5)。

② 强兆麟，彭学秀：《农村教师师德现状分析及对策研究》，载《天津教育》，2010(5)。

校，教师优秀的个人品格，可以成为孩子们学习和模仿的榜样，对孩子树立正确的人生观、世界观和价值观，乃至养成积极向上的学习和生活习惯都具有重要的作用。这种作用一方面表现为引领，孩子们从教师这里能够得到积极向上的教育和影响；另一方面也表现为兜底，孩子们通过教师的教育，还可以尽量远离那些对他们成长不利的场所。

乡村卓越教师该有怎样的仁爱之心？

教育是优化孩子灵魂的专门活动，这也是教师职业高尚之根本所在，教师应该对孩子秉持仁爱之心，这是教师职业的特质。经常面对儿童的中小学教师，尤其是面对乡村社会中的那些弱势儿童的中小学教师更应如此。此处，要探讨的是乡村卓越教师的仁爱之心是否具有特殊性。同城镇教师比较而言，我们认为城镇教师的仁爱之心体现更多的是一般性的教育之爱，而乡村卓越教师除了要体现教育之爱，还要体现家庭之爱、亲情之爱，这是和乡村教师的特殊教育对象有关的。因为在城镇化背景下，出现了很多留守儿童。由于很多乡村学校的小规模化和住宿化，乡村教师的角色日益多样化，教师成了"吃饭管理员""宿舍管理员""安全保障员""放学陪护员""心灵慰藉员"。有些地方政府还经常会安排乡村教师协助行政部门开展各种消防演练、计生宣传、农民培训等工作，使乡村教师唯独不像专门从事教育教学活动的"专业技术人员"了。

乡村教师们需要参加各种会议、填写各种表格、撰写各样总结、学习各种精神、迎接各样检查，很多乡村教师都有一种身心疲惫感，无暇顾及甚至已经失去了专业自主发展的兴趣，因为承担诸多工作任务扮演多种角色的乡村教师被嵌入在诸多层面的复杂关系网络中，况且这些网络的特质或多或少同教师专业自主发展产生了一定冲突，教师的有限工作时间被分割得比较零散，几乎不可能再单独抽出整块的时间去思考专业发展问题。所以，乡村卓越教师除了教书育人，还承担着很多家长和亲人的角色。对于伟大的乡村教师而言，正是以上这些角色的多样化，才能保证孩子们得到基本的照料。然而，竟然有很多人常常忽视乡村教师这种独特的职业微生态，变相指责乡村教师"专业素养不够"。

也有研究者根据师范素质结构的类型特点及高等师范教育的培养特征，指出乡村卓越教师素质结构的内容应具体包括以下六种素质（见表3-1）：一是扎根乡村的角色意识；二是领悟乡村的思辨能力；三是适宜乡村的教育手段；四是感知乡村的表达方式；五是融通乡村的交流风格；六是契合乡村的教学艺术。①

---

① 高涵，周明星：《乡村卓越中职教师师范素质及其养成机制探析》，载《河北师范大学学报（教育科学版）》，2016(2)。

表 3-1　乡村卓越教师素质结构六要素

素质要素	包括内容
扎根乡村的角色意识	乡村意识、乡村情怀、乡村责任
领悟乡村的思辨能力	理解与掌握能力、批判式思维能力、教育研究能力
适宜乡村的教育手段	三字一话、多媒体课件、网络技术
感知乡村的表达方式	一般表达、特殊表达
融通乡村的交流风格	乡里风格、乡俗风格、乡愁风格
契合乡村的教学艺术	教学设计、说课、课堂组织中的乡村性

三、改革目前的乡村教师教育范式

(一)大学阶段该不该直接培养乡村卓越教师

乡村教师素质结构作为一种乡村教师素质的追求和愿景，应做到两个层面的兼顾：一是应兼顾一般教师和乡村教师的素质要求。"四有"品性是新时期一般教师都应该具备的基本素质，任何学段、任何类型、任何机构中的教师都应该有理想信念、有道德情操、有扎实知识、有仁爱之心，这是对教师职业和所有教师提出的要求。二是位兼顾教育发展的总体要求和当前乡村教育的特殊挑战。"四有"品性是针对教育总体而言的，"三维"动力是针对当前阶段乡村教师的焦点问题而言的——下不去、留不住、教不好、长不大，这在当前社会转型和乡村教育转型的发展过程中尤为突出，是特殊时代的特殊问题。如何解决乡村教师下不去、留不住、教不好和长不大的问题，是新时期国家层面的政策议题，更是乡村教育问题破解的瓶颈性因素。

那么，"四有"品性、"三维"动力作为一种乡村卓越教师的素质愿景，对于大学阶段的教师培养设计具有什么样的影响？大学阶段该不该把培养这样的乡村教师作为人才培养的目标定位？从教师教育科学的基本知识内容来看，一名教师成长为卓越教师，当然不仅仅是大学阶段的培养。我们只能说大学阶段的教育影响，可能对其之后成长为一名卓越教师，具有重要的专业性、基础性作用。一名合格的师范生，走出校园之后，会受到各种因素的综合影响。若要成长为一名卓越教师，当然既需要外在的环境影响和制度设计，更需要教师个人的持续努力和不断追求。因此，大学阶段的培养定位是"为其将来成长为卓越教师打下专业基础与内生发展基因"，而不是直接"培养乡村卓越教师"。

(二)大学现有教师教育范式是否利于培养乡村卓越教师

大学的教师教育范式,在总体上是城镇化的,表现为培养目标定位的城镇化、培养内容设置的城镇化、教师选择的城镇化、培养评价的城镇化等方面。首先,大学教师教育专业的培养目标定位中,目前还没有听说哪所大学的教师教育专业,是专门以培养乡村教师作为目标定位的。除了近几年在湖南、安徽、江苏等地开展的乡村教师定向培养计划以外,我们基本是以城市教师为培养目标来设计人才培养方案的。其次,在内容安排上,也主要是一些比较成体系的教育理论课程、学科方向课程,其中单独将"农村教育元素"和"乡土文化资源"等纳入教师教育课程的非常少见。再次,在教师选择上,也很少有高校会聘请高水平的乡村教师、乡村名师,来到大学的课堂为师范类专业的学生上课。最后,在培养评价方面也大多考量的是学生的考试成绩、学生的考研率、考编率等,很少将师范生去乡村当教师,作为一种正面的激励性考核评价指标。

师范类专业的大学生活实际上是一个人为的干预过程,在此过程中,学生所接受的来自课堂内外的各种干预,都是一种教育设计。如果按照刚才的论述,在培养目标定位、教育内容选择、师资力量配备和教育考核评价等方面,都没有把"乡村"视为一种可以选择的资源,纳入整个人才培养过程,那么这样培养出来的大学生,怎么可能具备乡土情怀?怎么可能具备立足乡村学校的发展能力?怎么可能学会关爱乡村儿童呢?

(三)乡村卓越教师教育理想范式的追求方向

第一,树立"乡村教育是新时代中国特色社会主义宝贵教育类型"的理念。中国当前正在以平均每年大约一个百分点的速度处在高速城镇化进程中。1975年,诺瑟姆研究了世界各国的城市化轨迹问题,提出了著名的诺瑟姆曲线,即一条近似拉平的 S 形状的劳吉斯蒂(Logistic)曲线(见图 3-1)。将城市化的趋势分为三个阶段:初期阶段(城市化率 30% 以下)、中期阶段(城市化率 30%~70%)和后期阶段(城市化率 70%~90%)。三个阶段的变化趋势不同。中国当前正处在中期阶段。

中国的城镇化发展已经成为世界性问题。诺贝尔经济学奖获得者约瑟夫·E. 斯蒂格利茨(Joseph E. StigliTZ)曾指出:未来对世界经济起重大影响的两大因素是美国的高技术产业和当代中国的城镇化。2014 年 3 月 16 日,国家颁布《国家新型城镇化规划(2014—2020 年)》(以下简称《规划》)。《规划》的出台对我国现代化发展道路、经济持续健康发展、产业结构转型升级、三农问题解决、区域协调发展和社会全面进步产生了重大影响。与我国传统城镇化发展道路相比,新型城镇化在发展思路上明确提出了"以人的城镇化为核心,有序推进农业转移人口市民化"①。学术层面也有人提出"人的城镇化是新型城镇化的本质"②。在城镇化背景下，有些地区的乡村教育衰败得比较厉害。2012年年底国家出台了专门政策，对过度撤并学校的情况进行了及时扭转。

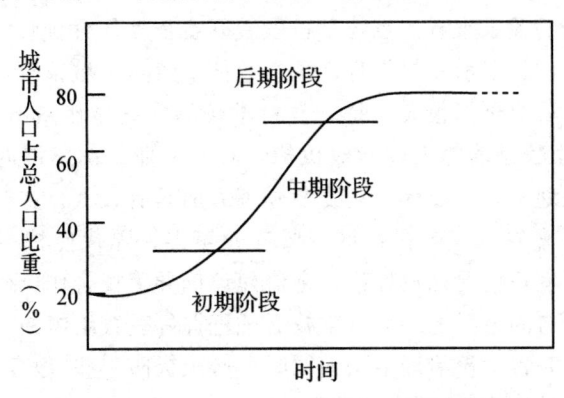

图 3-1　关于城市化发展阶段的诺瑟姆曲线

在世界上任何国家包括中国在内，农业将长期存在，乡村、农民、乡村教育将长期存在。在新时期国家规划的城镇化战略中，乡村也被划分为多种类型，经济型、文化型、旅游型、集约农场型等。多样化的乡村样态、现代田园风光，仍然具有绝对竞争力。尤其是在将来的"逆城镇化潮流"之下，乡村尤其是现代田园式的乡村仍然会是稀缺资源，也可能是很多人趋之若鹜的优质生活空间。那么，在这样的乡村地区，现代优质的乡村教育就显得更为珍贵。因此，必须发展好现代乡村教育这种宝贵的教育类型。

第二，在教师教育过程中深刻挖掘并利用乡村教育元素。乡村儿童身处乡村地区，在自身成长过程中，必然受到乡村自然禀赋和社会环境的综合影响。这些影响潜移默化地形塑了乡村儿童的内心世界，使乡村儿童慢慢建立起独特的认知结构和思维方式，这是乡村儿童从事学习活动的经验基础，也是乡村教师应该把握的重点内容，更是乡村教师选择有效教育教学方法的重要依据。因此，乡村教师必须在把握所有儿童共性特点的基础上，深入挖掘乡村儿童身心发展的独特性，并对这种独特性给予必要的尊重和敬畏，从而进行科学有效的教育教学设计。挖掘乡村元素的思路再次提醒我们，必须在政策设计上、理论研究中和实践变革里，对乡村教育和乡村儿童的特殊性给予足够关注，这是乡

---

① 从逻辑层面和城乡关系来看。主要有 6 类城乡居民类型：城市原有市民（城市市民）、源自农村市民化了的市民（农村市民）、源自农村没有市民化的市民（城市农民）、在农村从事非农业劳动的农民（农村非农民）、从事农业劳动的农民（一般农民）和没有任何工作的农民（无业农民），他们之间总计有 15 种关系样态。

② 肖金成：《人的城镇化：新型城镇化的本质》，载《探索与争鸣》，2013(11)。

村教育现代化目标实现的内生动力基础,也是乡村教育现代化可能凸显特色的重要途径。

现代学校制度背景下的乡村教育自主发展可以从两个层面理解:①从乡村学校与行政部门的关系来看。乡村学校发展既要依据教育行政"支持",也要避免教育行政"控制"。当前乡村教育水平在总体上落后于城镇教育,近些年政府对乡村教育的发展给予了很大支持,乡村学校的发展显然离不开政府的"政策倾斜"。但是,学校是培养人的专业机构,具有专业组织发展的自身规律,学校需要在发展规划、教学设计、制度激励等方面具有较大自主权。②从乡村学校与社区的关系来看。在乡村社区,留守儿童多、隔代监护多、家庭教育缺失、社会风气不良等情况比较普遍,主流建议倡导家校合作、校社合作、多方治理。在多方参与的情况下,乡村学校必须把握好教育组织的"边界",在合理吸纳社区参与、完善学校治理结构的同时,必须提防一些"教育外行"对学校管理、班级管理、学生管理的"指手画脚"。

持有包容的理念来追求乡村教育现代化,城乡教育需要互相理解、互为补充、彼此促进、共同发展、共享成果,就是要尽量避免"共同体思维欺骗性"的发生,让城乡教育关系真正一体化。从生物社会学的视角将这种城乡共同体思维进行"拟人化"表达更为清晰。将一个人比作一个共同体,这个人的一切生物学要素,如跳动的脉搏、心性的感知、每一根毛发等,都构成共同体不可或缺的组成部分。我国的城乡教育关系可以进行如下拟人化表述:①在"城乡二元"阶段,乡村教育和城市教育相对隔离,乡村教育就好比一个人的"衣裤鞋帽",仅仅起到外在的保暖、辅助作用。②在"城乡一体"阶段,乡村教育变成了人的"手脚发肤",转化为人体的组成部分,从"外在辅助"要素,变成了人体"必要组成部分"。从身体器官结构和运行效果来看,"手脚发肤"的功能显然比"衣裤鞋帽"更为直接、密切和高级。但是,这毕竟距离"心、脑、肝、肺"等核心职能还具有较大差距。

第三,必须通过政策设计和引导来扭转当前乡村教育的发展困境。乡村教育困境的改变、乡村教师素质的提升,必须依靠政府的政策引导,这是政府的责任和义务,也是乡村教育发展出路的法理基础,更是乡村教育质量改善的重要途径。政府应该秉持正义的教育行政理念,在把握自身职能定位的基础上,确保乡村教育得到公正对待。我国的城乡教育行政关系在指导理念上走过了"差别对待—均衡发展—城乡一体"的过程:在城乡二元"差别对待"阶段,城镇教育由于政策倾斜获得了发展的第一桶金;在"均衡发展"阶段,强调硬件资源的均衡配置,在"城乡一体"阶段,强调政策设计的统筹考虑。但是,从目前的教育行政管理效果来看,乡村教育仍然在总体上落后于城市。著名政治哲学家约翰·罗尔斯(John Rawls)曾经论述过正义的"差别原则",并提出:"所有的社会价值——自由和机会、收入和财富、自尊的基础——都要平等地分配,除非对其中一种价值或所有价值的一种不平等分配合乎每一个人的利益。"①那么,现在为了弥补我国以往教育行政上的"城乡二元"的差别化安排,就应该在乡村教育领域,采取罗尔斯所说的"不平等地分配"方式(向乡村倾斜),因为这样才"合乎每一个人的利益",这样才符合正义的原则。

法国教育家卢梭(Rousseau)曾说过:"正是在远离首都的地方才能看出一个民族的特性和没有混杂一点外国色彩的地地道道的样子,正如在最大的半径的尖端才能最准确地量出一个弧形的面积一样,我们在边远的省份才最能看出一个政府的好坏。"②我们认为要判断一个政府的教育行政绩效,可以首先审视这个政府的乡村教育行政绩效。因为,乡村教育处在教育系统的末端,是整个教育体系中的短板,已经成为实现教育均衡发展乃至全面建成小康社会的最薄弱环节。如果,乡村教育现代化的速度与水平同城镇教育现代化的速度和水平看齐或逐步缩小差距,我们可以说这个政府的教育行政是有效的,也是符合教育行政伦理的,反之,我们就说这个政府是不符合教育行政伦理的。因此,政府必须秉持正义的理念,对乡村教育的发展给予极大的差别化关照,以体现政府的公共伦理责任。

---

① 约翰·罗尔斯:《正义论》,何怀宏等译,62页,北京,中国社会科学出版社,1988。
② 卢梭:《爱弥儿(下)》,李平沤译,726页,北京,商务印书馆,1978。

第四章　目标重塑：乡村卓越教师培养三维向度

乡村卓越教师专业发展对于提高乡村教育教学质量、加快社会主义新乡村建设乃至构建和谐社会都有着十分重要的现实意义和深远的历史意义。陶行知先生曾经说过："乡村教师怎样才算好呢……他足迹所到的地方，一年能使学校气象生动，二年能使社会信仰教育，三年能使科学农业著效，四年能使村自治告成，五年能使活的教育普及，十年能荒山成林，废人生利。这种教师就是改造乡村生活的灵魂。"[1]"全面考察各种教育受益主体对教育的需要，全面认识教育潜在的价值，全面认识教育的条件，尽可能充分地挖掘和发挥教育的潜在价值，以最大限度地满足个体到不同群体的不尽相同的合理的教育需求，这是教育改革与研究的价值取向的根本。"[2]基于此，乡村教师教育的受益主体可以是国家、社会和个人，这就必然存在一定的利益冲突和价值选择，因此，目标就会不尽相同。但这种多元的目标取向之间并不是完全割裂的，相互之间应该构成一个有机的整体，即"多元一体"[3]，应该是国家和社会发展、教育发展和个人发展相统一。社会对乡村教师教育的价值取向是功效性的，目标不仅仅是培养人才，还肩负着传承乡村文化，服务乡村新农村建设的任务。教育维度基于对当前乡村教育存在的主要问题的清醒认识，构建独特的乡村教师教育目

---

[1] 陶行知：《陶行知文集》，南京，江苏教育出版社，1986。

[2] 廖其发：《论我国教育改革与研究的价值取向》，载《西南大学学报（社会科学版）》，2011(1)。

[3] 叶敬忠、吴惠芳等：《中国乡村教育反思发展主义的视角》，19页，北京，社会科学文献出版社，2015。

标，以期壮大乡村教育本体本身。个人的价值取向较为多元，既有乡村教师个人专业发展所需的全面发展的知识、技能的需求，也有品质的需求。

一、社会维度

教育生态学认为，教育与外部周围环境之间存在本质的、必然的联系。教育与教育生态系统之间有着物质流、能量流和信息流的交换，存在着协同进化的机制。乡村教育不是"孤岛"，也不可能从乡村环境中剥离出来，乡村卓越教师之于乡村的意义在于，打破传统自我发展的封闭凝固格局，以公共知识分子的身份和情怀，转向对乡村儿童、乡村教育、农业和农民发展问题的关注和思考，践行知识分子的历史使命，积极投身乡村教育事业，在促进新乡村建设发展的同时实现与乡村社会元素在共建共享发展中互溶共生。

(一) 乡村卓越教师社会目标的独特性

1. 自我教育、价值引导和生存技能：搭建乡村学生融入乡村的桥梁

乡村教师作为乡村学生成长的引路人和重要他人，为乡村学生搭建融入乡村的桥梁。重要他人(significant others)是心理学和社会学都极为关注的概念，指在个体社会化以及心理人格形成的过程中具有重要意义和影响的人。[①] 越来越多的乡村家长到城市打工，致使乡村留守儿童数量逐年增加，居高不下。在城镇化进程中，乡村教师作为乡村中的知识分子，相比城市教师而言，重要他人的角色对于乡村学生来说显得尤为重要。

一是乡村卓越教师担负着乡村教育的重要使命，是学生知识学习的引导者，是帮助学生解决学习障碍的重要角色；应更新教育教学观念，把重点从"教"转移到"学"，注重培养乡村学生自主学习和自我教育的能力，使乡村学生在自我成长的过程中发挥自我意识和主体作用。

二是乡村卓越教师担负着关爱学生成长，引领乡村学生形成正确的价值观的使命。更重要的是，乡村教师可借服务乡村教育的机会，开乡村社会文明之先进风气，提升整个乡村的生活品位。

三是鼓励学生参加社会实践，紧密联系乡村社会活动，充分进行生活实践，锻炼学生的生存技能，在实践中培养学生综合运用知识的能力，让乡村学生真正领略所学知识所蕴藏的经济价值和改造乡村现状的快乐。培养具有扎实知识和较强服务能力的现代新乡村建设的劳动者，是乡村教师义不容辞的社会责任。

---

① 林崇德，杨治良，黄希庭：《心理学大辞典》，1730 页，上海，上海教育出版社，2004。

2. 行为习惯和养成教育：激发乡村学生的生命潜能

社会是一个结构复杂的动态系统，随着城镇化的迅猛发展，大量青壮年劳动力流向城市，农民工告别乡土社会成为当代激荡的现代化和城市化进程中的一个缩影。据 2010 年第六次全国人口普查资料数据推算，全国有乡村留守儿童 6 102.55 万人，占乡村儿童 37.70%，占全国儿童 21.88%。① 乡村学生疏于监管已成为乡村教育的日常背景，这就必然要求乡村教师在进行学校教育的同时，不能忽视对乡村学生的自主学习和自我能力的培养，从而使乡村儿童在成长的过程中充盈着浓郁的自我成长的意识，激发学生自觉发展的生命潜能。要激发乡村学生的潜能，不仅要传授知识，还要注重乡村孩子的养成教育，培养学生良好的行为习惯，促进学生整体素质的提高和学校的健康发展。

心理学的研究发现，整个中小学阶段是培养行为习惯的关键时期，但这个阶段的乡村学生的自我意识还没有完全发展起来，对周围环境中的是非、善恶、美丑尚不能形成正确的判断和认识。这个时期的学生特别需要身边作为"重要他人"的教师给予判断性和启蒙性的引导和帮助，他们正确的价值观和良好的行为习惯很快就会树立起来，并且这种好的行为习惯会产生长时性的效果。乡村教师通过养成教育使乡村学生能够：在家中会自理、有担当；在学校会学习、能奋进；在社会有教养，懂爱明责。

3. 文明传承者、乡村经济发展的服务者：践行公共知识分子的责任

乡村教育的发展存在于教育生态环境的联系之中，乡村卓越教师在追求个体发展的同时必然会与周围环境发生联系。乡村卓越教师要积极进行形象的自我建构，彻底改变封闭的、离农的生存状态，建立与生态环境相互联系的成长机制，乡村教育既然是乡村的教育，就应该"为农服务"，作为乡村教育重要力量之一的乡村教师，应该为提高农民的素质、农业生产的发展水平、乡村生活的质量提供智力支持。乡村教师是乡村社会的知识者、文化人和政治精英。"在满足社会各方面的发展对教育的需求之中，要特别注重充分满足社会精神文明建设对农村教育的要求。"② 陶行知认为乡村教师应该："第一要有农夫的身手，第二要有科学的头脑，第三要有改造社会的精神。"乡村教师要积极参与乡村建设，努力成为乡村精神文明建设与传播的领袖，在削弱"消费文化""商品文化"的冲击力量的情况下，进行乡土文化的培育和涵养，助力乡村文化的传承与发展。

---

① 李进金，余益兵：《实施"四项计划"做好"三项衔接"协同推进乡村教师人才培养模式创新》，载《中国大学教学》，2016(11)。

② 叶敬忠，吴惠芳等：《中国农村教育反思发展主义的视角》，20 页，北京，社会科学文献出版社，2015。

提升乡村教师的公共精神，承担文化传承责任，是乡村社会健康发展的重要保障。随着乡土社会的变迁，传统的"熟人社会"和乡村所独特的礼治秩序已经式微，而新的社会秩序还没有确立起来。目前乡村的价值观念处于"悬浮"状态。这势必会造成乡村个人行为的调节失范，乡村社会陷入紊乱无序的状态，人们之间纷争增多而无法得到有效的化解。① 乡村卓越教师理应承担起知识分子应有的文化担当，自觉担当传递传统文化、保存地方性知识的角色，重塑作为乡村公共知识分子的角色，为乡村社会的发展做出应有的贡献。

（二）乡村教师教育难以承载之重

1. 城市导向的应试教育，无心承担重要他人之角色

在城市化和现代化的进程中，乡村教育逐渐向"城市教育"靠拢，教育行政部门、校长乃至乡村教师在实践中参照城市教育的标准去设计和发展乡村教育，在教育行动中简单套用"城市教育"的模板，有意无意地模仿"城市教育"，以应试教育为主导的教育价值观弥漫在乡村学校，使乡村教育毫无特色。现代乡村教师的评价模式也与城市无异，受到"唯学历"和"唯论文"评价机制的严重影响，评价主体也不再是乡民而是教育行政部门。"随着国家权力下沉到传统社会难以触及的乡村社区，一个人能否教书、如何评定职称、如何调动工作等都有严格的制度安排，而所有制度安排都与乡村是否同意无关。"②在评价杠杆的指挥调控下，应试教育日益影响到乡村教育，导致乡村教育以城市化的教育目的、学习内容、评价标准为主，乡村教育的教材内容、课程安排、管理体制都城市化，乡村教师不断追求学生考试成绩和学生升学率的提高，学生成长的"重要他人"角色意识模糊，乡村学生厌学逃学、精神贫乏、心灵荒疏、情感窄狭。乡村教师无意于培养学生全面发展，无法体会"乡村少年的健康发展就是乡村教育的根本目标，如何有效地促进每个乡村少年的全面健康发展才是乡村教育的核心与根本问题"。③ 在教学内容以城市为中心的背景下，在应试教育的影响下、受评价考核机制的影响，乡村教师只是单纯地进行知识的传授，无心承担乡村学生成长的引路人和指导者的重要角色。

2. 乡村文化自信的缺失，无意传承乡土文明

中华人民共和国成立以来曾以政治运动的形式强势推进对传统乡村文化

---

① 黄家亮：《当前中国农村社会变迁与基层治理转型新趋势——基于若干地方经验的一个论纲》，载《社会建设》，2015(11)。
② 段会东：《乡村教师文化困境的再思考》，载《上海教育科研》，2011(11)。
③ 孙庆忠：《社会记忆与村落的价值》，载《广西民族大学学报（哲学社会科学版）》，2014(9)。

的改造和重建，这种做法对乡村社会建立自己的文化自信造成了不可逆的影响。另外，在现代性的城乡二元对立模式中，城市文明貌似代表着"先进"，传统的乡村文明被排斥在"现代文明"的视野下。在这种强势的价值观的影响下，乡村教师走向了"现代性"的迷途，不得不放弃了对乡土文化和乡土资源的坚守，乡村教育日益城市化。"在人们的观念中，这些依旧支撑着农业系统的生产和生活知识，被视为与现代化格格不入的落后的废弃之物。那些曾经给乡村人带来灵感、幸福与希望的教育已更换门楣，中小学的教学内容几乎与乡村生活无关。"①传统的文化价值不被认同，被隔离在现代教育之外，传统乡村文化自信缺失成为现代遭遇。钱理群先生在《我的农村教育理念和理想》一文中就对这种现象进行了评论："我们的乡村教育，是与乡村生活无关的教育，是脱离中国农村实际，在某种程度上是脱离了中国基本国情的教育，不考虑农村改造与建设需要的教育，也就是说，农村退出了我们的乡村教育以及整个教育的视野。"在城市文明的强势攻击下，乡村教师文化自信缺失，他们无意传承乡土文化与伦理，缺乏搭建乡村学生融入乡村的桥梁的内在动力。

3. 社会功能弱化，无力参与公共事务

随着乡村教师的国家化和专业化，国家把乡村教师的聘任、管理和考核纳入行政管理，高校毕业的大学生成为当前乡村教师的主要来源，他们主要接受的是系统的学科知识，长期受城市文化的熏陶，并不关心和了解乡村的生产活动和农民的社会生活。另外，教师发展的专业主义强调教师教育教学专业技术的精湛，忽视教师的社会功能和公共责任的培育。乡村教师要想在体制内求生存和发展，就必然受到体制内考评机制的影响，将工作的重心放在学生学业成绩的提高上。对乡村的生产活动的不了解和乡村社会生活知识的缺乏是现在乡村教师社会功能弱化和乡村社会话语权缺失的一个重要原因，乡村学校成了脱离乡土社会的一座孤岛，与乡土社会关联性不强。"乡村教师的专业发展完全局限于主体外部的技术力量设计的范畴之中，乡村教师的责任、权利、义务、意识与行动被局限在与专业性有关的事件上，具有浓烈的强制与规训的意味。"②乡村教师陷入社会身份的认同危机，在当下乡村民俗社会生活世界和乡村各项改革事业中已经很难找寻到乡村教师活跃的身影，他们作为乡村公共知识分子的身份日渐消解。

---

① 孙庆忠：《社会记忆与村落价值》，载《广西民族大学学报（哲学社会科学版）》，2014(9)。

② 唐松林，丁璐：《论乡村教师作为乡村知识分子身份的式微》，载《湖南师范大学教育科学学报》，2013(1)。

(三)促进乡村教师教育的社会目标提升策略

1. 国家制定相关政策，提高乡村卓越教师的积极性

乡村教师个人的主体态度和意愿并非乡村教育"离土""离农"的实质原因，乡村教育与乡村发展两不相干之外的深层原因在于工业化和城市化发展所带来的国家发展重心的转移，城乡二元结构的不断强化和相关制度安排。沈原、元昕、姚晓迅等认为乡村教师处于系统排斥中，从而导致了乡村教师社会地位的边缘化，乡村教师作为城市文化的"卫道士"而陷入困境。如何破解乡村教师社会功能的弱化，让乡村教师在乡村公共事业中发声，为乡村经济建设提供智力支持，积极承担乡村精神文明建设的引路人？制度要给予乡村教师发展以足够的关怀。国家要充分认识到乡村教师在破解乡村发展困境中所发挥着的不可忽视的作用，出台相关政策，通过政策导向作用，为乡村教师开展"为农"活动提供相关制度保障和激励机制。改革乡村教师的考核和评价制度，将为农服务纳入乡村教师的考核指标，适度合理地赋权，引导乡村教师结合乡村实际情况组织教学和研究，积极构建乡村教师成长与"三农"问题的解决互融共生的协同发展机制。

2. 培育乡村卓越教师的公共精神，勇于承担社会责任

目前，乡村教师所处的社会环境较之于以往更加复杂，他们面对现代教育管理制度外在操控和个体自主发展的冲突，身处信息化、现代化、城市化浪潮冲击的最前沿，这些都对乡村教师的自我身份认同产生了影响。应试的评价杠杆和繁重的教学任务，使乡村教师对自身承担的社会责任的具体内容把握不准，疏于对自身角色的定位进行管理，出现了所谓的社会责任认知障碍。但是乡村教师的公共精神不应消退，他们应成为乡村社会的文化导师和改造乡村的发动机。公共精神的承担和自身专业的成长从本质上讲不存在相互矛盾的地方，公共精神的承担为乡村卓越教师的专业发展提供了无限可能的路径，两者应该是相互促进共同生长的。乡村卓越教师要自觉提升关怀和参与乡村建设的意识和勇气，摆脱外在规训的各种束缚，彻底改变工具理性主义所造成的"附庸和他者奴隶"的刻板印象，自主、自为实现从"教书匠"向"公共知识分子"的转变。乡村教师要以自身的内在实力来增强其社会地位的影响。20世纪30年代晏阳初带领数十位大学教授、博士举家迁往贫困地区河北定县(今定州)的翟城村，开始了日后非常出名的"定县试验"。晏阳初在定县扎根10年，兴办了一场轰轰烈烈的堪称平民教育与社会改造壮举的大实验。晏阳初平民教育实验集"学校教育""家庭教育"和"社会教育"于一体，摸索出了一套以教育、生计、卫生、自治为主题的四步方案，提出了治"愚、贫、弱、私"的乡村改革理论。晏阳初的教育实验体现了知识分子应有的担当，其精神鼓励了一代又一代的知识分子。梁漱溟和陶行知都进行了声势浩大的教育改革实验，创造了大量的精

神财富，对乡村教育和乡村社会都做出了贡献。

乡村卓越教师在公共精神的引领下，能够以更加开阔的视野结合当地社会经济文化情况开展反思性和批判性的教育教学，积极促进外来文化与民俗地域文化有机结合，培育学生和村民对乡土的热爱之情，引导他们发现并感受乡村环境与乡村生活中的美好，提高认同感，并在此基础上建立学生的文化自信。

更为重要的是他们是关心并积极参与乡村建设的知识分子，是乡村社会生活的文化导师，努力将学校建设成为当地文化交流、社会活动的中心。

3. 珍视乡土情怀，坚定文化自信，重塑乡村卓越教师的文化传承功能

习近平在2016年的"七一"重要讲话中强调要坚定"四个自信"，而且对"文化自信"加以特别阐释，他指出："文化自信，是更基础、更广泛、更深厚的自信。"乡土文化是引领中华民族伟大复兴，增强社会凝聚力的伟大精神力量之一。"城市化过程中导致乡村消亡，从两元走向一元是城市化发展的必然规律的观点是不能成立的。"[①]乡土文化不会也不应该远离我们的生活。从宏观层面来讲，乡土文化倡导天人合一的自然主义精神，对自然的尊重与和谐相处；践行忠义守信、以和为贵、尊老爱幼、互谅互让等律己律人的道德行为规范等，毫无疑问是社会发展的"稳定器"和培养高尚情操的"助推器"，是中华民族得以繁衍发展的精神寄托和智慧结晶，是中国五千年文明之根，是区别于任何其他文明的唯一特征，有利于保持社会的稳定。都市观光农业和乡村旅游业的勃兴，无不彰显着乡土文化的特殊价值，对净化心灵和提升素养有巨大价值。从个人层面来讲，乡土文化是乡村教师专业发展和灵感启发的源泉，乡土文化对于涵养乡村教师的文化习性，哺育乡村教师的专业成长，彰显不同于"城市教师"的独特魅力方面都起着非常重要的作用。

提高乡村教师对乡土文化的重视，从而形成代际传递效应，在乡村学生中产生乡土文化重要性的共鸣。"乡村生活世界必然地作为乡村教育展开的生活基础，成为乡村少年精神与人格发展的基本背景。一旦乡村少年在学校教育中获得的经验，与其在乡村生活中的经验发生价值取向的背离与阻隔，而两者又缺少必要的沟通与融合，就很可能导致乡村少年成长中的精神危机。"[②]这是激发乡村教师教育社会目标的前提条件。乡村教师不应迷失在现代性的浓雾之中，应关注乡村世界中原本就拥有的东西，慧眼独识乡土资源独特的价值，充分认识、珍视、利用自身的优势教育资源，努力挖掘乡土教育资源、自觉把乡土资源承载的文化和价值进行选择，传播与创新，使乡村学生树立正确的价值

---

① 张孝德：《生态文明视野下中国乡村文明发展命运反思》，载《行政管理改革》，2013(3)。

② 刘铁芳：《重新确立乡村教育的根本目标》，载《探索与争鸣》，2008(5)。

观,开创先进文明之风气。乡土不再是"落后"的代名词,而是独居教育价值的潜在课程资源。通过开发乡土资源,乡村学校会成为城市学校所不能及的特色之校。乡村教师要不断滋养自己的心灵,接收乡村文化,植入其行为习惯和心灵深处。"只有农业、农村甚至'小农'的文化价值、经济价值和政治权利在社会发展过程中得到充分尊重和肯定,中国教育重新找回'失去的农村'以及中国乡村重新找回'失去的教育'才得以可能。"①

乡村文化中蕴含着丰富的知识,正如,布鲁纳后半生倡导的俗民教育学理论所说,"在教育中以当前问题为教材,用文化所能提供的一切装备和社会一切的组织合作方式去对付问题,那才是时间延续和文化整合的教育",因为"教育不是个孤岛,而是文化这块大陆的一部分……教育就是一个文化生活方式最重要的体现,而不只是它的预备"。乡村教师对乡土资源有新的认识后,才能重估乡土资源的价值,并在教育教学的实践过程中,自觉加强对其潜在教育价值的挖掘,使之融入课程教学和学生的学习。

二、教育维度

法国学者西蒙娜·薇依曾指出,"乡村教师的行业应具有独特性,其培养过程不仅是特殊的,而且完全不同于城市的教师"。② 薇依的观点一针见血地指出了乡村教师培养的特殊性。乡村教师的培养一定要在培养内容和培养模式等方面的特殊性上给予现实的关照,以培养高素质的能"下得去、留得住、教得好"的乡村教师,提高乡村教育的质量,促进乡村经济的发展和社会进步。乡村教师教育的教育目标的树立必将建立在对当前乡村教育存在的主要问题的清醒认识上。

(一)乡村教育存在的主要问题

1. 乡村教师教育信念:坚定逊于涣散

随着工业化、城市化进程的加快,大量的农民工涌入城市,进城务工。离土离乡离农成了乡村常态,打工带来的城市中心价值观的冲击,生活方式的改变使农民对家乡对土地的感情逐渐淡薄,"土气"的传统乡土伦理观念受到怀

---

① 饶静,叶敬忠,郭静静:《失去了乡村的中国教育和失去了教育的中国乡村——一个华北区村落的个案观察》,载《中国农业大学学报(社会科学版)》,2015(2)。
② 西蒙娜·薇依:《扎根:人类责任宣言绪论》,徐卫翔译,70页,北京,生活·读书·新知三联书店,2003。

疑。① 乡村的不良社会风气和文化问题日益凸显，乡村原有的文化价值日益消解。乡村教师处在乡村社会变迁的洪流中，在现代、城市化与传统、本土化困境之中产生了严重的价值观冲突。一些乡村学校的学生们还存在着"反学校文化"②：乡村的孩子们看不起自己的老师，抵制权威，由于局限而形成"部分洞察"，他们更容易在观念上确认读书的无用性，这些都在一定程度上造成乡村学生比城市更难教，教师的挫败感强，难以获得成就感。

2. 知识传递的内容：广义知识逊于狭义知识

基础教育阶段是为孩子成长打基础的关键期，乡村学生需要广泛涉猎各类知识——直接的和间接的、自然的和社会的、课堂的和课外的。但是由于乡村教育师资匮乏，无法开齐国家要求的规定科目，乡村基础教育阶段仅存留"主科"，作为"升学的工具"③，紧跟考试的指挥棒，唯应付考试而忽略了实际需要，狭义的应试知识迫使压抑气氛膨胀，课堂失去生机。

另外，由于"教育发展状况往往受制于政治和经济发展状况及其需求水平"④，社会经济文化生活中的"城市取向"很容易被带入乡村教育，乡村教育为农服务的自觉意识差，乡村学校的教育内容严重脱离乡村学生的实际生活，"乡村教师所传授的也和他们接受的知识一样，是一种来自城市的别处文化，是一种与自己生存环境毫无联系的他者知识"⑤。乡村教育促进乡村文化与教育内容融合的功效差，无法给予学生情感上的慰藉，很少传授能在乡村环境中有效发挥作用所需的知识、技能。更无法奢谈引导乡村少年与乡村亲近，引导学生"对以城市化为中心的现代性价值本身的反思与对乡村生存价值理念的合理性的尊重，从而开启树立乡村少年置身乡土社会基本的生存自信"⑥。乡村学生从课程中感觉不到触动心灵的启迪，激荡智慧的力量，远离生活的学习带来更多的是茫然、迷惑甚至是混乱。学生走出校园走向社会之后，学校所学知识与社会生活相距甚远，难以达到学以致用的目的，也不利于乡村学生健全人格的建立，"经过现行招生考试机制的不断筛选，农村学校在为城市输送少量

---

① 任仕君：《论乡村教师与乡土伦理传承》，载《教育研究与实验》，2016(2)。

② 邬志辉：《中国农村教育评论：作为弱者的儿童》，11页，北京，北京师范大学出版社，2015。

③ 黑晓佛：《农村教育价值取向的现实考量》，载《东北农业大学学报(社会科学版)》，2010(5)。

④ 葛新斌：《关于我国农村教育发展路向的再探讨》，载《中国农业大学学报(社会科学版)》，2015(1)。

⑤ 唐松林、刘丹丹：《知识的生命意蕴：兼论乡村教师的知识困境》，载《教师发展研究》，2014(8)。

⑥ 刘铁芳：《重新确立乡村教育的根本目标》，载《探索与争鸣》，2008(5)。

农村优秀学生的同时,亦为农村'制造'了大量失望而无奈、既不热爱乡村又无实际技能的'教育性边缘群体'"①。

3. 知识传递的方式:实践智慧逊于填鸭式

"长期以来,在价值取向上我国农村教育体现了一种明显的'单一应试''泛城市化''唯城市性'和'离农性'。"②目前,乡村教师对课程实施的把握不够,重视教学目标的实现,以课堂教学为主,教学中注重死知识的传授,没有将乡村学生熟悉的文化背景注入课程。教师是课堂的中心,学生围绕教师转,学生的主体地位得不到体现。教师很少结合乡村生产和生活开设校内活动课程,缺乏实践智慧,学生无法成为知识的综合建构者,将课本知识和乡村的文化背景建立联系。

正如弗洛伊德所认为的,人的精神活动的能量来源于本能,本能是推动个体行为的内在动力,乡村学生知识的获得也应该源于个体本能的冲动,并不是被动的机械接受,而是主动建构的过程,具有"生命冲动性质"③。而现实存在于乡村教师头脑中的知识性质则是标准化的、静态的,这种知识与乡村社会相去甚远、远离乡村教师和乡村学生的实际生活。乡村教师在实际的知识传递过程中并不能真正把握知识的主动建构性质,他们所传授的是一种固化的知识,知识的传播方式采取的是简单的灌输方式。这种机械的灌输方式无视学生知识获得方式的自主权,把最具个体活力的本能力量排除在知识传播过程之外。

(二)构建独特的乡村教师教育目标

乡村教师的成长,必然是职前与职后的贯通培养,职前教师的培养应融入职后教师教育的发展体系,针对乡村教育存在的问题,构建独特的乡村教师教育目标。要达到这样的规格要求,乡村教师的专业品性要更高、专业知识要更全面、专业能力要更扎实。

1. 乡村教师教育必须高度关注信念的形成

第一,坚定的教育信念是乡村教师培养最重要的素质。教育信念能够加强教师对乡村教育的热爱,使未来的乡村教师能够吃苦耐劳、无私奉献、爱校乐教,实现忘我工作与心灵自由的统一,迸发思想活力。教育信念与个体的学习、生活经历有直接的关系,具有引导思想和行为的作用,对个体的教育实践

---

① 葛新斌:《关于我国农村教育发展路向的再探讨》,载《中国农业大学学报(社会科学版)》,2015(1)。

② 黑晓佛:《农村教育价值取向的现实考量》,载《东北农业大学学报(社会科学版)》,2010(5)。

③ 唐松林,刘丹丹:《知识的生命意蕴:兼论乡村教师的知识困境》,载《教育发展研究》,2014(8)。

起着深刻的方向性、坚定性和原则性的影响作用。只有未来的乡村教师带着坚定的教育信念从事专业学习和教育实践，才能具有从事乡村基础教育的良好师德、过硬本领、爱教情感，国家也才能培养出下得去、用得上、留得住、干得好的乡村师资。

第二，坚持教育信念培养的长时性原则。培养具有奉献乡村教育事业的从教信念不是一朝一夕的事，从教信念的形成需经过"认知、认可和信奉"三个循序渐进的过程，必须"全员化、全程化、全面化"地进行信念教育，把信念教育贯穿在整个乡村教师的培养过程中。

第三，坚持教育信念培养的针对性原则。不同的活动能够起到不同的作用。一是组成宣讲团，用"红色经典"和"不朽榜样"感染教师，让"奉献精神"走入课堂、进入脑子、深入校园，帮助其树立"奉献为先"的从教理念。二是以开展教师教育系列讲座，请专家学者、知名校友和乡村优秀教师开设经验交流讲座等方式，配合乡村教师培养课程体系中的教师道德与教育情意养成模块组织各类活动，用身边人与身边事感化学生，使其树立"艰苦奋斗"的从教理念。三是开展教学技能竞赛、教育演讲、送教等特色活动，让教师体会到扎根乡村、服务乡村的自豪感与使命感，帮助其树立"立志服务乡村"的从教理念。四是改革评价机制，加大对从教信念养成的考察。设立"优良师德"加分制，通过访谈、见实习反馈等方式，对教师的从教信念进行量化考察，动态引导，最终使之具备特质。

第四，坚持教育信念培养的实践性原则。教育信念的培养跟知识的学习不同，强调在相应的情境中对教育观念和教育理想的内化，具有内隐性的特点。建设典型乡村基础教育实践基地，鼓励未来的乡村教师深入广大的乡村学校，利用所学的知识进行教学，在日常教学行为、教育实践等具体情境中边实践、边思考，从而加强其教育信念的坚定性。

2. 乡村教师教育必须提供广泛的知识基础

一是乡村教师应具有丰富的学科知识。乡村教师的学科知识包括所教学科的知识体系、基本思想和方法，所教学科内容的基本知识、基本原理与技能，所教学科与社会实践的联系，所教学科与其他学科的联系等方面。乡村教师对学科知识的认知程度，还包括对学科知识的综合应用程度。另外，根据"乡村小学和教学点比较分散、编制有限、学生人数不多，学校不可能配备齐全的专业教师"的实际情况，乡村教育对师资水平更高的要求是教师具有跨学科教学的能力，即"全科教师"，能适应乡村多学科教学的实际需要，这就要求乡村教师具有跨学科的素养。具有全科教师素养的乡村教师，不仅能够承担学校教育，同时还能够开展家庭教育和社会教育。

二是地方性知识应为乡村教师知识结构中不可或缺的一部分。乡村教师必须具备极具乡土特色的地方性知识，原因如下：第一，乡村教育在培养乡村建设的主体上起着重要的作用,地方性知识有助于提高乡村学生的生存技能、能力与自信,增强学生运用知识服务乡村社会经济的能力;第三,乡村教师通过地方性知识的传授和教学,可以改变"学校内缺乏社会理想,一种不直接与周围生活以及通常获得国家新生的必要条件相联系的抽象教育"①的状况;第三,地方性知识是乡村教师专业素质的重要组成部分,是乡村教师获得专业话语权,建立专业自信的重要来源。

三是全国性知识乃至全球性知识也是乡村教师知识结构中非常重要的一部分。乡村教育不是孤岛,而是置身现代化的大背景下,乡村教育的核心即"培育乡村少年对乡村社会良好的情感依恋与乡村生活的基本自信;又不拘泥乡土,有开阔的胸襟,能积极迎接外来文明的冲击,从而给他们的生存敞开一种开阔而健康的空间"②。因此,全国性知识乃至全球性知识就成为乡村教师知识结构中重要的一部分。只有乡村教师自身对地方性知识、全国性知识及全球性知识形成了正确的认识,才能引导乡村少年对外来知识和文化的主动适应。

3. 乡村教师教育必须高度关注充盈的实践智慧

一是乡村教师除了肩负乡村人才培养的任务外,还承担着乡村文化传播和引领的功能。乡村教师之于乡土的意义应该是引导、构建、扶植乡村文化,引领乡村社会健康积极的文化生活。

二是乡村教师要积极参与社会主义新乡村建设,参与乡村决策,开发乡村人力资源,培育乡村教师的公共精神。乡村教师在乡村文化惠民工程的建设与推进过程中发挥着积极作用,在构建社会主义和谐文化中起着不可估量的作用。

三是乡村教师还要引导乡村学生积极参与乡村社会实践,引领学生与乡土文化的融合。因为"真正的自由是主体实践的产物,是人们行动的结果。因此,教育在努力提升个体理性认识能力的同时,还必须致力于培养年青一代的实践能力"③。

三、个人维度

(一)乡村教师成长受限

与城市教师相比,乡村教师的成长和发展的历程呈现出独特的异质性。乡

---

① 黑晓佛:《农村教育价值取向的现实考量》,载《东北农业大学学报(社会科学版)》,2010(5)。

② 刘铁芳:《重新确立乡村教育的根本目标》,载《探索与争鸣》,2008(5)。

③ 刘铁芳:《重新确立乡村教育的根本目标》,载《探索与争鸣》,2008(5)。

村教师的异质性是指与城市的教师相比，乡村教师在生存环境、教学环境、教育对象、知识结构和专业身份等方面，存在着明显的特殊性和较大的差异，散发着浓郁的乡土特色。然而，被"安排"的同质化的教师个人成长之路不仅使乡村教师的能力素质不适应农村经济与社会生活的需要，而且会加剧乡村教师的信任危机和专业认同危机，从而不利于乡村教育的发展。乡村教师的个人成长之路，如果不考虑其与城市教师相比所具有的异质性，一味追求发展的同质化，则会强化乡村教师成长的边缘化和卑微感，使他们在专业发展的道路上屡屡失败。

1. 乡村教师不熟悉乡村社会独特的场域

乡村教师的专业发展是专业性和公共性相互融合的过程，乡村教师的专业发展不仅仅是自身专业得到发展，更重要的是公共身份的承担，融入乡土社会，充当文化传递的责任，肩负服务新乡村建设的使命，在与农村社会相互融合的过程中完成自身的专业发展。而目前的乡村教师个人目标发展还存在以下问题。

传统的乡土社会以农业为基，人与人之间非常熟悉。乡土社会重血缘、亲缘、姻缘，他们的关系主要是在"父子、夫妻、乡里邻居"等血缘、亲缘、姻缘关系中建构起来的，要乡村人更看重伦理，而不是个体的主观能动性。敬天地，忠社稷，孝父母，和夫妻，友兄弟，信朋友，笃亲族，睦相邻是传统乡土伦理的具体体现。正如罗伯特·埃杰顿所说："乡间社会的特点就是道义和情感义务、人与人之间亲密无间、社会凝聚和持久的连续性。这都是乡间社会的特点，而人们转向城市生活以后就不复存在了。"[1]

伴随着中国城市化进程的加快，大量的农民工涌入城市，进城务工。"离土离乡离农成了农村常态，打工带来的城市中心价值观的冲击、生活方式的改变使农民对家乡对土地的感情逐渐淡薄，'土气'的传统乡土伦理观念受到怀疑。"[2]乡村的不良社会风气和文化问题日益凸显，理论关系日益消解。乡村教师处在乡村社会变迁的洪流中，在现代、城市化与传统、本土化困境之中产生了严重的价值观冲突。

以往的乡村教师大多出生在其所在的县（区），绝大多数是"民转公"的教师，他们土生土长，半教半农，熟悉家乡、热爱家乡，对乡村有着近乎本能的热爱。这些乡村教师在乡村公共事务中充当着领路人、指挥者的角色，他们在

---

[1] 罗伯特·埃杰顿：《传统信念与习俗：是否一些比另一些好？》，塞缪尔·亨廷顿，劳伦斯·哈里森：《文化的重要作用——价值观如何影响人类进步》，程克雄译，北京，新华出版社，2002。

[2] 任仕君：《论乡村教师与乡土伦理传承》，载《教育研究与实验》，2016(2)。

维护乡村秩序和调节人际关系中发挥着重要的作用,在村民中具有极高的声誉。而当前从高校毕业的大学生,不熟悉乡村社会独特的场域,不熟悉乡村的生产活动和农民社会,缺乏相应的知识,他们的专业发展之路将尤为艰难。

2. "城市化"取向的教师专业发展模式形成的路径依赖

乡村教师个人发展支持体系的"城市化"取向的路径依赖,是造成乡村教师发展缓慢的一个重要原因。"路径依赖是指人们一旦选择了某个体制,由于规模经济(economies of scale)、学习效应(learning effect)、协调效应(coordination effect)、适应性预期(adaptive effect)以及既得利益约束等因素的存在,会导致该体制沿着既定的方向不断得以自我强化。一旦人们做了某种选择,就好比走上了一条不归之路,惯性的力量会使这一选择不断自我强化,并让你轻易走不出去。"①路径依赖理论不仅用来解释经济制度的演进,而且常常用来解释社会科学中的现象。当前我国教师专业发展支持体系中也存在着"路径依赖"的现象,乡村教师和城市教师专业发展的支持体系中存在着"同质化倾向"和"城市取向",乡村教师个人发展的支持体系中产生了"路径依赖",呈现出"城市化"取向的特点,这是导致乡村教师教育教学能力欠缺的另外一个重要原因。现在的乡村教师的专业发展的支持体系是以城市文化和城市教育为中心的,并不仔细分析乡村教师和城市教师的不同之处,不能提供针对性的服务。很多地方在为乡村教师专业发展提供支持时,会多邀请一些博士、教授开展乡村教师专业培训,这些授课者视野开阔,偏向于理论研究,有较强的逻辑思维能力。但他们对乡村教育现状、课堂教学的问题、乡村课程变革的动向及乡村教师不同于城市教师的独特需求并不十分了解,很多时候他们所提供的服务和课程辅导不符合乡村教师的口味。这种缺乏针对性的教师专业发展培训,不是在乡村教师最需要的时间、最需要帮助的维度,提供的最恰当的帮助,外部支持与乡村教师个体需求不匹配,因此,并不能激发乡村教师借助外力谋求发展的积极性和主动性。这种专业支持客观上致使乡村教师的参与度低下,支持效果大打折扣。

(二)乡村教师个人发展的理论源泉

1. 奥苏伯尔的动机理论

奥苏伯尔认为,个体的成就动机由认知内驱力、自我提高内驱力和附属内驱力组成。认知内驱力是把认知作为目标,指向学习任务本身的动机,多是从好奇与探索的愿望、领会与应付环境的要求等有关的心理倾向中产生出来的,是一种稳定的内部动机。自我提高的内驱力是个体因为自己的胜任能力或工作

---

① https://baike.baidu.com/item/路径依赖/7225234? fr=aladdin, 2018-04-17.

能力而赢得相应地位和自尊的需要,这是一种外部动机,与今后的职业生涯存在密切关系。附属内驱力是指一个人为了得到某个人的称赞或认可而把学习和工作做好的动机,是一种外部动机,随年龄增加而减弱。

根据奥苏伯尔的动机理论,我们可以得出乡村教师的发展主要依靠激发其内在的认知内驱力和自我提高的内驱力。提升乡村教师的抱负水平,增加乡村教师工作的努力程度与战胜困难的信心,激发乡村教师发展的内在情感力量,从而提升成就动机中的认知内驱力水平。自我提高的内驱力可以通过建立公平竞争机制、适度开展各种教学比赛、鼓励适度竞争、给教师展示自我的机会、增强成功的体验与工作认同感、调动其工作的自主积极性、帮助乡村教师实现个人价值和社会价值,激发教师的成就欲望。

2. 自由理论

自由是指人们在私人和公共生活领域中自主地思考和采取行动的一种权利或状态。① 自由的核心就是自主,包括免于受强迫,自由是人类的本性和基本权利,自由是人类追求的永恒话题,我们应该全力捍卫自由,因为自由是幸福、尊严的基础和源头。罗素曾经说过:"尽管死亡是自然控制力的记号和标志,但人类仍然是自由的。人在他稍纵即逝的有生之间,去审视、批判、认知,并且在幻想中去创造。在他所知道的世界中,这种自由属他所有,他优越于他的外在生活的不可抗拒力量。"②"从根本上来说,教育之于人并不仅仅具有工具和手段的意义,而是人的自由解放不可或缺的内在环节。"③

乡村教师,作为独立的思考者,有其独特的思想,拥有生存和发展的自由。在乡村教师发展的各种力量当中,我们不应忽视乡村教师追求自由发展的力量。尊重这种近乎本能的力量,就会相信乡村教师有自我发展的能力和自由,会突破各种外在的不合理制度和力量的约束,激发出生命发展的内在力量。

(三)乡村教师个人目标维度提升策略

1. 乡村教师要有自我专业发展意识

主动发展是乡村教师应有的特性。主动发展是发展意识的唤醒。这里有两个关键词:一是意识,二是唤醒。意识是人的能量来源,人的意识蕴含着巨大能量。人的意识有待于唤醒,而唤醒就是一种发展,正如联合国教科文组织指出的,"发展越来越被看作一种唤醒的过程,一个激发社会大多数成员创造性

---

① 石中英:《教育哲学》,195 页,北京,北京师范大学出版社,2013。
② 转引自石中英:《教育哲学》,197 页,北京,北京师范大学出版社,2013。
③ 王燕:《自由:教育的伦理之维》,载《教育研究》,2007(11)。

力量的过程，一个释放社会大多数成员个体作用的过程，而不是被看成一个由规划者和学者从外部解决问题的过程"。乡村教师不能被发展，他们只能在实现精神自治的基础上，为自己制定合理的专业发展目标，并在此基础上走上"内生型"的专业发展道路，通过增进知识和能力，通过全方面地参与他所在的生活而获得发展。唤醒乡村教师的自我专业发展意识，对乡村教师有及其重要的意义。首先，乡村教师有了自我专业发展的意识，就会主动寻求自身发展的策略和方法，从被动变为主动，不失时机地捕捉各种发展机遇，强化自身的教育教学能力。其次，乡村教师的自我专业发展意识有利于对乡村教育的坚守，有利于强化责任意识。乡村教师只有在主动发展的基础上，深入剖析自我，沉静并且能够全面分析自我专业发展的优势和劣势，以及在外界发展环境的基础上确立自己的教育哲学，才能穿过喧嚣的天空，穿过功利纷争的灵魂，坚守教育信念，承担培养乡村学生、传承乡村文化、促进农村发展的天然使命。

2. 乡村教师要走个性化发展之路

目前，乡村教师和城市教师的专业发展模式大有趋同之势。正如库恩所说，范式具有标准的含义，强调统一、趋同与普遍。趋同的一个重要原因是，由于政治霸权造成了知识霸权，乡土性知识长期居于知识王国的底层，其合法性被长期剥夺，不受人们重视。随着现代化进程的加快和教育评价指挥棒的作用，乡村学校成为传递现代知识和城市中心文化的场所。在这种情况下，乡村教师不断追求以城市化为标准的教育路线，其发展与城市教师相比呈现出趋同化的现象。另外，以往教师的专业发展模式主要是"外源型"发展，这种模式依靠自上而下的外力推动，使教师专业发展缺乏活力，抑制着教师专业发展的自主性。

但范式也同时蕴含着转换的变革力量。"标准化范式有违教师发展的多样性特征。事实上，教师专业发展的前提乃是尊重每一个教师的真实存在。"[1]尊重乡村教师的个性化发展，是其自由意志的体现，避免与城市教师发展的趋同化和同质化。乡村教育与城市教育，两者之间有着截然不同的差别，乡村教育复杂而特殊，乡村教师对乡村教育最熟悉，最有发言权，这也为乡村教师的个性化发展提供了可能性。乡村教师追求个性化的发展是一个探索的过程，也是一个立足乡村教师个人实践，立足乡村学校实践，强化专业发展的自觉性、自主性和能动性，以更积极的姿态，走别人没有走过的路的过程。

3. 乡村教师发展要树立责任意识

乡村教师的自我专业发展意识意味着责任的回归。乡村教师的专业发展与

---

[1] 葛孝忆:《农村教师专业发展范式转换——"地方性知识"的视角》，载《中国教育学刊》，2012(3)。

乡土社会紧密相连，要身体力行使乡村学校成为乡村社会生活的中心，成为农民们关注的焦点。乡村教师的责任可以从以下几个层面来理解：一是乡村教师承担着提升学生个体生命质量的责任。乡村教师要热爱学生，充分尊重学生，关心每一名学生，了解并理解他们，致力于提高每一名学生的生命质量，形成和谐的师生关系，获得学生的认可，体验教师职业的成就感。二是乡村教师是乡土文化和现代文明在乡村的传播者，是乡村生活中的知识者、文化人和政治精英。要发挥乡村教师在乡村发展中的知识核心作用，以乡村学校为中心，塑造一个新的农村精神，开阔村民的文化视野，陶冶情操，努力构建以乡村教师为主导的村落文化型共同体，维系乡村道德秩序、保存文明火种、维护乡村稳定的精神家园。三是乡村教师承担着服务新乡村经济建设的责任。乡村教师要努力让村民获得知识和技能，撬动乡村产业结构，指导村民形成特色产业。

第五章 实践探索：地方师院乡村教师培养范式重构

一、乡村教师培养范式重构的必要性分析

党和国家高度重视乡村教育，出台了大量的乡村教育政策。在国家教育政策的引导下，各级省级政府及教育厅结合本地区的社会发展和教育发展的实际情况，制定了一系列的本土化的教育政策。在此背景下，乡村教育的发展受到更多的关注和重视，有关乡村教育的政策建设也不断加强。

从 2004 年起，中央一号文件连续 14 年关注"三农"问题，把解决乡村问题作为事业发展的首要责任，并且十分关注乡村教育问题。一号文件为解决乡村教育问题及乡村政策的出台和落实提供了良好的政策环境。

2013 年中共中央办公厅、国务院办公厅印发《关于创新机制扎实推进农村扶贫开发工作的意见》（以下简称《意见》）的通知，《意见》把教育扶贫作为一项重要的举措，并对教育扶贫做了具体要求：继续推进面向贫困地区定向招生专项计划和支援中西部地区招生协作计划的实施，不断增加贫困地区学生接受优质高等教育的机会。

2014 年，习近平总书记号召全国教师做有理想信念、有道德情操、有扎实学识、有仁爱之心的"四有"好教师。同年 12 月，国务院办公厅发布了《国家贫困地区儿童发展规划（2014—2020 年）》，在儿童保障中提出：明确各地巩固义务教育目标，将义务教育控辍保学责任分解落实到地方各级政府、有关部门和学校，并作为教育督导的重点内容。推动各地制定义务教育阶段学校标准化的时间表、路线图，解决农村义务教

育中寄宿条件不足、大班额、上学交通困难、基本教学仪器和图书不达标等突出问题。支持各地制定实施贫困地区教师队伍建设规划，统筹教师聘任（聘用）制度改革、农村义务教育学校教师特设岗位计划、中小学教师国家级培训计划、教师合理流动、对口支援等政策，系统解决贫困地区合格教师缺乏问题。

2015年4月1日，习近平总书记主持召开的中央深改组第十一次会议，会议指出：到2020年全面建成小康社会、基本实现教育现代化，重点在乡村，关键在教师。全国各地330万位乡村教师影响着4 032万名乡村学生，乡村教师队伍的质量是乡村教育的质量保障。2015年6月，国务院办公厅印发《乡村教师支持计划（2015—2020年）》，指明了发展乡村教育和乡村教师队伍建设的重要意义：发展乡村教育，帮助乡村孩子学习成才，阻止贫困现象代际传递，是功在当代、利在千秋的大事。发展乡村教育，教师是关键，必须把乡村教师队伍建设摆在优先发展的战略地位。《乡村教师支持计划（2015—2020年）》还围绕着"下得去""留得住"和"教得好"的目标提出了八项举措全面加强乡村教师队伍建设。

2017年，江苏省政府1号文件要求"持续推进乡村教师定向培养工作"，对乡村教师给予全方位的特殊支持，显示了国家和我省底部攻坚、拉长短板的坚强决心。在此形势下，如何培养乡村教师是当前面临的重要课题。

地方师范院校地域性特征是直接为地方基础教育服务的，而且主要是为地方乡村基础教育服务的，其首要任务就是为地方基础教育培养高质量的师资。作为地方师范院校，我校不仅主动服务地方基础教育，着力提高职前教师的培养质量，而且重视对地方基础教育的研究，发挥江苏高校哲学社会科学重点研究基地——江苏农村教育发展研究中心的优势，与地方基础教育建立密切的"共生共长"的关系，增强师资培养的实效性和针对性，在双方共赢的基础上，实现地方师范院校的可持续发展。在明确职责的基础上，依据国家基础教育改革发展的要求和学校所在地乃至周边地区经济社会发展的实际需要，自觉坚持面向地方乡村办学，厘清为乡村基础教育服务的办学思路，在教育教学实践中充分彰显服务地方基础教育的功能。

二、乡村教师培养范式的重构

作为地方师范院校，盐城师范学院积极拥护国家重大举措，高度重视乡村教师的培养工作，主动服务国家战略需求，发挥区域优势和办学特色，积极探索乡村教师人才培养模式创新，服务乡村基础教育。从1999年本科招生开始，盐城师范学院就以培养面向乡村的合格教师为己任。2007年起，江苏省教育厅批准在盐城师范学院成立农村教育研究所，开启以研究引领师范专业教育教学改革的新时代，紧接着以培养卓越乡村教师为目标，进行了长达10年的探索。2014年，盐城师范学院创建高校—地方政府—社会—中小学（UGCs）教师教育联盟、加入淮海经济区乡村卓越教师教育联盟，面向苏北老区和西部乃至边疆乡村服务，以"专业化、一体化"教师教育理念为指导，基于研究引领和实践探索，构建乡村卓越教师教育体系，此体系以"师德浸润""实践增能""协同培养"为特征。

"师德浸润"是指乡村师范生在乡村的环境中浸润师德，在校园文化中引领师德，在实践活动中凝聚师德，在关爱儿童中升华师德，让师德成为有源之水，有木之本。"实践增能"是指在乡村师范生培养方案中设置足量的教育实践课程，以教育见习、实习和研习为主要模块，构建包括师德体验、教学实践、班级管理实践、教研实践等全方位的教育实践内容体系，采取观摩见习、模拟教学、专项技能训练、集中实习等多种形式，丰富师范生的教育实践体验，提升教育实践效果，逐步形成良好的师德素养和职业认同，更好地理解教育教学专业知识，掌握必要的教育教学设计与实施、班级管理与学生指导等能力，为从事现代中小学教育教学工作和持续的专业发展奠定扎实的基础。"协同培养"是指"高校—地方政府—乡村中小学"为培养合作共同体，以"协同培养、合作共赢"为目标，以"目标驱动、高校引领、走向卓越"为特征，构建"职前培养、入职教育和职后培训一体化"的乡村卓越教师协同培养机制，实现"校—地—校"优势互补、资源共享、联动发展。

乡村教师教育新体系主要致力于解决乡村教师培养过程中的如下问题。

一是乡村教师乡土情怀生成深植难问题：师范生因不能正视、认同、融入"乡土文化"，不能理解、悦纳、热爱乡村儿童，因而不愿到乡村工作。

二是师范教育设计与乡村教育脱节问题：教师教育目标缺少乡村指向，教师教育内容设计的乡土元素不足，师范生实践基地缺少乡村学校，乡村教师职后发展条件不足。比如，资源不能共享、专业支持不能持久；各方合作、协同不足；培养、管理、培训不能从问题与需求出发，使教师失去乡村教育的热情，最终"留不住"。

三是师范生的乡村教学实施能力弱的问题：缺少衔接的职前培养与职后培训课程体系、缺少融合的理论学习与实践演练课程实施方式、缺少协同的培养主体，使乡村教师教学实践能力难以提升，专业发展缺少内生动力，因而"教不好"。

经过长期的探索与实践，我们发现教师专业发展需要多方力量的努力，形成一个多元匹配的良性体系。这一体系依据乡村教师专业发展的实际情况，剖析存在的问题，提出应对策略，最大限度地拓展教师专业发展路径。经过十年探索，取得的理论与实践成果，为破解长期困扰乡村学校的教师"下不去、教不好、留不住"的难题，和乡村教师职前、入职、职后培养、培训课程割裂，乡村教师专业发展内在动力与外在专业支撑不足等困境，探索出一条具有针对性的特色之路，培养了一批又一批"下得去，留得住，教得好，走得远"的乡村卓越教师。这不仅促进了以乡村生源为主的师范院校教师教育质量和教育研究水平的提高，更对苏北乃至西部乡村教师专业能力的提高起到了巨大作用，得到了教育部、教育厅相关领导和省内外同行的高度评价与效仿。

(一)指导思想和基本理念：以师德为先、协同培养、实践导向为主要特征

1. 乡村教师培养的指导思想

乡村教师队伍的整体素质，决定着乡村教育的质量。加强乡村教师的培养是促进城乡教育均衡发展、缩小城乡差距的关键举措：建立高校、地方政府、中小学的"三位一体"协同培养新机制，积极推动教师教育的改革与创新；建立以培养乡村教师为导向的教师教育课程体系，突出以乡村教师教育教学实践为导向的教师教育课程内容改革，促进以乡村教师班学生需要为中心的人才培养方式方法的变革，将实践教学贯穿于乡村教师培养的全过程；整合和优化学校内部和兼职的教师队伍，与中小学、教研机构、教育行政部门积极探索协同教研、双向互聘、岗位互换等乡村师资队伍建设的新机制，建立乡村师资队伍共同体；探索和建立科学的乡村教师培养的评价体系，努力提高乡村教师培养的质量；以乡村教师培养作为高师院校教育改革的切入口，不断完善学校教师教育体系，努力提升学校整体的教师教育质量和水平。

2. 乡村教师培养的基本理念

分类推进乡村教师培养的模式改革，建立"三位一体"的协同培养乡村教师的新机制，基本思路如下。

一是高度重视乡村教师的培养工作，统一认识，明确目标，定向实施，精准发力，将乡村教师培养工作作为促进学校事业发展、彰显学校办学特色的重要举措，推进整个学校教师教育的改革，通过乡村教师培养探索解决好"培养什么人、怎样培养人"的人才培养的大问题。

二是坚持德育为先、能力为重、全面发展的乡村教师培养方向。坚持立德树人，在社会主义核心价值观的引领下，强化师德养成和乡村情怀教育，引导和教育学生做一名热爱家乡、甘于奉献的乡村教师。

三是强化乡村教师人才培养的定位，确保乡村教师的人才培养质量。全面总结学校教师教育工作的实践。总结学校在教师教育培养过程中已经取得的经验，反思教师教育培养实践中存在的突出问题。不断深化教育教学改革，强化质量意识，加强专业建设和教学管理，推进信息技术与教育教学深度融合，探

索乡村教师定向培养的特点和规律。

四是深入研究《国务院办公厅关于印发乡村教师支持计划(2015—2020年)的通知》及《江苏省乡村教师支持计划实施办法(2015—2020年)》提出的目标和要求。明确高师院校乡村教师培养的具体操作性规格、标准，构建科学合理的乡村教师培养的考核和激励机制。

五是实施以教育教学实践能力培养为重点的乡村教师培养目标。建立高校与地方政府、中小学协同实施实践教学的新机制，培养一大批师德高尚、专业基础扎实、教育教学能力和自我发展能力突出的高素质专业化的乡村教师。

六是深化课程内容改革，加强课程资源开发，建立课程内容和课程资源的改进更新机制，建设一批符合乡村教师培养实际的校本课程和校本资源。分类建设通识教育、学科基础、教师教育、技能训练与实践等课程模块。加强通识课程建设，提高乡村教师班学生的人文情怀、科学素养、审美情趣和思辨能力。

七是制定和执行盐城师范学院乡村教师培养的实践操作方案。落实《教师教育课程标准(试行)》，打破教育学、心理学、学科教学论"老三门"的课程结构体系，开设模块化、选择性和实践性的教师教育课程。紧密结合乡村教育教学实践，全面改革教师教育课程内容。将学科前沿知识、课程改革和教育研究最新成果充实到教学内容中，及时吸收儿童研究、学习科学、心理科学、信息技术的新成果。推进以"自主、合作、探究"为主要特征的研究型教学改革，着力提升乡村初中教师培养对象的学习能力、实践能力和创新能力。建立标准化的教育实践规范，实行高校教师和中小学教师共同指导乡村教师班学生的"双导师制"。

八是引入政府、社会、中小学对乡村教师培养的评价机制。结合本校未来中小学师资培养实际制定乡村教师培养标准，试行乡村教师培养质量年度报告制度。引入地方政府、教育行政部门、中小学对乡村教师培养效果的评价，必要时还需引入社会相关机构的评价，根据来自多个方面的评价意见不断调整学校的专业设置和课程教学，增强乡村教师培养对象对一线教育教学的适应性和针对性。

九是完善组织机构，加强组织保障，成立由分管校长为主任，各相关部门、二及学院领导为成员的学校乡村教师培养工作委员会，统筹推进乡村教师培养各项工作的落实。同时，各相关二级学院也成立相应组织机构，全面负责乡村教师的培养工作。

十是推进全校的教师教育教学改革和发展。把学校在乡村教师培养的实践中所积累的经验和做法，推广到整体的师范生教育培养的实践中去，促进在校所有师范生的全面发展，实现创新高师院校人才培养机制，促进高师院校办出鲜明的特色。

(二)目标定位：指向新时期乡村卓越教师必备的核心素养

2014年习近平总书记用"四有"定义了"好教师"标准。2015年国务院《乡村教师支持计划（2015—2020年）》对乡村教师提出了"下得去、留得住、教得好"要求。2016年江苏省政府1号文提出"持续推进乡村教师定向培养工作"。盐城师范学院基于长期的乡村教育研究引领，历经多年的乡村教育实践探索，将"立德树人"的社会需求，乡村教育本质、目标、过程、教师的专业发展特点等复杂的理论问题，凝练转化为简单明了的"四有"品性和"三维"动力。这既清晰地勾勒出乡村教师的核心素养，又揭示了面向乡村的教师教育理念与目标。

(三)开发人文关怀、文化浸润、能力生成系列课程

系列课程紧扣"基础理论＋基础知识＋基本技能""通用能力＋核心能力＋研究能力""有奉献精神＋有专业视野＋有创新意识"目标，以乡村教育实证调研为依据，借鉴国外乡村教育理论，以人文关怀、文化浸润、能力生成为主线，开发了孕育乡村教师职业情怀、融入地域与学校精神文化、关注乡村儿童探究经验等凸显乡村教育特殊性的系列课程。课程以人文关怀、文化浸润、能力生成为主线，将乡村教师教育课程整合为三大模块，并贯穿于职前、职后各阶段，培育乡村教师"四有"品性和"三维"动力。

第一，开设教师道德与教育情意养成模块课程。开发地方课程资源，构建"铁军精神铸师魂""煮海为盐育师心""信仰之光耀师行"等系列课程，将地域精神、校本文化如"铁军精神""王强精神"等融入基础课程内容，培育职业信念。开展活动课程：一是以班级为主体，召开"养成良好习惯，提升文明素养"主题班会；二是学习和实践《公民道德建设实施纲要》《大学生守则》《中小学教师职业道德规范》；三是举办《公民道德建设实施纲要》《大学生守则》《中小学教师职业道德规范》知识竞赛；四是观看教育影片，如《冯志远》《美丽的大脚》《我的教师生涯》《一个也不能少》《凤凰琴》《乡村女教师》等，撰写读后感并适时进行交流；五是请2～3位中小学优秀班主任或知名校友为乡村教师班学员做"我的教师生涯""爱的教育""在研究性学习中实现"等专场报告，分享他们从教的心得体会，从教学态度、教学方法、学习方法上为学员提供宝贵经验。

第二，构建乡村教师教育特色课程体系。以乡村教育的实证调研、乡村儿童的学习经验、乡村教师的教育实践为依据，通过长期的探索和实践，围绕乡村卓越教师"四有三力"培养规格，构建了乡土情怀、文化浸润和能力生成三大课程模块，开发了孕育乡村教师职业道德与乡土情怀、融入地域与校园文化、关注乡村儿童探究经验与新乡村建设等凸显乡村元素的系列课程。最终使师范

生爱乡土、知乡音、近乡情，不仅能悦纳、热爱乡村儿童，而且具备情感抚慰、心理支持等专业能力。例如，盐城师范学院从2007年起近10年来第二课堂中发起了关爱乡村留守儿童志愿者服务项目。这项活动得到了全校师范生的广泛参与，10年来学生参与人数达到了1 600多人。江苏农村教育发展研究中心专业研究团队为此项目专门开发和设计了乡村留守儿童发展评估工具，师范生志愿者借助研究工具对乡村留守儿童的身心发展状况进行摸底调查，建立乡村留守儿童发展档案袋，动态监测，对乡村留守儿童的心理问题进行早发现、早预防和结对帮扶，有针对性地开展情感抚慰、习惯养成、学习辅导、行为矫正等关爱活动，志愿者需要在档案袋中做好平时的关爱记录，撰写留守儿童成长日志，并在项目结束后进行"留守儿童成长评价"。此项目的实施极大地促进了师范生和乡村教育在时空上相近、心理上相亲、情感上相融。

第三，提供乡村环境浸润下的学生成长场域。强化学校与乡村学校联合培养未来乡村基础教育教师的机制，保证实习、见习时间，实践环节教学20～22周，累计不低于半年。对实践教学各个环节进行整体设计，形成合理的实践教学模块，建立与理论教学体系相辅相成、结构和功能优化的实践教学体系。将教师技能课程进行整体设计和优化组合，形成具有一定逻辑关系、相互制约、相互促进的实习课程。构建乡村基础学科（语文、数学、英语）教师教育教学示范中心，实现资源共享，提高教育实习、见习教学的质量。

各阶段实习的主题、具体目标和组织安排如下。

第二学年的教育见习：主题是"乡村基础教育考察"。主要目的是通过实地参观、访问、座谈等方式，了解乡村基础教育教学的实际现状，感受乡村教师的现实生活，使学生形成对专业的基本感知，建立对教师职业的信心。

第三学年的教育见习：主题是"乡村基础教育服务"。目的在于通过学生参与乡村基础教育广泛的教育教学活动，如心理健康辅导、家庭教育辅导、班级管理、课堂评价、校内外活动等，实习"教学助理"的角色。与这一阶段的应用性课程的教学相呼应，也可以先实习再生成部分应用性实习课程，由这一阶段的相关科目教师负责实习的设计和实施。

第三学年的教育实习：主题是"乡村基础教育教学观摩"。重点在于观课、评课、教育调查及现代教育技术的运用，与这一阶段的学科教材教法、教育研究方法、现代教育技术等方法与技能的课程学习相结合。由相关专业的教学法教师负责设计、实施。

第四学年的综合实习：主题是"乡村基础教育一显身手"。重点在于在乡村基础教育的教学现场进行实际的学科教学、班主任工作、教育调查等实践活动。并注意将学生的实习与毕业论文的写作结合起来。由学校及各院系负责设计并组织实施。每名学生要通过"五个实践环节"的考核，即通过微格教学技能训练、写好一个教案、讲好一节课、说好一堂课和做好一节课的多媒体课件。

第四，构建提升乡村教师能力的课程体系。学科专业基础课程以促进学生专业学习和发展为目标。着重突出专业化导向和能力导向，培养具有扎实的教育理论与专业知识的乡村基础教育一线教育人才。教师教育课程以培养学生的教育技术能力、教育研究能力和自我反思能力为重点，突出实践导向，指向于乡村基础教育教师的教育教学能力和科研能力的发展与提升。教师教育课程由以下课程模块组成。

教育理论拓展模块：旨在教育基本知识、基本观念、基本精神的获得、形成和深化。教育理论课程包括现代教育新理念、教育名著选读。现代教育新理念由多个专题讲座组成，设计"教师教育系列讲座"活动方案，专家系列讲座每学年按一定主题设置，按需要调整。教育名著选读采用竞赛与评比的方式进行。

公共教学技能模块：由教师教育学院集中组织实施。以江苏省师范生教学技能大赛要求为标准，旨在提高实验班学员专业知识的学习和应用能力，推动学生演讲技能、说课技能、课件制作技能、汉字听写技能与粉笔字和钢笔字书写技能等的训练，设计具体课程类别。

教育教学研究模块：旨在对实验班学员科研意识、科研能力、创新能力、专业精神的培养。科研能力培养的具体实施方案为：一是教育科研模块。列入乡村教师班课程计划的教育研究能力培养课程主要包括教育研究方法、大学生创新项目、教育问题调查实践等。教育论文写作，由授课教师按照课程教学大纲的要求组织实施。二是研究交流模块。课外自主训练主要开展研究与交流专题活动，包括在导师指导下开展课题研究（或直接参与导师的课题研究），并进行交流讨论；召开课题研究座谈会；撰写研究报告等。三是教学时段安排。第一学年主要是研讨与交流；第二学年主要是在导师指导下开展科研；第三学年主要与教学观摩、见习结合起来，开展联系教育教学实际的科研；第四学年主要是将教育实习与毕业论文写作结合起来，开展以研究和解决问题为中心的教育科研。

(四)以"大学—政府—乡村学校"为共同体实践路径

以"大学—政府—乡村学校"为联盟，即盐城师范学院与省内外高校、地方政府、乡村学校组建共同体，通过新疆支教、苏北顶岗等路径，在全实践育人环境中提高乡村教师的实践素养。

"三位一体"协同机制充分利用盐城师范学院的理论优势、地方政府的资源平台和乡村学校的实践经验，推进区域整体教育教学改革。三方协同才能增加乡村学校的办学活力，提高大学生的社会适应性，发挥政府部门的作用。

第一，协议约定协同三方的权责。盐城师范学院与教育局行政部门、乡村中小学签订协议，明确三方在协同培养过程中的职责。教育行政部门主要负责规划师范生培养规模和层次，做好师范生培养与教师需求之间的有效对接；同时，会同盐城师范学院遴选建设师范生教育实践基地，定期反馈新入职教师的专业发展情况，为提升培养质量提供依据；制定有关政策，激励中小学幼儿园优秀教师和教科研人员到盐城师范学院兼职任教。盐城师范学院利用自身优势，主动为当地基础教育改革和中小学教师专业发展提供咨询和服务，主动和中小学幼儿园共建教师发展学校，指导学校制定教师发展规划、开发校本课程、开展教育教学研究和实施校本培训，提升学校管理水平和教师专业发展能力。中小学幼儿园要全程参与师范生培养，选派优秀教师参与教师教育课程教学，指导师范生教育实践活动，积极参与盐城师范学院开展的基础教育研究。

第二，成立协同培养的常设机构。成立乡村教师协同培养领导小组的常设机构，研究和解决协同培养过程中出现的问题和困难。领导小组成员由高校、地方政府的分管领导或教育主管部门的负责人、中学的校长组成。领导小组下设办公室，专门负责由领导小组集体会商所形成的相关文件、规定、措施的落实，活动的组织开展，相关信息的采集和交流等。

第三，全程参与，动态调整，内外融合，共同育人。一是共同论证和制定协同培养方案。高校与地方教育主管部门、中学协同制定培养目标、设计课程体系、建设课程资源、建设实践基地、开展教学研究、评价培养质量和制定评价标准，实现高校、地方政府和基层学校互动合作的机构管理一体化。在乡村卓越教师培养的过程中，高校要及时根据教育主管部门和协同中学的反馈意见，及时协同调整人才培养模式，实现乡村卓越教师培养的多维互动，体现共同育人，实现"校—地—校"协同合作互动化。二是筛选和组建协同培养的教学团队。学校根据乡村卓越教师联合培养的实践需要，采取"顶层设计、专兼结合、层次合理、动态优化"的原则来筛选和组建教学团队。盐城师范学院将与教学水平高、科研能力强、管理智慧多的中学资深教师共同组建教学团队，实行校内和校外双导师制。教学团队全程参与乡村卓越教师的教学，实现高校教师理论优势和中学教师实践优势的互补。三是参与整个教学过程，完善人才评价机制，保证人才培养质量。乡村卓越教师培养课程中的教学、德育、班主任、教育资源开发和学科教学论课程中的教学方法、教学设计、教学常规、教学评价等教育教学内容，可以由从协同培养的中学聘请的兼职教师在协同培养的中学为师范生上课，不仅可以减少高校教学中理论和实践脱节的现象，还可以增加现场感和可操作性。在协同培养方案的操作过程中，可以制订具体的行动计划，让师范生到协同培养的培训基地去接受教学技能的培训，组织某一方面有专长有研究的教师，指导实验班学员学习和训练。经过若干次手把手的培训，有效提高师范生的教育教学技能水平。四是顶岗实习，协同培养。坚持双师(高校与一线骨干教师)培养，共同制定培养方案，共同实施培养过程，同时明确各方主体的职责。与教育部门签订顶岗实习协议，以乡村教师的身份承担一学期的教育教学工作。五是对口交流，资源共享。实行师范生培养"国际视野拓展计划"，与台湾彰化师范大学、安格利亚鲁斯金大学等高校及研究机构建立"联盟"，与南京师范大学等签订合作协议，选派学生访学交流。六是互动研修，深度支持。依托特色平台(江苏高校哲学社会科学重点研究基地——江苏农村教育发展研究中心)，建立乡村中小学、教科研机构的伙伴关系，师范生共同参与，进行课题研究、案例教学、课例分析，互动交流、相辅相成，共同发展。

(五)形成"引领、助力、提升"研修机制

以江苏农村教育发展研究中心为平台，开展乡村教师课题研究，引领乡村教师的研修意识；以继续教育学院为平台，提供研修指导服务，助力乡村教师的发展和研修实践；以国培计划与名师工作坊为平台，推进研修伙伴协作，提升乡村教师的研修能力。

第一，以江苏农村教育发展研究中心为平台引领乡村基础教育研究。盐城师范学院成立了江苏农村教育研究中心，以服务乡村基础教育为宗旨，积极打造乡村教育研究平台，建立与区域乡村中小学联系互动的长效机制，服务和引领乡村基础教育。定期对苏北20多个县(市、区)的农村教育状况进行调查和研究，组织开展专项课题研究，编辑出版研究专辑。学校不仅成了区域中小学教师培养基地和中小学教师继续教育基地，也成了基础教育改革研究中心和政府教育决策咨询中心。2015年，盐城师范学院获批江苏高校哲学社会科学重点研究基地。近年来，在研究团队建设、网络构建、成果推广等方面取得了显著的成绩，尤其是2013年以来，形成了21份调研报告，先后获得教育部基础二司原司长郑富芝、中国教育科学研究院院长田慧生等领导批示；完成省部级以上课题4项，厅级4项，其中国家级课题3项，有15项省厅级以上课题在研，其中教育厅重大、重点课题4项；出版著作10部，发表学术论文70余篇，其中近30篇发表于核心及以上期刊，编制工作简报13份；同时科研成果得到了充分肯定，分别获得省哲社奖3项，厅哲社奖、市哲社奖各2项；创办了期刊《农村教育发展研究》，以乡村教师为主题的调研报告获教育部领导批示。

第二，以继续教育学院为平台助力乡村教师发展和研修实践。每年举办两期中学校长研修活动是盐城师范学院的品牌项目。围绕校长必备素质、办学理念、治校方略、校园文化建设、办学特色凝练以及基础教育热点问题等内容，

通过专家学术讲座、名校长论坛、考察学习、典型解剖、相互交流等灵活多样的形式，开拓校长们的视野，启迪他们的思维，帮助他们成为教育专家、管理行家、教育教学改革的领路人。合并建院以来，我校共举办各类校长研修班70多期，先后有4 200人次接受了系统学习和研修，盐城近60位省、市级名校长均为研修班的学员。此外，盐城师范学院还组织了多期县（市）教育局局长、主管文教的乡镇长、乡镇文教助理、乡镇教育视导员、民办教育管理干部研修班，传递教改信息，探索教改新路，引领教改方向，培养了一大批各级各类具有先进教育理念和开拓创新精神的教育管理人才，有力推动了革命老区基础教育的改革与发展。

为适应基础教育改革的需要，盐城师范学院长期坚持组织教师深入中小学第一线，积极开展各种咨询和指导服务。盐城师范学院派出专家对盐城市各县（市、区）的新课改进行了大量的指导工作，帮助新课改试验区盐城市大丰区建立了教师论坛，并为该市教师就如何构建师生互动的教学共同体、如何实现信息技术与学科课程的融合、如何处理新课改与高考的关系、如何申报省（市）科研课题等问题提供了咨询服务。盐城师范学院教育科学研究所还对江苏省大丰高级中学创新办学理念、提升竞争能力方面进行了实践指导，协助其顺利通过了四星级高中的评估。盐城师范学院多次安排心理研究专家深入中小学开设心理专题的学术讲座，为中小学生进行心理咨询和心理辅导，积极推进中小学的心理健康教育。盐城师范学院通过各学科协会和研究会网络，吸纳一线中小学教师入会并参与学术报告会、年会交流等活动，介绍学科前沿动态，报告最新研究成果，探讨学科发展规律，帮助中小学教师站得高一点、了解得多一点、研究得深一点、成长得快一点。近年来，盐城师范学院通过举办函授教育，使近20 000位教师完成了本、专科学历深造；通过开展教师自学考试辅导，帮助12 000多位教师实现了学历达标；通过实施专业证书教育，为800多位教师解决了任职资格问题；通过设立远程教育教学服务站，帮助480多位教师以网络学习的方式获得了毕业文凭；通过举办物理、数学和教育管理硕士研究生课程学习班，满足了300多位教师进一步提升学历层次的愿望；通过实施省、市级培训，举办基础教育骨干教师培训班、新课改骨干教师培训班、苏北乡村英语教师培训班、苏北乡村美术教师培训班、苏北乡村"校校通"配套师资培训班等各类培训班271期，使27 400多位教师在教育理念、教学能力、科研水平等方面得到了系统培训。在开展师资培训的过程中，盐城师范学院大力弘扬铁军精神，心想基础教育，情系乡村教师，坚持以实际行动服务于基础教育的师资队伍建设。针对乡村中小学教师课务多、家务重、经济承受能力有限的实际，盐城师范学院克服职后教育任务重、资源紧张的困难，多年来坚持分县设点，送教上门，尽可能缓解学员的工学矛盾和经济压力，深受学员们的欢迎。

盐城师范学院的继续教育为乡村中小学培训了大量的骨干人才，为革命老区基础教育的固本强基工程做出了突出的贡献，多次受到教育部、省教育厅和市教育主管部门的表彰。

第三，以国培计划为平台提升乡村教师的研修能力。2012年10月下旬，盐城师范学院成功承担了"国培计划(2012)"——初中英语骨干教师研修项目，在教育部组织的网络匿名评估中总体满意度位列全国第六。2013年5月，盐城师范学院被新疆维吾尔自治区教育厅正式列为新疆2013年"国培计划"邀标单位，所申报的农村小学语文教师脱产置换培训项目、农村初中数学教师脱产置换培训项目，经新疆教育厅组织的专家组严格评审和答辩，顺利通过。这是盐城师范学院继新疆实习支教、新疆高校毕业生社区管理和特岗教师培训班之后，进一步深化与新疆教育部门合作的重要内容，也是盐城师范学院为西部省份提供智力支持和人才支撑的重要举措。2016年6月，盐城师范学院获得了初中语文、初中数学和初中英语三门学科的"国培"示范性项目培训资质，这是继盐城师范学院2012年获得教育部初中英语一个学科"国培"资质后的又一个重要突破。3年来，盐城师范学院共培训宁夏、青海、甘肃、新疆、新疆生产建设兵团等中西部地区中小学教师6 000余人。2016年，又新增了广西和重庆省份的项目，使盐城师范学院为基础教育服务的区域由中西部向华南和西南拓展。

三、乡村教师培养范式重构取得的成效

(一)职前和职后实效稳步提升，满足了乡村教育发展的需求

第一，依托UGCs联盟为基础教育培养了大批优秀乡村教师。盐城师范学院师范毕业生每年在中小学就业的有89.00%，其中到县级及县级以下中小学校就业的毕业生约占总数的72.90%。盐城师范学院连续6次被表彰为江苏省高校毕业生就业工作先进集体。在盐城市181所初中和40所九年一贯制学校中，有46.00%以上的学校校长、62.00%以上的特级教师、57.00%的教学名师、71.00%的学科带头人和教学能手是盐城师范学院的毕业生。2010—2016年，盐城师范学院的师范生在全国大学生数学建模竞赛、全国高等师范院校教育专业本科生教学技能大赛等比赛中获得国家级奖项共22项；在江苏省历届师范生教学基本功大赛中，获一等奖35项、二等奖71项，获奖率及一等奖的数量稳居全省前列。值得一提的是2017年，盐城师范学院获得一等奖9项，二等奖11项，一共有33人参赛，29人获奖；12个中学教育专业全部接受认证并得到充分肯定；教育部的简报专题介绍盐城师范学院赴新疆实习支教工

作；创新创业教育扎实开展，荣获第十五届"挑战杯"全国大学生课外学术科技作品竞赛一等奖，实现了"挑战杯"国赛成绩的新突破。盐城师范学院的师范生以把青春留在乡村、关爱乡村儿童为己任，积极投身新疆支教和苏北留守儿童的教育工作，《光明日报》等多家媒体高度赞扬了盐城师范学院的师范生高尚的道德情操；盐城师范学院师范生长期关注乡村学生和乡村基础教育，特别是在阜宁6·23灾后心理援助中更是助力于帮助灾区群众和儿童重建信心，《中国青年报》刊登的《一场走进内心的救援》就生动地展现了他们无私奉献、情系社会的仁爱之心。

第二，"引领、助力、提升"研修机制助推了乡村教师的专业发展。盐城师范学院高度重视"国培计划"项目的开展工作，承担送教下乡和置换脱产研修项目，将培训"拉长"，通过训前调研、训中座谈、训后走访、建立帮扶关系等形式，真正使参训学员实现从教育理念到教学方法的"脱胎换骨"。在教育部教师工作司主办"国培计划"和"能力提升工程"管理者高级研修班上，盐城师范学院被安排做了大会典型经验交流发言；在教育部针对全国所有承担国培项目机构的网络匿名评价中，盐城师范学院名列前茅。截至2016年年底，盐城师范学院已取得教育部示范性项目3个，中西部项目省份8个，加上省（市）级培训，形成了全年培训60个培训班4 000人的教师培训能力，为宁夏、青海、甘肃、新疆、新疆生产建设兵团、广西、重庆等地区的基础教育提供了智力支持和人才支撑。

在江苏省内，盐城师范学院承担了省乡村教师培育站培训项目、省农村中小学骨干教师提高培训项目、省农村中小学校长提高培训等；进行了教育咨询指导培训，长期坚持组织教师深入中小学第一线，建立了乡村教师论坛，促进了乡村中小学教师专业成长；开展了乡村教育管理干部培训，仅在盐城就累计举办了70多期乡村校长研修班，先后有4 200人次接受了系统学习，盐城近60位省（市）级名校长均为研修班的学员。

（二）教师专业发展不断加强，研究成果丰硕

第一，教师团队潜心开展教学研究收到了显著的成效。乡村教师教育团队刻苦钻研，取得了系列研究教研教改成果，实施之后增量明显，新增"中学数学教育学"等省级精品教材7种；新增《心理学实验的理论与实践》省级重点教材6种；新增省高校优秀多媒体教学课件二等奖以上的奖项7个；新增"地方本科院校'六位一体'创新创业教育模式的研究与实践""地方师范院校教师培养的实践研究"等省教育厅教改研究课题17项；获省教育厅教师培养计划改革项目2项；新增"师范生职业技能培养模式创新实验区"省高等教育人才培养模式创新实验基地1个；新增省优秀毕业论文二等奖5项，省优秀毕业论文三等奖

29 项；新增"情系天山——新疆实习支教优秀作品""追寻名师的成长足迹"等 5 项成果。2013 年，盐城师范学院申报的"东西部教育对口交流 促进教育公平均衡路径探索"项目获批教育部教师工作司教师队伍建设示范项目。

第二，教师团队聚焦乡村取得了丰硕的学术研究成果。乡村教师教育团队依托江苏农村教育发展研究中心（江苏省唯一的农村教育研究平台）、江苏心理与认知科学大数据重点建设实验室、江苏省应用心理学实验教学示范中心等省级教育实践和研究平台，围绕乡村学校内涵发展、乡村学校文化建设、乡村教师与学生心理健康、乡村教师流动、乡村留守儿童、随迁子女学校教育等问题进行了深入研究，调研了苏北各市、南京、苏州、常州、山西的忻州、太原、临汾、甘肃的兰州、天水，新疆的哈密、喀什等地，共发放问卷 40 000 多份，进行了 2 000 多人次的访谈；召开了座谈、研讨会 200 多场。教师团队与盐城市教育科学研究院联合立项：面向乡村中小学、幼儿园教师开展了乡村教育课题研究 200 多项，承担的相关课题有"从教育看道德文化的当代困境及教育应对策略研究"（BFA120034）、"就业压力与大学生社会适应性问题抽样调查研究"（10BSH041）等 5 项国家级课题，"江苏农村教师培训政策执行效应研究"（15JYB008）、"中小学乡村教师'案例研究'培训模式实证研究"（J-b/2016/20）等 14 项省级以上课题；在《教育研究》等杂志上发表论文 111 篇；出版了《农村教育发展研究》《农村初中课堂运行机制变革——课例分析与故事解读》等著作 27 部，共形成《农村教育发展问题与对策研究》《中国东部欠发达地区乡村教师队伍建设现状与应对》《农村教育均衡发展系列调查研究》等 18 份调研报告。

(三) 改革成效凸显，示范辐射效应显著

第一，成果显示度大。2016 年《光明日报》总编室在《情况反映》中以《教育援疆需"软""硬"并重——盐城师范学院大学生新疆支教采访记》为题撰文，得到了中央领导的指示和肯定；教育部简报专题报道了学校支教工作，中央政治局委员、国务院副总理刘延东对此进行了亲笔批示；相关调研报告，先后获教育部教师工作司原司长许涛、基础二司原司长郑富芝、中国教育科学研究院院长田慧生等领导批示。

第二，政府部门认可度高。教育部简报先后 6 次介绍了盐城师范学院服务地方基础教育与乡村教师教育改革的经验与做法，以《盐城师范学院积极开展师范生赴新疆实习支教工作》《盐城师范学院强化教师教育特色 服务地方基础教育改革发展》《盐城师范学院深入开展新疆实习支教工作》为题介绍了学校服务地方基础教育改革发展的经验与做法，以《盐城师范学院以王强先进事迹为教材上好新生第一课 引导青年学生牢固树立理想信念》《江苏盐城师范学院加强师德师风建设引领师生共同成长》和《用生命诠释师者追求 追记优秀共产党

员王强》为题介绍了王强同志用生命守望马克思主义阵地的先进事迹感染教育新生，发挥榜样引领作用，引导青年学生牢固树立理想信念。

第三，主流媒体广泛关注。中央电视台、《光明日报》《中国教育报》《新华日报》和人民网等主流媒体多次宣传报道了盐城师范学院师德养成、师范专业认证、新疆支教等教师教育工作，《教育研究》《中国高等教育》等刊物分别刊登了盐城师范学院乡村卓超教师培养的理论与实践成果。《光明日报》以《盐城师范学院激励学生到老区就业》《盐城师范学院：新教师师德从板书开始抓起》《爱洒天山情播哈密》《教育援疆东西双赢——盐城师范学院大学生新疆支教采访记》为题，《新华日报》以《盐城师院：心系农教育英才》为题，《中国教育报》以《盐城师院瞄准高素质教师办学》《盐城师院选派学生到新疆实习支教，在天山南北的讲台上施展才华》为题进行了专题报道，引起了很大的反响。《光明日报》《新华日报》《江苏教育报》聚焦盐城师范学院"与第1 000名赴新疆支教人同行"活动，点赞盐城师范学院自发组织的援疆支教是平凡学校的大担当。

第四，得到国内外同行的普遍认可。教育部教师工作司司长王定华来盐城师范学院调研，他认为，盐城师范学院的乡村教师培养模式不仅具有鲜明的特点，而且有着重要的推广和借鉴价值。长江学者、东北师范大学中国农村教育发展研究所所长邬志辉教授，长江学者、北京师范大学教育学院院长张斌贤教授等指出，"四有三力"模式的探索开辟了乡村教师教育的新路径。南京晓庄学院、商丘师范学院等10余所省内外师范院校借鉴了盐城师范学院乡村卓越教师培养模式，实践效果良好。在"江苏高校专业建设校长论坛"上戴斌荣教授应邀做了教师教育的主题演讲。乔晖教授在江苏省教育科学研究院举办的第十六期学术论坛上以《教育公平视野下农村教育发展理论与实践研究》为题，从研究概况、研究问题、过程与方法、结论与反思等四个方面展现了盐城师范学院乡村教育研究的全貌，研究成果部分建议已被教育部等政府部门采纳，产生了热烈反响。南通大学、唐山师范学院等兄弟院校纷纷来盐城师范学院进行考察学习，对盐城师范学院的做法给予了高度评价。2016年中国师范类大学排行榜中，盐城师范学院位列全国第62位、江苏第3位。基于盐城师范学院的培养特色与成效，2016年省教育厅指定盐城师范学院为承担首批乡村教师定向培养任务的7所高校之一，盐城师范学院也是淮海经济区"乡村教师支持计划"的联盟单位之一。

第六章　外力助推：乡村教师教育机构改革与政策展望

一、乡村教师教育机构的改革方向

乡村教师机构的改革方向是沿着乡村教育和教师教育两条道路前行的。乡村教育的发展道路在全国各地可能差异很大，教师教育的改革方向也要符合教师供需规律。乡村教师教育机构是教师教育的组织保障。教育机构总体上分为两类，一类是职前教育机构，另一类是职后教育机构。分析这两类教育机构在培养卓越乡村教师上处于什么状况、存在什么问题，对于今后乡村教师教育机构的改革尤为关键。

（一）乡村教师教育机构改革理念的转变

虽然中华人民共和国成立以来特别是改革开放以来，国家层面一致比较重视乡村教师教育。但是近些年的乡村教师教育还是存在"边缘化""遮蔽乡村教师独立人格，忽视乡村教师特殊性，乡村教师教育效用偏低"等问题。那么乡村教师教育机构在改革发展的道路上应该秉持什么理念？

1. 乡村教师教育机构从"去乡化"向"城乡共同体"转变

当前的乡村教师教育机构的设计非常缺少乡村要素。但是，面向未来的乡村教师教育机构必将走向共同发展。无论是在国家社会发展的价值取向上，还是在教育领域的改革方向上，都强调城乡一体、共同发展。国家的教育事业本是相互关联的内在有机整体，曾经的"城乡二元"分割模式必须打破，强调城乡教育统筹发展、一体发展、特色发展是应该追求的共同愿景。国家教师队伍建设的现代化追求，强调教师专业发展必须强调城乡共同体,努力做到城乡之间的责任共同体、利益共同体和发展共同体。

(1)乡村教师教育机构"去乡化"的表现

乡村教师教育机构的"去乡化"是指教育机构的设计中缺少"乡村"要素,没能反映乡村社会背景和教育条件,主要表现在以下层面。

第一,乡村教师教育机构的空间布局缺少乡村要素。当前,我国的乡村教师教育机构主要分布在城市和县城,特别是在乡村教师的培养环节,培养机构主要是分布在城市的师范大学、师范学院和综合类高校的师范院系。这些机构主要分布在城市、特别是大城市。尽管我国20世纪90年代开启了高等教育规模扩展和城市大学城模式的布局调整,有相当一部分大学将新校区的校址选在了城市的郊区或远郊区,但是学校还是作为一个独立的"城市单位",同城市郊区周边的社区或村庄联系也不紧密。这些大学再怎么看都更像"城市"而不是"乡村"。这里并非说地处郊区乡间的大学就要建设成"乡村大学",而是说这些教师教育机构的设计无论地处哪里,似乎都没有打算在规划设计中反映哪怕是一丁点儿"乡村"要素。

第二,乡村教师教育机构的内容安排缺少乡村要素。有学者"调研发现,69.10%的乡村教师认为地方高师教育课程体系缺乏乡村教育和乡村文化内容。58.20%的乡村教师认为教育学教材以城市学生为对象,缺乏乡村特色"。那么,乡村教师培养机构里的内容安排如果缺少了乡村要素,导致在培养环节上缺少必要的"乡村"关照,就可能不利于培养学生的乡村教育情感、乡村教育意识和乡村教育体验,然而这些都是他们将来成长为优秀乡村教师的重要基础。况且,学生们如果在培养环节都不太接触"乡村教育"要素,很可能在初次就业时就已经远离了"乡村",更不用说什么乡村教师了。

(2)乡村教师教育机构走向"城乡共同体"的价值

缺少"乡村"元素的乡村教师教育机构的设计和运行固然是有明显缺陷的,那会直接导致乡村教师培养培训的"城镇化取向",产生的是缺少了"乡村"特点的乡村教师。在当前乃至今后的相当时期,国家、社会各领域都强调城乡共同发展。那么,乡村教师教育机构也必须同整个社会背景和教育发展要求相适应,走向机构设计、改革、发展的城乡共同体。这样的改革趋势有以下几点价值。

第一,有助于弥补乡村短板。当前,我国正处在实现教育现代化的关键阶段。2016年7月公布的数据显示,我国学前教育毛入园率75.00%,小学学龄儿童净入学率99.88%,初中阶段毛入学率104.00%,高中阶段毛入学率87.00%,高等教育毛入学率40.00%。乡村教育特别是老、少、边、穷、岛等偏远落后地区的乡村教育,是国家全面实现教育现代化的薄弱环节。没有乡村教育的现代化，尤其是偏远落后地区的教育现代化，就不可能全面实现教育现代化。那么，乡村教师对于助推乡村教育现代化具有能动性、关键性作用。城乡共同体式的卓越乡村教师教育机构的设计，有助于乡村教师教育的总体安排同城镇教师教育的总体安排大体相当，尤其是在水平和层次上的大体相当，甚至还可以在政策安排和方案设计中对乡村教育给予倾斜，因为这样更能反映政府的教育管理伦理，也有助于最终实现城镇教育和乡村教育"水平上大体相当，类型上各具特色"的理想目标。

第二，有助于丰富城镇模式。我国"城乡二元"思维的存在，使城镇教育和乡村教育在发展过程中，都是"缺少一半的"发展。城镇和乡村本是一个国家、一种制度之下的有机整体，但是多年来城镇教育在发展过程中很少注重从乡村教育中吸收"有益元素"，而是时常将"乡村教育视为一种落后"，这是一种灌输也好、习惯也罢的具有明显偏见色彩的意识形态。乡村学校地处广大乡村地区，乡村地区自然地理特征比较丰富多样。大自然赋予乡村社区更多的是花、鸟、虫、鱼、沟、河、树、草。乡村地区为学习者提供了很好的天然素材。比较而言，乡村社区的孩子与城镇社区的孩子感受到的自然要素、社会要素和人文要素都有很大不同。在广大乡村社区，这些要素的感受，很大程度上并没有被人为化或区分化，而是一种自然的整体状态。比如，很多乡村山区的孩子可能在上学、放学路上，就可以直接感受速度、耐力、颜色、角度、平衡性、氧气、摩擦力、水流、心跳等。就是这样一个正常的上学、放学过程中的"山路历程"就综合了自然、社会和人文等多种要素，这些直观体验构成了孩子们重要的学习经验。这样的经验素材和感受方式都是城镇教育缺乏的。

第三，有助于城乡教育包容。秉持包容的理念，就是要将城乡教育作为统一整体来思考。持有包容的理念来追求乡村教育现代化，城乡教育需要互相理解、互为补充、彼此促进、共同发展、共享成果，就是要尽量避免"共同体思维欺骗性"的发生，让城乡教育关系真正一体化。从生物社会学的视角将这种城乡共同体思维进行"拟人化"表述会更为清晰。将一个人比作一个共同体，这个人的一切生物学要素，如跳动的脉搏、心性的感知、每一颗毛发等，都构成了共同体不可或缺的组成部分。我国的城乡教育关系可以进行如下拟人化表述：①在"城乡二元"阶段，乡村教育和城市教育相对隔离，乡村教育就好比一个人的"衣裤鞋帽"，仅仅起到外在的保暖、辅助作用；②在"城乡一体"阶段，乡村教育变成了人的"手脚发肤"，转化为人体的组成部分，从"外在辅助"要素，变成了人体的"必要组成部分"。从身体器官结构和运行效果来看，"手脚发肤"的功能显然比"衣裤鞋帽"更为直接、密切和高级。但是，这毕竟距离"心脑肝肺"等核心职能还具有较大差距。

当然，从共同体的要素功能来看，共同体的每个要素也应该发挥不同作用。如果仅从生物社会学的视角来看，"手脚发肤"就永远没必要也不可能去发挥"心脑肝肺"的核心机能。那么作为一种社会现象，当我们来审视城乡教育的地位关系时，这种结论还可靠吗？回答是否定的。因为，乡村教育从国家的法律规定、政府的管理道义、人的平等发展机会等方面来看，都理应得到同城镇教育同等地位的机会，即在共同体的诸多"器官"中，同城镇教育相比，乡村教育也应该拥有发挥"心脑肝肺"等核心机能的平等机会。如果，我们将共同体之外的要素纳入共同体，仅仅是为了让这些外部要素到共同体内部担任次要角色、发挥边缘功能，这就是打着"共同体的幌子"对处于弱势地位的要素进行有意欺骗。如果让"共同体思维欺骗性"发生，那么就存在一个非常不公正的逻辑——把乡村教育纳入城乡共同体，不但没有带来乡村教育的更好发展，反而使乡村教育的边缘地位进一步制度化、合法化。更为不合理的逻辑是——把乡村教育纳入城乡共同体，就是为了让城镇教育更合法、更便利地继续剥夺乡村教育。即便这些逻辑的代价在现实当中存在（比如，一体化助推了乡村教师向城镇的单向流动），显然也不是政策设计的真实期待。

（3）乡村教师教育机构"城乡共同体"的实现路径

在乡村教育机构实现"城乡共同体"的路径上需要解决"双重脱节"问题，即职前教育过程的"城乡脱节"（过度城镇化）和职后教育培训的"理论和实践脱节"，这个"双重脱节"导致了乡村教师的"实践性知识"（教育信念、自我知识、人际知识、情境知识、策略性知识和批判反思知识）没能得到有效开发和利用。

职前教育机构的"城乡共同体"是指在乡村教师的培养过程中，城乡各级各类机构必须充分利用城乡两类资源，真正做到城乡融合。在乡村教师职前教育环节不断探索改革的过程中，很多师范院校都在积极探索。近些年总结提炼出来的"顶岗实习、置换培训"模式非常具有借鉴意义。"顶岗实习，置换培训"指的是高师院校教育专业大三或大四本科生在教学实习期间去乡村中小学完全承担中小学任课教师的职能，将原任课教师置换到高校接受专业培训的一种实践教学方式。"顶岗实习，置换培训"是一种创新型的实践教学改革，是对教师教育一体化和开放化进程中实践教学变革的合理诉求。有学者曾就这种模式的理论意义和实践操作进行了专门研究。从理论意义看，这是教师教育培养模式的创新，是提高师范学生培养质量的有效举措，是乡村中小学骨干教师参加培训的有效保障。从理论探索看，实习培训对象的选择、时间空间的确定、实习培训任务的安排、指导教师的安排、效果的考核评价等内容都需要根据实际情况进行充分调研、综合论证。

职后教育机构的"城乡共同体"是指在乡村教师的培训过程中，通过优化培训方案的办法，将乡村教师的培训活动设计做到城乡一体化。现在的乡村教师培训，尤其是一些所谓高端的"国培计划"培训，带有很大的"长见识"色彩。有的乡村教师觉得参加培训，走出乡村、走出县城甚者跨省培训仅仅是一种外出"福利"。而高校、教育学院等培训机构在培训设计上，也侧重于让这些乡村教师参观考察城镇优质学校，虽然也有一些培训会安排乡村教师到当地乡村学校参观、跟岗等活动，但是在总体设计上还是强调"专家讲座""名校参观"等灌输型、启示型活动，而缺少真正对乡村学校的"深度体验"和"重点挖掘"，去农村学校参观、体验、座谈等活动在整个培训中是辅助性的。外地来参加培训的乡村教师，也只能是走马观花。

2. 乡村教师教育机构从"碎片化"向"互补化"转变

乡村教师教育机构的"碎片化"是指机构的数量多、类型多、层次多，而且彼此之间的职能设计没有统筹考虑，这些机构共同作用于乡村教师，存在着职能交叉和重复。乡村教师教育机构的"互补化"是指多种类型的教育机构应该在自身机构优势的基础上，针对乡村教师教育的特殊需要进行综合设计，发挥各类机构的特长，这样能够有助于提高乡村教师教育的效果。

(1) 乡村教师教育机构碎片化的表现与挑战

如果将乡村教师的职前教育与职后教育作为一个整体加以审视，那么当前阶段可以纳入乡村教师教育的机构有很多。虽然，从逻辑上和理论上来看，一名乡村教师成长为卓越教师，必然受到多种因素的共同作用。从选择师范专业或者拿到教师资格证书开始从教，一直到在工作实践中积极努力工作，接受一些学习和培训，并成长为一名卓越教师，这个阶段同乡村教师之间关联的教育机构主要有教师培养阶段所在的大学、大学阶段毕业实习所接触的学校、毕业之后所工作的学校；他们毕业之后参加的重要培训主要有县级教师培训机构（教师进修学校）、教师所在省（市）的教育学院、本地高校（综合大学或师范学院）、外地高校、参加培训期间参观考察的中小学等。

由于各级各类乡村教师教育机构的"碎片化"分布，而且各个机构分属于不同的管理部门，具有一套相对独立的运行方式。"机构的碎片化"导致了"责任的碎片化""资源的碎片化"，从而导致"培训效果的碎片化"。很难在相对系统的安排下，通过资源的合理调配，来集中解决乡村教师教育中的关键问题。各机构的条块分割特点，还会导致机构间的协调困难。资源分散、内容交叉、责任重叠、协调困难等机构"碎片化"所带来的问题，必将不利于形成乡村教师教育的合力、整个教育过程中的机构负责性，也会在客观上耗费很多管理资源。因为，很多精力和资源都用于协调、组织、管理过程中了，真正用在对乡村教师的教育教学行为优化上的费用已经大打折扣。培养乡村教师的大学运行成本中，有多少成本直接作用于学生素质的改变上？在培养培训成本中，有多少成本直接用在参训教师的素质提升上？

(2) 乡村教师教育机构走向"互补化"的意义

乡村教师教育机构走向"互补化"是指各级各类教育机构要充分利用机构自身的优越性，针对乡村教师教育的要求，来选择自己最擅长的部分。从经济学机会成本的视角来看，这样会发挥整体教育效用的最大化。如表6-1所示，各类乡村教师教育机构的主要特点并不相同。例如，区(县)的教师进修学校比较了解本土情况，但是缺少省(市)层面乃至国外层面的比较启示，而且往往缺少政策和理论背景的考察。而师范大学教育学院的优势是理论水平较高，但是很多大学教授并没有中小学从教经历，对乡村中小学教师的教育需求把握不准确，很难找到乡村教师的"最近发展区"，很多参加培训的乡村教师觉得，听大学教授尤其是理论取向的学院派教授的课，简直就是在听天书。

表6-1 各类乡村教师教育机构的特点简表

机构类型	主要优势	主要劣势
农村学校	情境	视野
县级教师进修学校	本土	上层比较
省(市)教育学院	继续教育	理论
师范大学教师教育学院	理论	实践
师范大学学科教育学院	学科知识	教育学知识
综合大学教育学院	综合	本土

3. 乡村教师教育机构的运行从"体制化"向"机制化"转变

乡村教师教育机构的运行从"体制化"向"机制化"转变，这是由整个教育机构的现存问题和发展趋势决定的。分析"体制化"的弊端、探讨"机制化"的必要，可以增加这种转变的可能。教育体制是教育机构与教育规范的结合体或统一体。教育机制是教育现象各部分之间的相互关系及其运行方式。因此，体制化强调机构和规范，机制化强调运行机理。前者具有规范性、静态性和体系性，后者具有动态性、规律性和调整性。

(1) 乡村教师教育机构运行"体制化"的弊端

由于体制化强调的是组织机构设计和与之配套的规范，那么在体制化的乡村教师教育机构体系中，工作的重心主要在于组织机构纵向的层级安排、横向的职能划分，强调的是各级各类组织机构的规模和结构，在整个体系的运行状态里，大家最为关注的是行政级别的高低、年度预算的多少、任务责任的边界等方面，而不是任务完成的效果、如何共同合作、经费开销的效率、顾客的满意程度等。乡村教师教育机构大多是国家公共财政预算单位，公办高等学校、教育学院、教师进修学校等都是国家财政拨款的事业单位，管理的基本套路都是按照国家的"公办体制",编制总量控制着机构队伍总量、人社部门的职称制度控制着队伍的结构、财政预算控制着主要机构资源,因此,乡村教师教育机构的"体制化"特点,决定了这些机构的工作动力从根本上就缺少来自"乡村"的动力和激励。因为,这些乡村教师教育机构主要是对上级负责的。尽管,近些年的教师教育机构改革,也开始慢慢关注"服务对象的满意度",但是一方面在满意度调查设计中,还很难做到科学抽样,结论的可靠性打了折扣;另一方面满意度的结果对机构改革还没有产生太大的制约作用。总的来看,乡村教师教育机构的"体制化",具有静态、僵化的特点,对环境变化和对象需求的反映,既缺少动力,也缺少约束。因为,通常他们更关注文件的规定是否得到了传达,而不是文件中内容和问题的解决效果。

(2)乡村教师教育机构运行"机制化"的必要

机制的内涵是存在较大争议的。在《汉语辞海》中,机制有形容词一种意思和名词四种意思,四种含义分别为:"利用机器制造的;机器的制造和工作原理;借指生物有机体的构造、功能和相互关系;泛指工作系统内部或各部分之间相互作用的过程和方式。"《现代汉语规范词典》对机制的解释是:"用机器制造的,例如:机制年糕;机器的构造和基本原理,例如:联合收割机的机制;借指有机体的构造、功能和相互关系,例如:皮肤的生理机制;借指由事物的内在规律及其与外部事物的有机联系所形成的系统,例如:市场机制、竞争机制。"《当代汉语词典》(国际华语版)对机制的定义如下:"用机器制造的;机器的构造和运行原理;有机体的构造、功能和相互关系;一个系统的组织或部分之间相互作用的过程和方式。"《当代汉语词典》(双色版)将机制解释为:"机器的结构和工作原理;借指生物有机体的构造、功能和相互关系;泛指事物内部的规律或一个工作系统的各部分之间的相互联系和作用的过程和方式;用机器加工制造的。"

从以上词典给出的定义可以看出,机制一词有形容词和名词两种词性,各词典对其形容词的解释相同,即用机器制造的。作为名词的机制一般给出了三种解释。各工具书中给出的前两种解释也基本相同,一种是机器的构造(或制造)和基本(或运作)原理,如联合收割机的机制;另一种是借指有机体的构造、功能和相互关系,如皮肤的生理机制。对于机制的第三种解释,主要是在原意基础上的"借指"和"泛指",在表述上也有些差异,一种是"内部规律",一种是"一个系统内部要素之间相互作用的过程和方式",还有"内在规律及其与外部事物的有机联系所形成的系统"。"内部规律"和"相互作用的过程和方式"这两种说法的内涵比较相似。但是,将"内在规律"和"外部事物"这种联系所形成的整个系统都作为"机制"的内涵,似乎与"机制"的本意相差较远,而且这整个系统的背景因素太过宽泛,不容易理解机制和环境之间的功能边界,也没有很好地体现机制概念的"内部规律"性。因此,本研究使用机制的"内部规律"说,并根据具体内容进行一定的拓展。

乡村教师教育机构运行的"机制化"就是强调机构之间的互动关系和运行机理。同"体制化"的机构设计比较而言,"机制化"的机构设计具有动态性、敏感性、问题导向等特征。乡村教师教育机构运行的"机制化"转向有两个方面的作用。

第一,有助于直接针对乡村教师教育问题。"体制化"的乡村教师教育机构运作总体呈现出"自上而下"的特征,问题主要来源于上级文件、领导讲话和身处庙堂的智库,乡村教师教育机构的存在价值,变成了上级政策和领导讲话的"执行工具"。"机制化"的乡村教师教育机构,以实践问题为导向,采用"自下而上"和"上下互动"的工作机制。问题直接来源于乡村教师教育实践,是生成于广大乡村教育中的真问题。首先以真问题为逻辑起点,真正考虑问题解决所需要的诸多资源和关涉的各层关系,从而以"机制化"的关系优势,来进行综合设计、统筹处理,形成一套比较有效的工作联动机制。

第二,有助于乡村教师教育机构之间的合作。由于其以乡村教师教育问题为导向,因此首先将各级各类机构之间的权责边界放在一边,优先考虑问题解决的有效思路。这样可以防止各部门之间相互推诿、互相推脱。因为,"专项""工程"等机制化、项目化的工作机制,就是要采用特殊的办法,克服原本"体制化"的科层弊端,从而将问题解决的思路和模式重构为一套合理化的体系。在这种情况下,往往需要一个上级部门或领导来统一协调各部门之间的合作,将各部门内部原来相互分散的权责关系,统一整合到新的问题解决思路之中。有了明确的问题导向,在上级部门或领导的统一协调下,就很有利于各部门之间的充分协调和部门之间的合作。

(3)乡村教师教育机构运行"机制化"的可能

有学者发现,高度分化的科层结构及其职能分化影响了政策执行的绩效。这种高度分化的组织结构对政策执行的阻碍并非不可化解。比如,运动式治理就是一种典型的应对方案。不少研究者都观察到,运动在中国的国家治理中是一种重要技术,尤其是在部门利益冲突、行事路径僵化的情况下,搞运动能够打破部门边界,让部门利益暂时让位于更急迫的任务,让科层体系的运作方式被重组,从而让上级的政策能够快速、有效、强力地推行。乡村教师教育机构运行的"机制化"改革方向,也是需要借用"运动""专题""专项""试点"等思维指导的。因为,"乡村教育"就是作为国家教育体系的"一个专题"和"特殊领域"而存在的。国家和地方层面,近些年,"乡村教育""乡村教师"等独立概念存在于公共文件话语中,已经非常普遍。因此,为了克服"体制化"的乡村教师教育机构的固有弊端,我们完全可以通过"专题""专项""实验"等途径,实现乡村教师教育机构的机制化运作，打破固有体制的某些限制，以"问题"为导向，集中力量解决突出问题。

（二）乡村教师教育机构的改革方向

职前机构是乡村教师职前教育的重要载体。在 20 世纪 90 年代，我国的师范教育体系完成了从"旧三级师范教育"（中等师范教育、专科师范教育和本科师范教育）向"新三级师范教育"（专科师范教育、本科师范教育和研究生师范教育）的过渡。在此过程中乡村师范教育遭到了严重的破坏。我国乡村教师教育制度存在"离农"倾向、缺乏灵活性、"育"与"训"分离等问题。从乡村教师教育机构的改革方向来看，在学校层级上其基本趋向于本科生和研究生教育。改革的关键在于使职前教育过程优化和职后培训质量提高，努力做到职前职后教育一体化。

1. 高校要深度优化教育实习模式

近些年很多乡村教师教育机构都看到了教师教育过程中存在的问题——缺少真实的教育教学情境体验。很多学校都在师范生培养过程中，对教育实习环节进行了重新设计和调整，改变了原来师范生培养过程中，实习低效的问题。对于师范大学而言，学校的基本职能决定了其只能为学生将来从事乡村教育事业给予积极引导，并加强他们未来作为教师的基础素质的积累。学校在培养过程中难免非常注重学生理论知识的学习和在校期间一些能力的培养。然而，对于在校大学生而言，尤其是对于将来可能在乡村地区从教的师范生而言，大学期间能够有机会接触乡村教育实践非常关键。在整个人才培养体系中，如果能选择合适的时间安排恰当的实习内容、选择有效的实习方式，对于这些大学生而言，无论是对于理论知识的掌握，还是在就业环节以及后期职业发展中都具有重要的作用。

曾有宁波大学、河池学院等很多高校都探索了"顶岗实习、置换培训"的教师教育模式，取得了不错的效果。河池学院在整个模式的运作中，形成了"三方联动机制"——高校、县教育局、受援学校三方联动的管理机制；形成了"学生培训"和"教师培训"的双向互动培训，既提高了学生的从教意识和能力，也促进了教师的专业发展。宁波大学的"顶岗实习"重点考虑了实习对象、实习时间、实习学校、人员安排、导师配备等方面的内容，整个实习工作环节比较系统，工作有章可循。宁波大学的"置换培训"环节主要考虑了置换对象、现实需求、培训内容、培训指导方式和过程管理等方面的内容。

在乡村教师的职前教育环节，师范生的教育实习环节已经成为各高校教师教育质量提高的重要抓手。如何能将实习环节做到深度优化，是个实践难题。这些困难表现在以下方面。

第一，师范院校教师教育活动的对象将来并非都去乡村学校工作。除了一些定向培养乡村教师的专业和班级，很多师范大学的师范生并没有明确的就业地域的限制。大学生是自由选择职业和空间地域的。那么，作为教师教育活动实施者和组织者的大学，如何能够在政策设计中拿出新招，针对性地对乡村教师教育进行科学合理的制度设计呢？这是非常棘手的问题。这就出现了一对矛盾，如果按照一般的教师教育模式来进行培养（很多学校的做法），那么培养出来的教师就缺少"乡村"性；如果只针对乡村教师的特殊性进行培养，那么培养出来的教师就缺少"城市"性。这是我国城乡二元矛盾在教师教育领域的特殊反映。

第二，作为大学的师范院校要不要直接指向乡村卓越教师的培养。一位师范生成长为乡村教师，一位乡村教师成长为乡村卓越教师，显然是各种因素共同作用的结果。"教师毕业于哪所大学"同"乡村教师成长为卓越教师"构成多大程度的必然因果关联，以及大学经历、学校工作经历、工作学校的社会环境、自身的智力基础和努力程度等多种因素对其成为"卓越教师"具有多大的贡献比例，这都是非常具有挑战性且很难回答清楚的问题。笔者认为，短暂的大学4年能够直接指向师范生的是其将来可能成长为"卓越教师"的那些专业基础素质，而不能是直接指向"卓越教师"的那些素质。

2. 探索建立师范大学附属乡村学校制度

从目前掌握的资料来看，很多大学的附属学校都建立在大学所在的城市或其他城市，还没有发现哪所大学将自己的附属学校建在乡村。建立大学附属乡村学校制度的提出，主要基于对以下几个问题的思考。

（1）可以实现高等学府对"乡村"的辐射功能

我国公共财政教育经费来自全国各领域包括"三农"领域，全国公办学校虽然划分了部属院校、省属院校、省部共建高校和市属高校等多种类型，但是，以公共财政为主的高等教育机构主要经费来源就是国家财政收入（中央财政、省级财政、市级财政等）。一所大学从建设开始，便需要很多前期投入，包括土地、校舍、实验室、教师等多种硬件、软件资源。同时，一所大学对一个城市、一个社区的影响也是很明显的。北京、上海、南京、武汉、西安、哈尔滨等城市由于高等学校尤其是著名高校的集中，整个城市都显得具有明显的文化厚重感。也有学者研究了大学生就业选择和所就读的城市之间的关系，说明在哪个城市就读，留在本城市就业的学生比例就比较高。因此，大学对城市的影响反映在多个方面。除了给这所城市增加了数量不少的青年高素质常住人口之外，还对城市的文化建设、城市品位、吸引人才、科技创新等多个方面产生影响。然而，同样为国家财政做出贡献的广大县及以下区域，就很少能够得到这些高等教育机构的积极辐射。从权责匹配的角度看，大学也没有尽到自己对乡村地区的积极辐射责任。建立师范大学的附属乡村学校，必然可以直接拉近大学和乡村社会的距离。

(2)可以为"城镇化"的教师补充"乡村"元素

说大学培养的教师是"城镇化"的,是指大学里面培养教师的设计是以城镇为标准的。师范生各专业的人才培养目标、专业人才培养方案的课程安排、整个人才培养的过程、培养结束的人才评价等方面,都很少涉及教师是否已经养成乡村教育意识,是否已经了解乡村教育文化,是否体验过乡村教育的独特性,是否具备处理乡村教育情境中特殊问题的能力,是否对乡村教育发展抱有信心,是否将在农村从教视为一种理想追求等。如果一名师范大学的毕业生,缺少以上这些方面的信念、知识、素质和能力,我们怎么能期待这样的教师愿意到乡村任教,并扎根在那里成长为乡村教师呢?因此,目前的教师教育设计,是严重缺少"乡村意识"的,没有将诸多乡村元素渗透在整个人才培养过程中。是不是城镇特别是大城市地域空间中的大学教师教育就不需要融入乡村要素呢?我们认为,不融入"乡村"元素,最多就只能算是培养"城镇化"的教师。这样培养出来的教师是没有资格在乡村从教的。

(3)现代田园的乡村场域,符合教师教育发展的绿色理念

建立大学附属乡村学校制度,有助于在培养的过程中,开展有关乡村教育的活动。可以让学生更为便利地感受乡村教育的特点,形成初步的乡村教育认知,培养一定的乡村教育情感,并真正体会绿色发展理念的内涵。秉持绿色的理念,是指结合乡村社区的自然禀赋,开展有关大自然的教育,这是绿色教育的自有含义,是一种以自然为本的教育。而城镇社区为孩子们提供的更多是"人化"素材。关于自然要素,孩子们在城镇感受更多的是经过人为设计的现象,如声、光、水、气、电等,更多的是在科技馆、文化宫里体验。关于社会要素,孩子们在城镇感受更多的,如互助、志愿、守法、民主等,是在设计好的社会活动中体验的。关于人文要素,孩子们在城镇感受更多的,如爱、美、真、善等,可能是在艺术中心、美术馆、博物馆、艺体活动等场景下的。这两种感受方式对孩子的经验累积都各有优势,只不过我们目前对前者的关注和挖掘太少。

(4)建立师范大学附属乡村学校制度的价值

一是有利于教师教育理论的创新。中国地域广博,东西南北中各地区的情况比较丰富多样,乡村是散落分布在广大中国大地上的个性化底层存在单元,和城镇相比具有多样性和复杂性。一方面,广大乡村学校的教育教学现状具有我们想象不到的现实复杂性,可以为教育研究提供很多素材,具有很大的研究和探索空间;另一方面,在我国的很多地区尤其是老、少、边、穷、岛等贫穷落后地区,还存在大量的教育弱势群体,需要具有公共知识分子属性的研究人员给予足够的关注。师范大学建立附属乡村学校,采用归纳

的逻辑，自下而上的理论生成方式，将非常有助于创新本土教师教育理论。

二是有利于提升乡村教师教育的质量。建立附属学校可以更为便利地开展有关教育教学的实验。师范大学尤其是师范大学的师范专业，是以培养教师为主要人才规格定位的，那么在整个培养环节中的一些改革，可以在自己的附属学校先行开展实验。对于大学来讲，既可以优化高校教师教育模式，又可以直接吸取基础教育领域的实践素材。对于附属学校而言，一方面，能够获得相对优质的师资，因为自己所属师范大学的毕业生，可以供附属学校便利地进行选择，而且还可以根据附属学校的发展需要进行"定制"；另一方面，附属学校还可以依托大学的研究资源，深入开展有关教育教学的研究，不断提高附属学校自身管理的水平，努力提高教育教学的质量，积极参与学术研究活动。

三是有利于乡村教师教育政策的研究。在当前中国的高等教育生态背景下，师范大学创办附属乡村学校这一做法本身就具有创新价值，做法本身就是对我国高等学校和附属学校关系模式的一个创新。高等学校有自己的附属中小学，这在中国是比较普遍的。而且有很多基础教育领域的名校，也都是重点大学的附属学校，如中国人民大学附属中学、清华大学附属小学、东北师范大学附属小学等。高等学校创办附属乡村学校，会是不同于以上附属学校的另一片天地。对于大学和附属乡村学校而言，这意味着一种社会担当，甚至是对乡村教育发展公平的挽救，因此立意更为深远。师范大学创办附属乡村学校，为我国教师教育政策的设计提出了新的思考角度，也为教师教育理论的研究和实践变革提供了一个新的思路。

3. 探索建立乡村教师教育试验特区

第一，当前阶段全国教育各领域正在全面推进教育现代化。有学者曾直接发出了三问：我们还需不需要乡村教育的现代化？需要什么样的乡村教育现代化？怎样才能实现乡村教育的现代化？对此三问，作者从逆城市化潮流、新型工业革命、中华文化复兴、维护粮食安全的高度提出实现乡村教育现代化的战略意义，反思了乡村教育城化论观点，倡导"积极过程主义的教育现代化"实践观，并进行了乡村教育现代化试验。可见，乡村教育现代化不仅是教育领域，更是整个国家经济社会领域的战略议题。

第二，乡村教师队伍的整体素质是实现乡村教育现代化的关键。在当前乡村教育总体上落后于城镇，综合因素共同制约着乡村教育发展的背景下，建立乡村教师教育试验区，就是要在试验区内打破某些体制束缚，大胆开展乡村教师教育试验，来验证"通过改变现有的教师教育模式，能不能培养出好的乡村教师？""有了好的乡村教师，乡村学校的面貌能不能更好？""好的乡村教师能不能助推乡村教育现代化？"等一系列重大理论和实践问题。

第三，乡村教师教育机构的改革任重而道远。总体来看需要把握三个主题：①当前制约机构改革的价值导向选择，在于"对城乡教育关系"的理解程度。对城乡教育关系越是秉持包容、尊重和互补的观念，越有助于将机构改革导向正途。②当前制约机构改革的体制障碍，在于很难处理好"两类培训"和"四类主体"之间的关系。前者是指学历培训和非学历培训，二者应该统一于乡村教师素质的提高。后者是指地方教师进修学校（县城居多），地方教育学院（省市居多），综合大学的教育学院，师范大学的教师教育学院（教育学院、教育科学学院以及各专业的学院）之间的关系。③对乡村教师教育过程进行深度优化。在政策设计上要向"体制化"方向努力，注重对培养过程的积极干预和有效设计，增加对培训环节的精细化管理，处理好职前培养和职后培训之间的关系。

二、乡村教师教育政策展望

近几年，国家出台了很多教师队伍建设的政策，有些政策甚至对教师教育提出了不小的挑战。从《国家中长期教育改革与发展规划纲要（2010—2020年）》到《中共中央关于制定国民经济和社会发展第十三个五年规划的建议》，我国制定的每一项重大教育政策，都提出了加强教师队伍建设的重要性，而加强教师队伍建设的核心之一在于教师教育。从属性上看，教师教育既是一个政策领域，也是一个实践领域，又是一个学术学科，具体体现在教师培养、培训、研修、教研等不同层面；同时，它又与教师队伍建设紧密联系在一起，既是教师队伍建设的一个重要组成部分，又受到教师队伍建设政策的深刻影响和挑战。

21世纪初，遵循以人为本、教育公平的理念，各级部门关于乡村教育和乡村教师的政策快速发展，如《国务院关于进一步加强农村教育工作的决定》。现阶段，教育改革已进入深水区，乡村教师政策也随之不断深化，政策聚焦更为全面具体，如《乡村教师支持计划（2015—2020年）》的印发与各省、市出台的相应的实施办法、实施方案。城乡师资的差距依然很大，广大乡村地区教师的数量依然不足，质量依然不高。如何构建一支优秀的乡村教师队伍？我国乡村教师教育政策应该走向何方？这无疑已经成为当前我国乡村教师教育改革的重中之重。

（一）乡村教师教育政策的转变历程

中华人民共和国成立后，我国师范教育曾一度秉持面向工农、服务工农的目标，至"文化大革命"之前，大部分师范院校都将服务乡村作为既定办学方向，为乡村地区培养了一大批合格教师。中华人民共和国成立后的第一次全国教育工作者会议提出了中等师范学校要面向乡村、服务工农的要求。1952年，教育部下发《关于大量短期培训初等及高等教育师资的决定》，提出要加强师范教育，还鼓励内地教师和师范院校的毕业生到少数民族地区、边疆地区和乡村地区从事教育工作。此后，中等师范学校一直承担着为乡村地区培养师资的任务。1952年之后，我国确立了"整顿巩固、重点发展、提高质量、稳步前进"的指导方针，在这一指导方针的指引下，师范教育的发展呈现出稳中求进的发展态势。一直到"文化大革命"爆发之前，大多数师范院校均坚定了面向乡村地区培养、输送师资，为乡村教育（生产劳动）服务的既定方向。"文化大革命"结束之后，师范教育又回到正常的发展轨道。此时，中等师范教育重新焕发了生机。

改革开放以来，国家制定了诸多保障乡村教师教育培养质量和提高乡村教师专业化水平的政策措施。这些探索乡村教师教育改革的根本性措施，不仅稳定了我国的乡村教师队伍，规范了教育活动，增强了国家文化实力，而且还实现了由独立设置的师范教育体系向开放的乡村教师教育体系的转变，促进了乡村教师来源多元化，促使我国乡村教师队伍建设逐步走向规范化。

1. 从规模数量向质量效益发展

1978年，我国全面实行改革开放，市场经济体制开始挑战计划经济体制，社会整体格局发生变化。面对"文化大革命"结束后遗留的适龄儿童骤增引起的教师数量不足、普通民众文盲急剧增加等问题，师范教育事业百废待兴，教育部发布了《关于加强和发展师范教育的意见》，其中提出：要通过大力发展中等师范学校和高等师范专科学校为全国中小学尤其是乡村中学培养教师。

1980年6月，教育部召开了全国师范教育工作会议，对过去30年我国师范教育的发展经验进行了总结。此次会议提出，要建立健全师范教育体系，重申了中等师范教育面向乡村培养合格教师的使命。1981年10月，教育部发布了《关于增加中小学民办教师补助费的办法》的通知。1983年1月教育部《关于中等师范学校招生工作的通知》要求："为解决农村特别是山区、边远地区缺乏教师的问题，各地可安排一定的指标，按照定向招生、定向分配的原则，从农村、边远地区招生。"1983年5月，中共中央、国务院颁布了《关于加强和改革农村学校教育若干问题的通知》（以下简称《通知》），明确提出了有关高校培养乡村师资的任务。《通知》规定，有关高校要向乡村学校培养和输送合格师资，并以荣誉激励和增加待遇（增加生活补贴、保留城市户口、定期轮换等）的方式鼓励广大教师深入乡村，特别是到老、少、山、边、穷地区任教。有条件的地区还要建立民办教师的福利基金，解决其后顾之忧。同年，教育部总结了中等师范学校为普及九年义务教育和为中等学校培养合格师资的经验，坚定了中等师范学校为义务教育特别是为乡村地区培养和输送合格师资的办学定位。

1983年5月，《中共中央、国务院关于加强和改革农村学校教育若干问题的通知》要求提高农村教师的政治地位、社会地位和工资待遇；改善农村教师的工作和生活条件，为鼓励师范生到老、少、边、穷地区任教，要适当增加生活补贴；民办教师考核合格的转为公办教师。高师院校要根据农村学校教育的需求来设置课程、专业、教学方法和内容，增强对农村教育工作的适应性。这一时期，乡村教师教育注重的是数量的恢复和补偿。

1989年12月19日，全国师范专科学校工作会议在河北省石家庄市举行，此次会议提出，要适应乡村教育所面临的新形势，将为乡村初中培养合格师资视为中等师范学校的首要任务。20世纪90年代末，是我国师范教育的重要转折期。伴随着我国社会开始发生的转型以及教育体制改革的不断深入，在我国师范教育领域也随之掀起了一场重大的变革。教育部于1999年印发了《关于师范学院布局结构调整的几点思考》，拉开了师范教育改革的大幕，这次改革的核心点在于改变过去封闭独立的三级师范教育体制，逐步转向开放式二级教师教育体制。同时，原来向乡村地区培养和输送了大量合格师资的中等师范学校逐渐被取缔。这场师范教育变革带有鲜明的"城市倾向"，这点从师范院校的布局由以县城、地市为主，迅速向地市及以上的中心城市集中可窥见一斑。我国师范教育由此开始呈现"去乡村化"的倾向。进入21世纪以来，教育均衡发展成为我国城乡教育的主要发展背景，围绕这一背景，国家设计了一系列关涉乡村教师队伍建设的支持性政策，如"乡村义务教育阶段学校教师特设岗位计划""免费师范生""乡村学校教育硕士师资培养计划"等。

1995年，教育部颁布了《教师资格条例》，对教师资格认定的条件、申请以及证书管理进行了明确说明，推动了我国教师专业化的发展。可见，国家对教师教育事业的关注点，已经从外延式的数量扩张向内涵式的教师素质培训和学历提升发展。2005年，教育部颁布了《关于启动实施全国中小学教师教育技术能力建设计划的通知》，对全国中小学教师开展信息技术与学科教学的培训，以提高广大教师实施素质教育的能力和水平，这更是对内涵式教师素质培训的一种延续。

2. 从效率优先向公平均衡发展

改革开放之初，由于国家经济建设的迫切需要和对优质教育资源短缺的现实考量，大力提倡效率优先的非均衡化发展，成为我国教师教育政策价值取向的核心要求。1985年颁布的《中共中央关于教育体制改革的决定》和

1993年颁布的《中国教育改革和发展纲要》中均提出了教育要为社会主义现代化服务的内容。教师教育在很长一段时间里，表现出强烈的"效率优先"的功利主义倾向，忽视了教师教育的内在发展规律与均衡发展。而改变这一局面的，是1999年国家出台的《关于深化教育改革 全面推进素质教育的决定》，该决定提出了"以提升全体教师为目标进行教师教育"的要求，使教师教育政策公平均衡的价值取向得以彰显，有效地推进了教师教育的平等性和全员性。由此，教师教育开始了在不断反思中回归"公平均衡"的道路。迈向21世纪后，国家对乡村及西部地区的教师教育事业高度重视，先后颁布了《关于进一步加强农村教育工作的决定》《关于大力推进城镇教师支援农村教育工作的意见》《关于教育部直属师范大学师范生免费教育实施办法（试行）的通知》等文件，进一步把关注点放在平衡城乡之间、东西部地区之间的差异上，以实现教师教育的均衡发展。

其中，在2007年颁发的《关于教育部直属师范大学师范生免费教育实施办法（试行）的通知》中，公平特征的体现最为明显。由于1997年师范院校逐步实行收费制度以来，优秀生源报考师范学校的数量明显减少，加上受到地区发展不平衡的外部客观原因和传统、现实观念的影响，中小学教师在就职时普遍考虑城市和发达地区，致使教师资源分布极不均衡。面对这一问题，教育部在6所部属师范大学实行了免费师范生教育政策，规定：师范生4年在校就读期间免除学费、住宿费并领取生活补助，毕业后按照入学前与学生和生源所在地省级教育行政部门签订的承诺协议，承诺从事中小学教育10年以上，并且到城镇学校工作的免费师范生应先到乡村学校工作两年，其目的是更好地促进教育发展和教育公平，为乡村基础教育发展提供优质师资。

3. 从单一封闭向多元开放发展

1986年3月，《关于加强和发展师范教育的意见》提出坚持定向招生、提前录取，照顾边远地区和少数民族地区的原则；同年，《中华人民共和国义务教育法》颁布，提出师范教育是培养基础教育师资的"工作母机"，规定"有计划地实现小学教师具有中等师范学校毕业以上水平，初级中等学校教师具有高等师范专科学校毕业以上水平"，正式确立了分工明确、各有侧重的院校教师培养体系。这种一元封闭的教师培养模式是将各个阶段、各个层次的教师教育进行了人为的限制与割裂，这在一定程度上，不仅造成了教育资源的浪费，而且也不利于教师的终身发展。之后的几年，由于教师的数量基本满足了当时教育的需要，国家对于教育的要求不再仅仅是学历合格，而是教师素质的提高。1993年，原国家教委进一步明确了师范专科学校必须坚持为基础教育特别是乡村基础教育所需要的合格师资服务的办学方向；1993年10月《中华人民共和国教师法》、1995年3月《中华人民共和国教育法》，以及 1995 年 12 月《教师资格条例》的颁布，确定了教师的专业人员地位，从法律上规定了教师的地位、权利和义务；同时，规定教师的平均工资水平应当不低于或者高于国家公务员的平均工资水平，各级人民政府应当采取措施，为少数民族地区和边远贫困地区培养、培训教师。因此，1996 年 12 月，国家教育委员会颁布的《关于师范教育改革和发展的若干意见》中，提出了建立独立师范院校和非师范类院校共同参与培养教师的教育体系，由此开放共通的教师教育格局初显端倪。直至 1999 年，教育部颁布了《关于师范院校布局结构调整的几点意见》，明确提出"以师范院校为主体，其他高等学校积极参与"的师范生培养机制，并且提倡"师范教育资源重组"的新举措，标志着教师教育培养主体从一元化迈向多元化。此后，彰显多元融合和教育资源整合宗旨的教师教育政策纷纷出台，初步建立起以师范院校为主体、综合性高校和非师范类院校共同参与的灵活性、开放式教师教育网络体系。

4. 从阶段分离向整体连贯发展

由于长期以来我国对教师教育认识的局限性，改革开放初期的教师教育，仍然集中在教师的职前培养阶段，即在师范院校进行准教师的职前培养与教育活动，较少关注教师走向岗位阶段的专业化适应与发展的职后培训问题。1985 年，国家出台了《中共中央关于教育体制改革的决定》，在内容中出现培训在职教师和分期分批次轮训教师等文字的陈述，但对于如何把教师职前教育与在职培训有效地衔接起来，仍没有明晰要求，只是作为一种指导性的口号提出而已。

1993 年，中共中央、国务院印发《中国教育改革和发展纲要》，也提出"促进教师特别是中青年教师不断进修提高"，但此政策内容也只是宏观的设想，对解决当时教师职前、职后教育的分离局面，现实关照不足。此后，针对贯穿于职前培养与职后进修全过程的教师教育内容表述，在一系列政策文件中层叠出现。1998 年，《面向 21 世纪教育振兴行动计划》实施跨世纪园丁工程，要求以"不同方式对现有中小学校长和专任教师进行全员培训和继续教育"。2003 年，《教育部关于实施全国教师教育网络联盟计划的指导意见》，指出要提高教师队伍的整体素质，以信息化带动教育现代化，在整合区域资源的基础上，将教师教育职前、职后一体化，实施教师网联计划，构建"三步走"的教师终身学习体系。这一系列的举措，改变了之前教师教育阶段分离的状态，逐步建立起职前培养与职后培训有机整合的良性的教师教育发展格局。

2005 年 12 月，《国务院关于深化农村义务教育经费保障机制改革的通知》要求深化农村教师人事改革，依法全面实施教师资格准入制度，推行城市教师、大学毕业生到农村支教制度。随着乡村经济社会发展和乡村义务教育经费保障机制的逐步建立,进一步加强乡村师资力量、解决乡村教师队伍建设、缩小城乡差距成为发展乡村教育的当务之急。这一时期,国家通过城镇中学与乡村中学"结对子"、交流任教、东部支援西部、实施特岗计划、师范生顶岗实习、免费师范生等政策,大大提高了西部贫困地区乡村教师质量,缓解了乡村教师不足的问题,为乡村地区培养了一支留得住、扎根农村的优秀教师队伍。

2006年5月,为进一步加强乡村教师队伍建设,促进义务教育均衡发展,教育部、财政部、人事部、中央编办发布《关于实施农村义务教育阶段学校教师特设岗位计划的通知》决定,实施"农村义务教育阶段学校教师特设岗位计划"。通过公开招募高校毕业生到西部两基攻坚县及县以下乡村义务教育阶段学校任教,引导和鼓励毕业生从事乡村教育工作,逐步解决乡村师资总量不足和结构不合理等问题,提高乡村教师队伍整体素质。2006—2008年,共招特岗教师5.9万多人,覆盖400多个县、6 000多所乡村小学。特岗计划有力地缓解了乡村地区教师紧缺和结构性的矛盾,促进了乡村学校面貌的变化,受到各地的普遍欢迎。2007年5月,国务院办公厅转发了教育部等部门《关于教育部直属师范大学师范生免费教育实施办法(试行)》的通知,同年秋季开始,在北京师范大学、华东师范大学、东北师范大学、华中师范大学、陕西师范大学和西南大学6所部属学校试行师范生免费教育。免费师范生的就业方向主要为乡村义务教育阶段学校,到城镇工作的必须先到乡村义务教育学校任教服务2年。国家鼓励免费师范毕业生长期从教、终身从教。

《乡村教师支持计划(2015—2020年)》提出要全面提升乡村教师的思想政治和能力素质,计划到2020年要对全体乡村教师校长进行360学时的培训。为了实现这一目标,该计划也提出了一些保障措施,如拓展乡村教师补充渠道、提高乡村教师生活待遇、统一城乡教职工编制标准、把乡村教师培训纳入基本公共服务体系、保障经费投入、确保乡村教师培训时间等。

传统上,教师教育的目标通常都是以知识、能力、师德培养为主要内容来建构内涵的;最近几年出台的教师队伍建设政策,则对教师教育新目标的确定提出了挑战。党的十八届五中全会通过了《中共中央关于制定国民经济和社会发展第十三个五年规划的建议》,对全面建成小康社会决胜阶段的教育改革发出了新动员令,明确提出"提高教育质量"这一主线,推动我国教育事业进入以质量为核心的内涵发展阶段,对教师教育的总目标提出了挑战。由于提高教育质量主要表现在"全面贯彻党的教育方针,落实立德树人根本任务,加强社会主义核心价值观教育,培养德智体美全面发展的社会主义建设者和接班人"上,并且突出了具体的教育目标,即"把增强学生社会责任感、创新精神、实践能力作为重点任务贯彻到国民教育全过程"。这就意味着，乡村教师教育的目标是要提高教师（无论是师范生还是在职教师）在课堂中落实立德树人、开展社会主义核心价值观教育的能力，提高教师培养学生的社会责任感、创新精神和实践能力的教育能力，而不仅仅是一般性地掌握科学文化知识、学科专业知识和基本技能等。

重要的是，要"推动义务教育均衡发展，全面提高教育教学质量"，并且要"促进教育公平"，最终还是要通过"加强教师队伍特别是乡村教师队伍建设，推进城乡教师交流"的路径和机制来实现。那么如何开展乡村教师队伍建设？

《乡村教师支持计划（2015—2020年）》明确地回答了这个问题。我们面临着如何解决当前乡村教师职业吸引力不强、补充渠道不畅、优质资源配置不足、结构不尽合理、整体素质不高等突出挑战，因此"全面提升乡村教师能力素质"成为相当长一段时间内我国教师教育的总体目标。为了实现这个整体目标，我们需要加强教师教育的治理，"要把乡村教师培训纳入基本公共服务体系，保障经费投入，确保乡村教师的培训时间和质量"。这是对教师教育属性的一种基本定位，教师教育是一种公共产品，它体现了公共属性，因此政府完全有理由把教师教育纳入公共服务体系。这为"省级人民政府要统筹规划和支持全员培训，市、县级人民政府要切实履行实施主体责任"，改变乡村教师教育治理结构提供了政策依据。

（二）乡村教师教育政策的内容选择

通过以上分析，我们可以看到：当前乃至未来相当长一段时间内我国乡村教师教育的发展趋势，是为了解决"教育发展不充分、不均衡"的矛盾，是为了"追求公平而有质量的教育"的总体要求，为了提高乡村教师教育的质量、应对教师紧缺问题、促进教师人力资源的均衡配置，教师教育的目标、体系、课程、方式和方法等都将会产生变革；政策制定者也需要对现行的教师教育政策做出调整，如教师专业标准、教师教育课程等，尤其是关于"国培计划"与"卓越教师"培养等政策的制定、执行和评价都需有所变化。由此，我国教师教育政策的基本导向为：基于"合格"走向"卓越"。

1. 走向内在融合的乡村教师教育政策指向

（1）乡村教师的专业修为：从实践感悟到理论自觉

乡村教师的专业修为从实践感悟到理论自觉的转变，主要体现在教师专业发展向教师发展的转变上。教师专业发展和教师发展存在根本性的区别：教师专业发展只是在关注教师的技术、能力和水平的发展，而教师发展关乎信念、信仰以及整个职业生涯的发展。我们现在的问题是过多地关注"专业",却对信仰的关注较少。西方国家有宗教信仰,因此西方国家的教师教育研究者不再从教育的角度研究信念,因为他们的信仰已经贯穿于家庭、单位以及社会,形成了自己的信念和自觉。虽然宗教信仰与教师信仰毫无关系,但有了这种信仰,西方人明确自己不能违背信仰、不能说谎,不能欺骗学生以及不能在工作岗位上"混日子",他们把职业和专业视为生命一样对待,教师的自觉性得以充分发挥。

教师的发展跟教师专业化并没有直接的关系,而一个人的终极信仰以及产生的自觉性直接对他个人的专业修为有一定影响。叶澜老师提出:"教师的成长要达到一种生命的自觉,提升并加强教师成长的自觉性,实现教师自我更新。"我国的国民缺乏信仰,所以更应该在乡村教师的发展中提倡教师信仰,提升教师发展的自觉性,旨在构建优质乡村教师队伍的同时,使每一位乡村教师具备自己掌握职业生涯发展方向的意识,极力实现自我更新,在育人的同时提升自身生命的质与量,做自己职业的主人。否定昨天,超越今天,达到明天,这样乡村教师的教学水平才能不断地发展,教学风格和教学艺术才能达到一定的高度,才能越来越有个性地、凝练地发展,对其他教师和基础教育也才会有广大的辐射和引导作用。由此可见,乡村教师的专业修为正逐步从实践感悟走向理论自觉。

(2)乡村教师教育的组织形态:从一元组织到多元组织

以往的教师教育组织形态主要表现出一元性的特点。一元性的教师教育组织形态指的是以大学为一个组织,或是以中小学为一个组织。以往职前教师教育主要存在于大学内部,职后的教师教育主要是以学校为单位或者以县、市为单位的内部培训,二者之间毫无关系,是分裂的、分离的。随着社会的发展,一元性的教师教育的组织形态已经不能满足乡村教师的发展需要,并逐渐体现出多元性的特点。乡村教师教育多元的组织形态有乡村教师自我研修、乡村教师与伙伴之间共同发展研究、乡村教师与家长之间交流沟通、乡村教师与学生之间教学相长等。社会是发展的社会,是不同时间、不同空间、不同场域的大环境,乡村教师是乡村社会的一部分,教师教育的发展与社会的发展紧密相连,将乡村教师的发展放到不同的时间、空间以及不同的场域中就形成了乡村教师教育多元的组织形态。

乡村教师教育多元的组织形态是以大学为中心,上与社会之间、下与中小学之间、左与政府之间、右与家庭之间形成的生态圈,是一种多元的生态组织。不同的组织形态有着不同的功能。比如,如何体现出教师与学生之间的教学相长?《论语》中说:"三人行必有我师,择其善者而从之,其不善者而改之。"教学相长的过程就形成一种组织形态。又如,如何知晓家长对教师和学校的想法和建议?从领会家长想法的角度看,乡村教师要有自己的能力和水平，在具体做和双方关系的处理上就形成一种组织，这也是乡村教师专业发展自我研修的一种形态。

（3）乡村教师教育的核心价值：从教师道德到教师信念

以往的教师教育的核心价值关注教师道德层面，教师道德是指教师在从事教育工作时应该具有的道德观念、情操和品质。现在的教师教育的核心价值关注教师信念，教师信念是指教师在从事教育工作的过程中形成的职业信仰、责任感和使命感。低水平教师的发展奠基于教师道德，而卓越教师的发展要树立执着、坚定的教育信念。冯友兰先生提出四种境界：一般水平的教师生活在自然境界、功利境界、道德境界和天地境界；而乡村教师生活在天地境界的发展中，是在超越道德境界到达教育信念高度的发展中，不再单纯地追求名利和荣誉，而是为了自身的幸福和快乐，将其融入生活，成为生活的一部分，是一种生活状态的体现。将天地境界巧妙地运用到乡村教师教育的核心价值中，就是要达到一定高度。由于中国人是哲学的，而非宗教的，所以，教师的教育哲学其理论自觉要达到教师在教育观上有自己独特的教育哲学（如何看待教育、如何看待学生以及如何看待师生），进而影响学生观（是成年人对小孩的规训和命令，还是平等交流对话式的亦师亦友）。

教师的教育哲学包括对知识技能的传授，更包括信念层面交流式的互动生成，这都直接影响了乡村教师的课程观和教学观，进而对班级的管理、学校的管理、文化的管理都有一定影响。叶澜老师再三强调，提倡教师发展，而不是教师专业发展。教师的教育信仰体现在对教师职业的热爱和达到对教育事业执着的境界。叶澜老师也提出："教师专业内在的尊严和职业的欢愉，即教师的快乐和幸福感。"例如，于漪老师花甲之年，依然进行教学实践，不再是因为教师职业道德的规范和要求，而是达到一种生命的自觉。乡村教师的核心价值要达到一种生命自觉，达到信念层面，才能从根本上促进教师的发展、教师教学水平的发展，才能走向卓越，这对其他乡村教师也起到引导和示范的作用。

2. 走向模式统合的乡村教师教育政策运行机制

（1）乡村教师教育的研修模式：从自上而下走向合作学习

自上而下是指乡村教师的专业发展从原来的仅仅在大学中研修走向中小学，走向模拟式研修，是从知识教育走向综合教育，从象牙塔走向田野的模式。例如，教师专业发展学校模式是从以中小学发展教师为主、大学参与式的学习模式，转变成大学为主、中小学配合式的研修模式，这种模式体现出从以上为主到以下为主的转变和相互合作学习的特点。教师教育研修模式走向合作学习，一方面，是因为教师的职业不是科研写作，而是教师彼此学习、相互欣赏、相互砥砺，教师的研修模式应在多元互动、彼此之间取长补短中，在磨合对话和交流中产生，而这就是所谓的合作学习；另一方面，现在的中小学公开课经常被叫作"磨课""研课"，就是让教师在琢磨和研讨中实现合作学习。越来越多的中小学强调"磨课""研课"，相互切磋、砥砺，教师需要多方面的研磨，需要大量的经验积累，这是对教师发展本性需要的总结。所以，教师教育的研修模式走向合作学习是完善教师教育发展的必然趋势。

(2)乡村教师教育的培训机制：从零散无序走向整合有序

以往的教师培训机制体现出零散无序的特点，大学和中小学的培训机制是分裂、零散的。大学生毕业实习几周或者进行一个月实践就进入岗位就职，这种教师培养方式已经被历史证明是低效率的，甚至是无效的。教师教育培训模式之所以走向整合有序是因为教师的专业成长是有规律的，有学者梳理了国外教师教育专业发展阶段的研究方法，并提出国外对教师专业发展阶段的探讨从以下两方面着手："一方面是从教师专业素养形成和成长过程的角度来划分，研究教师的教学重点、工作需求、教师信仰、专业成长需求和教学能力成长差异的阶段性成长规律。例如，美国的福勒将教师专业成长分为四个阶段——入职前阶段、初任教师阶段、教学实践阶段和注重学生成长阶段。另一方面是把教师作为一项事业的整体成长来划分，探讨教师在职前、入职、在职以及离职的四个阶段成长过程中所显现的阶段性的成长规律。"例如，美国研究者费斯勒将教师专业成长分为八个阶段：入职前阶段、入门指导阶段、技能构建阶段、热爱和自我发展阶段、职业挫败阶段、职业倦怠阶段、重新焕发和自我更新阶段以及退出职业阶段。我们从西方教师专业发展和我国教师专业发展的探索实践中发现，建立一套连贯有序的培养机制，将会促进乡村教师的发展。当前的乡村教师教育体制体现出整合有序的特点，主要表现在进行乡村教师职前、职后以及职前职后相统一的系统培养。

整合有序的培养机制的建立以提高乡村教师专业发展为目标，促进教师培养过程中管理制度的建设，加强乡村教师教育质量保障机制的建设，合理配置教师教育资源，引导教师和学生的主观能动性的发展，更加高效地培养教师的创新能力。例如，大学参与中小学(进行职前培养)、入职阶段(初期培养)、返岗实习(实践培养)、理论研究(与实践结合)和在职阶段(持续培养)，四者之间形成连贯的、循环的培养模式。

(3)乡村教师教育的改革路径：从单级改革走向协同创新

以往的单级改革就是大学内部关起门来办大学，实行内部改革(改课程、改专业课等)，无法延续教师教育的发展。社会是多元的社会，现如今教师教育改革与社会对接，政府、学校、教师进修学院、家长群体都属于社会的一部分，所以教师教育改革走向以教师为主体，形成与政府、学校、培训单位、家长群体之间的一种多元化的、协同创新的改革路径。研究发现，各县、区的教研员是教师进修学校、政府、中小学、大学四者之间沟通的媒介，缺少教研员这一环节使得学校和政府、中小学、大学之间合作不畅。为了解决这一问题，各个机构开始加大对教研员的培养力度，使其能够更好地促进各职能机构之间交流合作，使各个机构协同发展，并逐步走向协同创新。同时，协同创新是多元化的，不单单指在大学、中小学和政府中合作学习和发展，还应该在教师进修学院以及家长群体中发展，乡村教师需要从中吸取营养、有一定的经验积累，从而实现协同创新。例如，让家长委员会参与教师培养，让教师知道家长以什么样的方式培养孩子、读懂孩子，从而培养教师的"家校"沟通能力和协同创新的能力；再如，社会行业协会、中小学以及教育领导部门三方，从政策的角度对教育的理解是什么，这可以让教师充分知晓自身的责任和义务，实现见习、上课等教学环节的无缝对接。

3. 走向多方和谐的乡村教师教育政策评价

(1) 乡村教师教育政策的评价理念：从"职业化"走向"志业化"

以往教师教育政策的评价理念关注教师"职业化"发展，"职业化"理念是指起初教师职业就是赚钱的工具。乡村教师教育政策评价理念关注乡村教师"志业化"发展，"志业化"的理念是由马克斯·韦伯提出的观点，是指把乡村教师职业比作一项事业，最后将其提高到信仰层面。从乡村教师专业成长的角度看，评价的理念从"职业化"走向专业化，从专业化走向"志业化"，这是超越专业化而向以终身学习为理念、以执着的乡村教育信念为终极职归的方向发展。

在从"职业化"走向"志业化"的过程中，乡村教师评价理念的标准随之发生变化。有学者提出优秀教师的评价标准——档案袋评价和"评价中心"的评价。档案袋评价就是以从评价材料中捕获到的信息来评判乡村教师表现出的教学能力能否到达卓越教师的标准。重要的是，教师档案袋如同学生档案袋具有的作用一样，使教师完成档案任务的过程，成为发展自己教学分析和教学反思能力的过程。"评价中心"的评价特别关注评估乡村教师的专业知识和舒尔曼讲的"学科教学知识"。除了这两种评价方式以外，还计划开发教学考察的方式，但这种方式由于复杂多样，最终以讲授的录像为中介来展现教学实践这一带有创新性的研究。上述三种评价方法都体现出"志业化"的教师教育评价理念，并规范着乡村教师向卓越方向发展。

(2) 乡村教师教育政策的评价方法：从质、量分离走向质、量合一

改革开放以后，教师教育评价方法缺少对乡村教师质的关注，单纯追求教师数量上的"多"，致使教师在数量上已经得到了极大的丰富，改变了原有

教师数量缺乏的状况。如今在增加薄弱地区教师数量的前提下，教师教育的评价方法逐步转向提高教师教育评价机制的门槛和标准，提高乡村教师个体及群体的整体质量，这是对乡村教师教育的质的要求。现如今，我国为了满足教育发展，办人民满意的教育，无论是城市还是乡村，在城乡一体化的进程中都要办高质量的乡村教育，而高质量的乡村教育首先要有高质量的乡村教师。因而，我国教师教育的评价方法从质与量的分离走向质与量的合一。

笔者根据相关教师评价、学校评价和教师区域评价中的数据做出如下表述：原来的教师评价关注教师的数量、校舍面积等，现在逐步转向关注特级教师、高级教师以及研究生的数量。这不能仅仅说是质的体现，但却是质表现的一个方面。特级教师、骨干教师的数量说明的不单单是数量多少的问题，表面关注的是数量，但更深层次表达的关注点却是质量；再如，学生择校择班的现象，择班就是为了择优秀班主任，为了择优秀的教师。以往的乡村教师评价中关注校舍面积等一类的指标，皆是从浅层次上追求乡村教师数量。而现在考虑数量的同时更多关注于骨干教师、特级教师、优秀班主任以及研究生的比例等，其根本是追求乡村教师的质量。乡村卓越教师的发展需要在数量满足的同时提升质量，所以，乡村卓越教师教育的评价方法需要质与量的合一。

（3）乡村教师教育政策的评价途径：从单向度评估走向课程协商

以往的乡村教师教育政策的评价途径是单一性的、单向度的评估，是一种政府从上到下地强行推进式评价途径。乡村教师教育政策评价是多元参与式、民主式、对话式的课程协商，对教师的评价需要用人单位、基层中小学、家长、教师教育专家和基层的管理人员共同协商，是基于尊重基层的首创精神，尊重基层的经验，构建民主协商式对话总结而来的。

奥恩斯坦认为："不管教育理论工作者还是实践工作者，也不管自身是否意识到，课程理论始终是我们教育思想的一部分。院校中课程活动要保证有效进行，就需要认识到课程理论是课程必不可少的基础。"正是基于这种理念，协商课程逐渐形成了。"协商课程着重关注师生之间的分享，它旨在释放教师和学生的自由，充分发挥二者协商的权利和义务。协商课程研究者以建构主义心理学、杜威的实用主义教育学、人本主义教育学、批判教育学等为理论来源，对协商课程的价值、达到的目的、协商的内容、实施的方法以及之后的评估进行了富有创意的阐释，从而丰富了后现代课程研究话语。"课程协商包括教师民主互评、自评、家长评价和学校评价等，每个主体的评价都占有一定的比例、指标和权重。比如，对学校的评价家长不一定认同，所以需要相互协商，让民主的力量渗透进去。现在乡村学校已有了第三方评估机制，乡村教师的课程协商也有了可能。

(三)我国乡村教师教育政策的实施策略

1. 凝聚教师和学校力量,提升乡村教师的内在质量

(1)建立乡村教师名师工作站,实现协同创新与合作学习

21世纪初期就有教师工作站的建立,旨在学校能有计划、分层次地逐步实现教师发展,这一过程是逐步递进的过程。要把提升全体教师的理论水平、专业知识、实践技能作为目标,实现学校和教师之间的协调发展、可持续发展。为了更好地打造现代化、专业化的教师队伍,提升乡村卓越教师的内在质量,应该加大教师组建工作站的力度,尤其是名师工作站,从而实现协同创新与合作学习。

名师工作站是一个组织有效、纪律明确的团队,团队有其独特的指导理念和规章制度,除此之外还具有一套完备的队员分工制度。名师工作站的运行,首先,要确立研修目标和价值追求;其次,若要站稳行业中"佼佼者"的地位,要有其独特的研修文化作为背景;再次,建立有效的识别体系(命名、口号、理念、宣誓等),推行"品牌化"策略;最后,还要考虑加强教师研修意识和丰厚团队研修内涵等。

有学者从名师工作坊活动设计和运行的机制障碍角度出发,形成"制订计划—开展执行—检查评价—反思处理"活动流程。例如,著名数学特级教师吴正宪本着"提供高质量教研服务,培育优秀教师"的工作宗旨,建立了以乡村教师专业成长为主导的集体研修机制。"吴正宪小学数学教师工作站"成立于2008年6月,并号召全体青年教师进行团队研修。

近几年,经过工作站的不断发展,逐渐从"形单影只"的个体发展到"成群结队"的组织,之所以发展得如此庞大,是因为其内部具有相对完善的运作模式。由吴正宪小学数学工作站运作模式作为借鉴,名师工作站具体运作模式如下:一是资格认证靠名师引领。工作站的成立需要有名师作为"带头人",名师是创建工作站的基石。二是团队意识旨在伙伴协作。高效的伙伴协作是工作站团队意识的核心。三是实践反思。每次研修结束,乡村教师自我反思的养成是诊断研修好坏的重要标准。在反思中成长,如果没有反思,发展速度就会随之减缓。四是持续关注。持续关注队员的行为是名师工作站跟踪评估的手段,名师工作站的组织者要不断地关注站内教师的发展,做好相关跟踪记录进行评估,督促教师发展成才。五是谋求发展。站内队员经历了工作站的发展模式之后,逐渐形成合作学习、平等交流、勤于反思、协同创新的特质,由其自然地向外寻求纵深发展。要想实现乡村教师质量的发展,需要从根本做起,而乡村教师发展的"根"就在基层、在学校、在课堂、在每名学生和每位教师的心里。

通过上述运行模式建立名师工作坊,将会在不断地提升和改革、创新与发展中,更高效地实现协同创新和合作学习的目的,逐步完成教师教育一体化、现代化和专业化,提升教师质量,实现乡村卓越教师的发展。

(2)通过制度落实与物质保障,提高乡村教师的教育志趣

政策的推行过程中,需要教育各部门之间的共同配合和管理,但实际操作中,却缺少相关落实和跟进措施。教师主动性意识不强,导致教师教育的发展没有实质性的进步。尽管国家出台了相应的政策来保障乡村教师的利益,但是扶持的力度在经费方面还是不足。为了有效提高乡村教师的教育志趣,实现教师教育的发展,从制度上加强对各部门的规制,保障制度的落实和产生应有的效果,物质的保障也是提高乡村教师教育志趣的根本。

同时,建立带薪培训制度,并让乡村教师掌握自选权,在时间上自由分配。将涨工资与接受培训相连接,实现最大程度的激励,让他们在培训成本上获得补偿甚至享受部分收益。通过相关跟进制度的落实,从根本上解决教师参与培训的顾虑,使培训的效率最大化。学者李玛璟和卢彰认为,教师的发展是一个系统的工作,国家在政策和财务上应当给其足够的支撑,独立教育资金的缺乏将导致学校很难积极主动、自发地构建培训的平台。此外,教师培训更需要充足的经费作为后备力量,推动教师培训的发展。我们可以效仿美国设立国家专项经费,采用单独立项拨款的方式保证资金的充足。同时,扩大经费的筹措渠道,让社会力量参与其中,汇聚政府、社会和个人三方力量设立专项基金,三方互相监督,也可以保障基金的合理利用。

所以,理论上的构想在实践中不一定会达到预期效果,政策从出台到实施可能会受到各种复杂因素的影响,此时我们要积极改进,从根本上提高教师的志趣。通过制度落实与物质保障来提高教师教育志趣的策略,具体应从三方面入手:首先,增强教师对政策的认识,让其了解有利于自己的条件和保障。其次,加紧完善政策中每个内在环节之间的作用。政策实施过程复杂多变,尤其要对组织、协调管理和监督做进一步的优化。最后,有效拨款,有效利用。大量事实表明,出台的政策对实施者的利益越大,实施者执行好此政策的动机就越强越,所以在政府拨款的同时,要加大对支教教师的利益保障。只有教师自身的认识提高了,才愿意更好地肩负其应有的责任和义务。

(3)进行(乡村教师定向)师范生强化训练,实现职前教师教育的卓越

2011年《教师教育课程标准》的发布使我国教师教育向前迈进了一大步,但新问题也随之而来。师范生在学习新知识时往往偏重理论知识,忽略实践的重要性,致使毕业之后不能更好地与岗位衔接。所以,进行(乡村教师定向)师范生强化训练,实现职前教师教育的卓越是培养职后乡村卓越教师的

基础。

  首先，课程的设置要注重（乡村教师定向）师范生如何育人的实践课程，使课程的重点不仅仅局限于单独发展教师教育的课程和重理论的课程。培养（乡村教师定向）师范生就是培养未来的乡村教师，将来由其更好地培育学生，这才是培养（乡村教师定向）师范生的意义所在。随着学校的变革，高校均处于转型期，（乡村教师定向）师范生毕业之后不能迅速适应社会，不能投入自己的教育工作，所学知识不能很好地运用于实践。在课程设置上注重实践，将会对此问题有所改善。

  其次，拓展教师教育课程向教会（乡村教师定向）师范生如何育人的方向转变，制定以（乡村教师定向）师范生发展和乡村学生发展为根本目的的教师教育课程标准，该标准的制定应让（乡村教师定向）师范生能够正确理解并最大化地使用自身的专业知识，最终完善（乡村教师定向）师范生专业课程标准。

  再次，在政策方面，要大力利用媒介宣传，同时给予优良的政策保障。加强保障的力度，使学校师生充分体会利大于弊的优越条件。有学者提出："尽量使考生在充分了解相关政策和深思熟虑之后报考，减少由于错误的政策解读而报错学校的现象，避免学生对政策的钻空子、搭便车、投机等不良行为，端正学生报考动机，保证（乡村教师定向）师范生的质和量。"所以，国家出台政策和学校招生政策应该给出更全面、更详细的解释，利用互联网技术发挥其宣传作用。最重要的是，（乡村教师定向）师范生应知晓自身被赋予的使命和应尽的义务。

  最后，在介绍和报道我国基础教育状况时，应看重目前基层教育的需求，提高社会对免费师范生政策的关注与认同，激励和吸引优秀学子，特别是鼓励男性和东部发达地区优秀学子报考免费师范专业。除此之外，还应当灵活制定招生政策，完善继续教育政策。在学校按照国家政策规定招生的基础之上给予其自主选择的权利，使得各级各类院校能够按照自己的特色，招收符合其学校特点的生源，让政策实施更加多样化、多元化、多面化。比如，北京师范大学从入校的学生中选择免费师范生，华中师范大学提前自主招生等。与此同时，政府在完善免费师范生政策中还应提倡师范生入职之后的继续教育乃至终身教育的培养，鼓动师范生在职期间提升自身学历，激发他们的学习兴趣和动力，进而达到可持续性和终身性的全面发展目标。

2. 搭建大学、政府和学校伙伴关系，催生教师自主发展

（1）建立乡村教师教育实验区，实现理论培养与实践历练的对接

  从2007年实施师范生公费教育的政策至今，教师教育领域中出现了很多问题，其中，师范生毕业不能很好地融入教学实践中的问题最为突出。建立教师教育实验区来历练（乡村教师定向）师范生，将理论培养与实践历练相融合是

解决此问题的一种方法。

例如，东北师范大学实验区的建立旨在引领和更新基层教师的观念和意识，建立一套科学的培养体系，学校与政府建立合作伙伴关系，使大学培训中小学教师成为可能。教师教育实验区的培训目标从三个方面指导：一是让实习带队的教师开展讲座，为基地校提供咨询和指导；二是学生实习期间，邀请专家来基地校开展巡回讲座，为学生提供进一步的讲解；三是学生顶岗实习时，将被置换出来的教师送到学校本部进行一周培训。同时，在不断地实践与探索中，东北师范大学提出"从通识培训进入学科培训"的新理念，重新设计培训模式，开展了多维度、多元化的培训活动。目前，实验区普遍认可的一种成型的做法是"订单培训"。所谓"订单培训"，就是学科教师培训根据地方教育部门提出的具体要求，对地方中小学教师进行有针对性的学科培训，其特点是针对性强。根据需要东北师范大学确定了两种培训方式：一是根据大部分需要化解的问题，由院校带领实验区教师到各院校实施培训，一年两次，上下半年各一次，一次时间维持在一个星期左右；二是按照个体实际需求，即"订单"需求，院校指派相关教师到该地实施个别训练。

东北师范大学的经验表明，师范大学主动为基础教育发展服务的最重要内容就在于做好教师培养和培训，教师教育是师范大学的根本。搭建大学、政府和中小学的合作伙伴关系，从而催生乡村卓越教师发展的模式是为了适应开放、多元文化下的社会理念而产生的，它打破了教师教育单向度发展的模式。该模式的产生，首先，解决了我国教师教育转型的难题，冲破了传统封闭的教师教育旧制，构建了自由开放的教师教育新制。在探索其特色之路的同时，开创了新型特色的乡村教师教育培养模式，构建了开放化和一体化且相互融合的实践借鉴。其次，破解了师范院校办学特色的难题。"师范院校办学主要面临三大难题：一是为顺应基础教育课程深化改革并进而引领其发展所面临的难题；二是近年来的师范专业毕业生数量供过于求而质量又良莠不齐，尤其是实践能力不足的难题；三是教育者专业成长的难题。"总之，全面推进建立乡村教师教育实验区（幼儿教师、中小学教师、职业中等学校教师及特殊教育学校教师的培养），对于（乡村教师定向）师范生以及培养教师的机构都有很大的帮助。

（2）大、中、小学教师合作学习，实现乡村教师的创新发展

现代社会是发展的社会，需要专业人员从事专项事物，同时不断地用知识和技能武装自己。互联网式社会使知识的更新速度加快，要求乡村教师在其相互合作学习的过程中，延续并完善一体化的发展。建构合作学习共同体是完成职前、职后一体化延续与实现乡村教师创新发展的有效途径。

教师教育的核心理念是"一切为了每一名学生的发展"，所以转变乡村教师教学方式、教师学习方式、学生学习方式，建立教师之间、教师与学校之间、

教师与学生之间以及学生之间的合作学习很重要。所以，加强高校对乡村教师共同体创建的意识是从根本上实施合作学习的途径之一。校本教研在乡村教师合作共同体的发展道路上将会发挥踏板作用，校本教研的产生可以有效加强乡村教师之间的协作发展，让学校成为一个独立的学习机构，以教师发展为中心，实现学习和实践的共享，使其更好地发展。校本教研有其自身的特点：一是目标明确，二是内容丰富，三是方法多样，四是教育者主体。因此，加强校本教研可从两个方面着手：第一，在组织和管理上，成立组织机构，为乡村学校校本教研提供保证；制定培训目标，为乡村学校校本教研提供方向；完善管理体系，为乡村学校校本教研推波助澜；提供物质条件，为乡村校本教研奠基。第二，在培训内容与模式上，运用"愿望达成"模式，此模式的优点在于培训目标由教师自己定，操作性强，阻力小，个人地位得到尊重和满足，以激发培训者的最大潜能；运用自我反思模式，通过对活动的分析判断，进行自我反思，改进提升教学水平，可以通过课堂随笔、案例等反思自己教学设计是否合理等；运用教学沙龙模式，让乡村教师通过"沙龙"实现交流，取得心灵体会，再进行更深层次的探讨、切磋，吸收有益经验，提升自己的专业水平；运用专题研讨模式，专门针对青年教师的问题邀请专家指导，针对性较强；运用教学研究模式，组织教师进行教学活动研究，利用集体的智慧，发挥头脑风暴的效果，提升教师整体专业水平。

合作学习共同体的产生，能够使乡村教师明确知道当下教育的最新理念，凭借智慧的交流、碰撞和共享，促进乡村教师拥有高效的学习氛围，走向合作、创新的专业成长道路。

(3) 充分发挥教师的领导力，实现乡村教师专业的卓越成长

一直以来，教师常常被当成改革的"被动者"，而非"领导者"。其实，教师参与学校的领导工作，将会为乡村教师的专业发展提供更多的途径，进而加大乡村教师的自我效能感和自我荣誉感。对于一个政策制定者而言，教师领导力提供了乡村教师专业化实现"二次"成长的途径，为了实现乡村教师的发展，发挥教师领导力，可以采取形式多样的活动。

例如，以英国教师领导力实施的成功案例作为分析背景，对学校全体教职工进行调查和访谈。问题主要围绕制定的决策而展开，包括初步的决策和全程的参与。统计结果表明，学校的高层、中层领导和教师都能根据不同性质和情况，参与决策。其中一位班主任的话充分地表达了这一点："学校的任何决策既可以采用自上而下的方式由萨利（校长）来制定，也可以采用自下而上的方式由我们制定，然后通过中层管理者上传给学校领导，作为教师，我们都会主动参与。"可以看出教师注重其领导力的意识较强，也清楚地知道教师领导力的必要性。一位教师表达了教师领导力重要性的观点："你亲自参与到决策当中，

去考虑如何解决问题，而不是让别人告诉你首先该怎么做，然后怎么做……这样更好，每个人都能从中受益，因为每一个人都会感到自己是制定这一决策的一分子。"同样，一位高层领导也表示，她亲身体验到教职员工参与学校决策的优势，教师参与决策可以使很少或几乎没有课堂教学经验的校长知道他们的决策是不实际的、不可行的。该校校长表示："充分发挥教师的领导力，冲破了学校以往的组织管理方式（自上而下一庄独大式），组建了更加民主、和谐的新型管理方式，使教职工之间形成了良好的沟通和交流，形成了相互信任、相互尊重、相互关爱的组织氛围，使学校在学校文化和组织结构上的变革很成功。"

事实表明，教师领导力可以直接对院校的发展和教师的"二次"成长起到正向的作用，在开展教师合作和下放领导权的院校，教师的期望、士气和自信心都能得到显著的提高，进而实现教师专业成长向卓越迈进。并且在教师可以进行合作和共享领导权的学校，教师对职业的满意度也高。以此作为借鉴，第一，对于英国优秀案例，我国各大院校应予以效仿；第二，向院校和从教者宣扬教师领导力的理念，并宣讲被实践检验后的有效可靠的案例；第三，对教师领导力在不同学校环境中开发的效果进行评估，并不断更新改进，以此实现教师专业化发展的"二次"成长。

3. 构建专家、教师和管理者交流机制，实现乡村教师全新培养

（1）推行"引智"模式，实现交互生成式合作

"引智"模式是指学校在发展过程中，引进学科带头人、优秀课程、先进教育技术的智力引进工程，充分发挥"引智"模式在实现师范院校交互生成式合作中的职能作用，是促进乡村教师发展的一种模式。

在我国师范院校中，已经有"引智"模式的推行。例如，北京理工大学引进了国外专家工作模式，实现了多层次、多渠道、个性化的引智模式。为了引入国外好的教学资源，培育国内急需的技能型人才，促进中英两国的教育合作与交流，在英国苏格兰政府、英国文化委员会（BC）、人力资源和社会保障部职业技能鉴定中心（OSTA）、中国企业联合会/中国企业家协会等的支持下，我国的留学机构与苏格兰的学历管理机构一起将英国高等教育项目引进国内。项目为高中毕业的学生以及相同学历的毕业生提供了在国内便可以听授国际化高质量课程的机会，为家长节省了昂贵的留学费用。"引智"模式秉承以人为本、以学生为中心的教学理念；采用以小班形式、互动方式授课，全英文材料，双语授课的教学模式；教师以海归教师为主，辅以外教。

所以，省属师范院校同样可以效仿。通过推行"引智"模式，师范院校可以实现交互生成式合作，进而共同进步。从政策角度上试行"引智"模式的具体做法：首先，省属师范院校和北京师范大学一类的师范大学组织高端的教师教育培养联盟，并在国家政策上允许联盟的有效运行。通过教师教育培养联盟，省

属师范院校引入"智慧",将"智慧"有效地、实际地运用在本校的培养模式中,实现创新发展。其次,直属师范院校选拔出一部分优秀师资或者一线教师和省属师范院校的教师队伍一起,专门对(乡村教师定向)师范生进行有效培训,实现交互生成式合作。合作的实现会使师范教育培养的学生水平大幅度提升,省属师范院校和直属师范大学协同创新,共同进步。最后,在组织高端教师联盟的同时加强各环节之间的衔接和管理,使联盟有效运行。这样,普通的省属师范院校也将向培养高端师范人才的发展目标迈进。

(2)建立资源共享机制,打造优质课改模式

教师教育必须通过优化课程资源建立共享机制。例如,构建乡村卓越教师教育模拟社区,打造立体多维的乡村教师发展平台。优质课改模式,才能提高乡村教师教育课程实施的效益和水平。

首先,2011年,《教师教育课程标准》的颁布,一方面,旨在进一步深化教师教育的改革,用专业化、现代化的角度打造高端的教师队伍,培养高质量的师资;另一方面,旨在推进教师教育区域调研,使周边地区的教师能够合理地、直接地、有效地沟通问题、解决问题、交流方法等。区域调研的实施能够有效节省人力、物力、财力,与此同时,教师教育又能有效地、快速地开展起来。二者的共同实施可以相互促进、共同发展。与此同时,优质课程改革的培养既可以协调教师自身发展的需求,改变单一、封闭的培养现状,也可以提高师资队伍的质量和素质。其次,对课程资源进行跨学科、跨部门整合,提高使用效率。例如,图书馆、实验室、实验基地等在为师生服务的时间、方式等方面进行完善和提升,使其效用最大化地发挥出来,同时跨学科或者跨部门开设课程,充分激发师生的创造性,鼓励学习者相互交流各种资源。最后,创建教育课程资源的共享平台,使其充分发挥作用。例如,课程资源管理数据库,旨在拓宽资源的渠道。按照现实情况检录课程资源登记表,分门别类,便于查找和充分利用。从技术层面,构建乡村教师专业发展模拟社区,分享课程,实现交流。

创建公共平台,通过平台创建课程共享机制,完成资源的共同分享。此外,在资源共享的前提下,乡村教师自身的基础理论和应用研究必不可少,为乡村教师课程改革的发展提供源源不断的思路和技术保障。

(3)强化"两双"师资建设,培养乡村卓越的师资

"两双"是指双师型教师和双导师制的教师发展,前者是对教师的特殊要求,后者是为了使在校的研究生能够将所学的知识理论和实践操作更好地相互结合而设,为每一名学生分配两名导师来指导学生的导师制度。为了吸引优质的生源,从根本上提高师资队伍的质量,强化两双师资队伍的建设是必要的途径之一。两双师资队伍的建设能够高效处理优质教师数量上的不足、结构上的

不稳定、素质上的不全面、能力上没有保证等问题。

首先,加强双师素质和双师结构建设。有学者提出:"两双师资队伍建设需要依靠两双基地(双挂牌、双基地)建设给予其有效平台,而两双师资队伍需要在双师素质和双师结构上予以加强。"其次,加强双师型教师的自身素质和能力。双师型教师即专业课教师,需要具备两方面要求:一要与文化课教师看齐,具有深厚的文化底蕴和牢固的知识理论水平,有一定的教学组织能力和教研素质;二要向技术型教师看齐,有渊博的专业基础知识、高水平的专业实践技能、较强的组织生产经营和科技推广能力,以及指导学生创业的能力。最后,完善政策,扩大双导师制的范围。

"双导师制作为一项人才培养的新模式,极大地促进了学生的各方面成长,并相继得到了各阶层的承认,使用范围不断扩大,由本科生扩展到高职生、专业硕士研究生和学术硕士研究生,由对准学生的双导师制延伸到对准教师特别是高等职业学校教师的双导师制,实践专业也由经济类专业发展到财会类专业、教育类和法学类等专业,由课程学习推广到毕业实习、毕业论文再到大学教育的全程。"

综上所述,两双师资建设适合培养高端教师,并使乡村教师培养模式得以快速发展,它能够将乡村教师教育的培养向更高层次迈进,实现"教师教育培养优化"。可见,推进两双师资队伍的建设,培养"好上加好"师资,是一种必然趋势。

4. 完善监测评估体系,优化卓越教师的评价途径

(1)完善卓越教师专业标准,提升乡村教师发展水平

为了优化卓越教师的评价途径,从教师专业标准的出台到卓越教师专业标准的试行,其根本作用都旨在提升教师的发展水平。社会的进步过多地束缚着教师的行为举止,导致教师职业太过规范化,从而失去了教师本来就拥有的最根本的东西——教师自我的生命自觉。教师专业标准一般经过三个层次(技能熟练的过程、自我反思的过程和自我提升的过程)。乡村卓越教师专业标准的完善同样经历这三个阶段,并在每一个阶段上再深化、提升直至更优秀。

首先,探索卓越教师的培养模式,提升乡村教师的发展水平。卓越教师的专业标准虽然在孕育阶段,但无论是教师教育水平的提高还是教师教育的发展都需要先探索,如同传统合格教师的培养途径一样,培养模式大致分两种:一种是采用现行学院式教师培养模式来培养乡村教师,再由各个师范大学或者综合性大学培养合格教师的同时提高和发展乡村卓越教师的队伍;另一种是师徒制的培养模式,由已经发展为卓越教师的老教师们带领合格教师走向卓越。除上述两种之外还应该打破传统培养模式,发展新型教师教育,使传统与现代化教师教育并存,究其根本,就是要打破传统,重新阐释,最后形成新型的乡村

卓越教师专业标准。

其次，重视实践，完善乡村卓越教师的专业标准。社会的进步导致单纯的私相传授已经满足不了乡村卓越教师的发展，乡村卓越教师应拿出大部分时间走向实践。其一，培养乡村卓越教师的课程内容应该从理论逻辑转向实践案例，实践案例是教师教育走向卓越最鲜明、最真实的案例，并且要成为乡村卓越教师成长之路上最重要的一部分。其二，乡村教师教育的课程在运行实施的进程中要增加实践参与和观察。理论的教学并不能给予乡村教师直接的体验和理解，乡村教师需要基于课堂理论的内容走进实践，进行亲身体验和观察，从而发挥乡村教师职业的实践性。其三，乡村卓越教师应当参与更多的社会实践活动，乡村卓越教师的课程也要加强与学生之间的对话。吸收现代新颖的科学文化、融入传统，去其糟粕取其精华，将其更好地运用于自身与育人上。

最后，借鉴国外经验，完善乡村卓越教师的专业标准。相关资料显示，近20年澳大利亚的发展目标在于培养卓越教师，出台的一系列文件也紧紧围绕培养优秀教师。例如，提高教师专业成长和完善学校教师的专业水平，实现澳大利亚院校教育质量的提高；持续深入研究教师专业标准的发展，达到培养卓越、优秀教师的宗旨。以此作为一种经验和借鉴，我国卓越教师在教育标准化的推进中，应坚持以下两点：第一，构建乡村教师教育自身发展体系；第二，建立国家级专业标准机构；第三，出台专业标准。

综上所述，乡村卓越教师的专业标准要打破传统，重视教育实践、经验借鉴，使个体发展和集体发展相融合、政策保障与实施相配合，才能使其更加完善。

(2) 提高卓越教师资格评定制度的门槛，增强乡村教师的实践水平

首先，鼓励公平的乡村教师教育发展形态，更深度地提高乡村教师的培养水平，加大培养力度，提高卓越教师资格评定制度的门槛。高质量的教师队伍需要乡村卓越教师的带领，卓越教师资格评定制度应基于此更严于此。多年来，由于多方面的努力，我国师资培训取得很大的成就，但仍面临一些问题，需要在改革和发展中加以解决。

其次，卓越教师资格评定制度应更加注重实践。实践能力的提升才是乡村教师丰富教学的关键和根本，因为理论终究要指导实践。卓越教师资格评定制度应注重乡村教师的自我自觉性，呼唤乡村教师的道德信仰重现，重视乡村教师自身品性的成长。卓越教师资格认证制度在原有的基础上还应该着重对乡村教师在教学实践中的思想品德进行考察和提高教师资格学历的门槛认证。高尚的思想品德是卓越教师的前提条件，正如"师德为先，学生为本"。

最后，卓越教师资格评定制度应借鉴外国经验。美国在20世纪80年代初期就提出"替代性证书计划"，这一计划的出现，使美国教育界在是否要打破传

统模式，发扬支持代替性模式的问题上纷争不断。法国在培养教师教育方面，为了提高培养层次，严格统一资格证书制度，将教师入口这一关严格把控，一般教师资格证的通过率只有原先的1/5；规定师范生在大学中需要学习满一年才能参加全国统一测试来获取实习的名额，经过带薪实习、答辩和再测试后，才能取得教师资格证书，蜕变为一名真正的教师。我国教师教育机构认可制度与之相比还有差距，应添加以下两点：第一，严格把关，重质量不重数量；第二，卓越教师资格评定制度中教师要有10年以上的教学经历；第三，终身研修，持续不断地夯实自身专业知识。

(3)加强教师教育课程的鉴定与认可，满足乡村卓越教师发展的需求

为保障教师教育课程的专业水平，满足乡村卓越教师的发展需要，教师教育评价体系中要加强教师教育课程的鉴定与认可。

首先，教师教育课程的评价要遵循三个原则：理解性原则、多元化原则和现实性原则。"建立教师评价系统，在实施的过程中应有适当的质量检查，把更多的质量责任放在教师身上。"在这种系统中一个管理者将会成为一个资源者而不是一个监督者。从传统的纵向结构监督转变为横向的结构监督，这一观点如果能得到政策制定者的推崇和支持，将有助于提高课堂教学质量，因为横向结构的监督聚焦于个人持续的成长和提高。教师教育课程通过这种模式来鉴定和认可，而不是自上而下的、以忧虑为基础的、分级的员工评估，可使教师以最好的状态持续地工作。评估教师时应因地制宜、因时制宜。帮助学区设计有效的评估系统，以支持持续的学习和成长，这样才能提高教育质量，增强教师教育课程的认可度。

其次，经验借鉴。英国在1980年创立了教师教育认可机构。该机构为教师教育制定了具体的鉴定细则，包括教师教育课程标准（明确鉴定高效的教师教育课程）。鉴定结果的好坏直接关系到该校是否能得到给本校毕业生发放毕业证的资格。教育与就业机构给出明确的肯定反馈后，学校才有资格给毕业生颁发毕业证，这种方法的实施保障了师资水平和教师资格证书的专业水平。1985年，英国颁布了新的教师教育课程专业性认可标准《职前教师教育课程要求》（以下简称《要求》）。《要求》在归纳过去教师教育改革实践和专业有效认定经验的基础上，修订了当前教师教育最普遍的问题。最重要的是《要求》规定了数学、科学、英语和信息4个专业学科教师教育的国家课程标准，使标准细化、明了，形成了系统化的教师教育课程标准体系。苏格兰为保证职前教师教育的质量，进行了一套严格的职前教师教育计划计划。此外21世纪初期，高等教育质量委员会又颁布了《苏格兰职前教师教育标准》，该标准将被运用在此后的职前教师教育课程评估中。我国在加强教师教育课程鉴定与认可的道路上可以借鉴国外的先进经验。

最后，乡村教师专业技能的成长是实现卓越教师发展的根本之一。乡村教师专业技能培训制度的建设还包含相应评估体系的设计，及时有效地评价与考核是提高教师的积极主动性与提升培训效率的重要举措。评价指标的导向性在某种程度上决定了培训内容和方式。科学的评价体系必须在条件的选取上全方位考虑位于不同成长阶段的教师的专业技能的状况；评价方式上也应当适合教师的成人特点，合理使用过程性评价和终结性评价，特别是质性评价的方式应当予以重视。科学有效的评价体系应当解决教师课程标准中怎样完善教学规范、怎样实施因材施教、怎样形成教师独特教学风格、怎样使网络与课程结合等问题。

综上可知，从政策角度着重关注乡村教师专业技能的培训，是提高教师评价体系的途径之一，也是从观念转变到行动转变的标志之一。"师者，所以传道授业解惑也。"纵观世界教育发展史，乡村教师教育历经了一个从无到有、从低层次到高层次、从初等师范教育和中等师范教育到高等师范教育、从单独封闭的师范教育转向综合性大学自由开放式教师教育的历程。1980 年之后，为了更好地衔接教师教育的发展，促进教师职前、职后一体化的形成，推进教师教育培养机制的创新，实现教师教育培养更加丰富化、多样化、多元化，教师教育培养模式由学校单向度培养转向了"内部弥合"和"无缝对接"。教师教育的价值取向也从原来的培养合格教师走向培养卓越教师。

第七章　内力促动：乡村教师专业发展内在动力与学力提升

一、乡村教师专业发展展望

乡村教师的成长过程受到多种内外部因素的共同作用。多种因素错综复杂交织在一起，共同影响了乡村教师的成长过程。想要单独剥离出影响乡村教师卓越成长的那些关键的、直接的、本质的因素非常困难。那么，乡村教师的专业发展之路要遵循怎样的价值取向？有哪些比较成型的专业发展模式可以借鉴？提供怎样的政策支持体系能够帮助乡村教师共同发展？这是乡村教师专业发展方面的重要议题。教师队伍质量对当前和未来乡村教育的发展至关重要，教师队伍建设成为当前我国乡村教育发展的瓶颈。当前研究主要集中在乡村教师的队伍数量、队伍结构、职业吸引力、专业发展、继续教育、工资收入、城乡交流等"客观"要素方面，忽略了对乡村教师工作满意度、组织承诺、学校归属感、工作动力等心理因素的研究。乡村教师的教育教学活动受到主客观因素的共同影响。乡村教师工作满意度作为一个重要的变量，对乡村教师的教育教学绩效、教师学校归属感等方面具有重要影响。那么，乡村教师工作满意度是如何形成的？这个过程都涉及哪些关键因素？这个形成过程具有什么特征？对这些问题的回答将有助于提高我们对乡村教师工作满意度形成机制的认识，也可以为有关乡村教师管理政策的制定提供微观心理基础。著名心理学家亚当斯（Adams）的公平理论为我们分析这个内在机制提供了一个重要而且相对清晰的参考框架。

(一) 乡村教师专业发展的内在动力机制——在比较中形成

1965年，亚当斯从一种社会比较的视角提出了著名的公平理论。他认为，人们不仅关心自己所得回报的绝对量，而且还希望了解自己所得回报的相对量，以确定自己的回报是否公平。在这个社会比较的过程中，人们的情感、认知和行为都会受到影响。公平理论提出了以下几个概念并给出了比较清晰的解释逻辑。

付出 (input)：是指一个人对某项工作或活动先前投入的总和。这种付出包括自己的教育经历、个人努力程度、自身的能力水平以及对某项任务所投入的精力等。每个人都会对自己的付出有一个总体感觉，即个人付出感。

回报 (income)：主要指一个人在工作或活动中所获得报酬的总和。这种报酬是物质、精神方面的统称，包括工资、奖励、表彰、自信心、信念、晋升等多个方面。一个人对自己的回报也会有一个总体感觉，即个人回报感。

亚当斯认为，一个人通过横向比较和纵向比较两种方式来获得公平感。横向比较是与"他人"的比较，这里的"他人"主要是同个人的工作类型、成长经历、生活场域等相似的"他人"。同个人回报感对应的是他人回报感，即个人对他人所获得回报的感觉。同个人付出感对应的是他人付出感，即个人对他人付出多少的感觉。横向比较就是指个人付出感与个人回报感的比值同他人付出感与他人回报感的比值之间的比较。纵向比较是指同自己的过去比较，即现在的个人回报感与个人付出感的比值同过去的这个比值之间的比较。亚当斯将个人回报感、个人付出感、他人回报感和他人付出感这四个变量进行了模式化表达，这种比较能够得出以下三种结果，用公式可以表示如下。本文根据需要只分析横向比较。

$$\frac{Q_p}{I_p} = \frac{Q_x}{I_x} \qquad 公式1$$

$$\frac{Q_p}{I_p} > \frac{Q_x}{I_x} \qquad 公式2$$

$$\frac{Q_p}{I_p} < \frac{Q_x}{I_x} \qquad 公式3$$

其中，Q_p 为个人回报感，I_p 为个人付出感，Q_x 为他人回报感，I_x 为他人付出感。公式1表示两种感觉的比值相等，这种情况下个人会觉得很公平，对当前的处境和工作都比较满意，他会继续按照现在的努力程度完成工作。公式2表示个人在同他人比较时，会觉得回报过高或者付出过少，因此可能会心理不安，从而会对工作、生活产生一定影响。公式3表示个人在同他人比较时，会觉得自己回报太少或者付出过多，会产生不公平感，对自己当前处境和工作不够满意，对工作、生活等产生较大影响。以上就是个人公平感产生的一种心理逻辑和模式化表达，在这个比较过程中个体会因为比较结果的不同而产生不同的公平感，从而影响工作满意度。这个逻辑背后暗含着一种比较机制，下文将按照这个框架来分析乡村教师工资满意度的形成机制。

在亚当斯的分析框架下，比较对象的选择非常重要。因为，选择对象不同，就会具有不同的心理期待，从而对其付出和回报的感觉也会具有很大差异，最后的比较结果也可能完全不同。那么，乡村教师会选择什么人作为比较对象呢？如前所述，亚当斯所指的"他人"即横向比较的对象主要是和自己工作类型、成长经历、生活场域等方面相似的人。由于乡村教师的特殊生活场域以及乡村教师自身的背景差异，乡村教师的比较对象必然是非常多样的。在这里我们选择两类"他人"进行比较：城镇教师和本村村民。第一类是同自己工作类型密切关联且在"投入""回报"方面具有较好"异质性"的参照群体。第二类是同自己生活、工作场域密切关联且生活环境非常类似的"同质性"群体。因为，从逻辑和现实来看，工作和生活是人的两类重要活动领域，乡村教师作为一种生活在乡村的特殊专业技术人员，他们也会经常与自己对应的职业群体（城镇教师）和生活群体（本村村民）进行比较，从而产生对工作和生活的心理预期。

1. 同城镇教师的比较

根据公平理论所对应的变量，这里的比较对象转换为乡村教师和城镇教师。几个对应的概念转换成乡村教师回报感（Q_p）、乡村教师付出感（I_p）、城镇教师回报感（Q_x）和城镇教师付出感（I_x）。很多研究证实，在现实当中乡村教师所获得的回报（工资、荣誉、职称、进修学习机会等）低于城镇教师，反映到公平感的公式中即 $Q_p<Q_x$。也有调查证实，乡村教师负担重，平均要教 2.38 门课程。而且，乡村教师特别是村小和教学点的教师还具有复式教学、多科教学、批改作业量大等多方面的付出。因此，在付出感方面，乡村教师付出感大于城镇教师付出感，反映到公式中即 $I_p>I_x$。所以，当乡村教师同城镇教师进行比较时，回报感和付出感的比值结果是乡村教师小于城镇教师，出现了公式3的情况，即乡村教师会觉得自己同城镇教师相比较而言，获得的回报太少或者付出的劳动过多，从而产生不公平感，对自己的工作不满意。基于这样的不满意心理，教师教育教学的工作方式和努力程度可能会做出调整。从公式所反映的变量来看，如果没有外在政策干预的话，短期内增加回报感不太现实。那么为了使公式取得平衡，教师便会减少自己的付出感。教师的付出感降低意味着教师在教育教学的努力程度、认真程度、教学责任、精力投入等方面要打折扣。如果乡村学校中的教师大多存于这种心态，这必然会对学校整体教育教学的质量产生很大影响，从而对乡村孩子的学业发展造成很大伤害。

2. 同本村村民的比较

这里的比较对象转换为乡村教师和本村村民。几个对应的概念转换成乡村教师回报感(Q_p)、乡村教师付出感(I_p)、本村村民回报感(Q_x)和本村村民付出感(I_x)。其实，当我们把教师同农民放在一起比较时，已经存在了一定的"合法性"风险。制度主义理论强调"合法性"机制的重要性。"合法性"不仅仅指法律制度的作用，还包括文化制度、观念制度、社会期待等制度环境对组织行为的影响。制度主义比较强调一种"广泛接受"的逻辑。可是，按照一般广为接受的理解，教师和农民似乎不是一个层次上的职业，前者的职业地位明显优于后者。那么将乡村教师和本村村民放在一起比较是否符合观念制度或社会期待呢？答案是肯定的。一方面，乡村教师和本村村民的生活场域相似，二者的社会互动也比较密切。另一方面，2014年1月，笔者通过对村小教师的访谈发现"乡村教师收入的参照群体不是城镇教师，而是本村村民"的证据如下。

笔者：像他们年轻教师刚参加工作的话，小学教育（以下简称小教）二级教师一年总共能发多少钱呢？

访谈对象：乡村小学下面都满了，根本谈不上（刚参加工作），不接收。之前进来的都涨到小教一级了。工资也就是2 000出点头吧。也就是去年能到2 000，以前都有一千七八。教龄多一点儿的，能有一千八九。一年也就两万多块钱儿。不管啥门道儿，你这上一回学，挣这俩钱儿，也太少了。要是一个大小伙子，一年这点钱太少了。你看人家出去打工那些小子，一年多少钱啊，都好几万。

笔者：你这进入体制内了，还会慢慢涨。

访谈对象：没啥大事，反正够用了。你像人家挣大钱的，你就说我二哥吧，你看人家一年挣多少钱，你看他都60多了吧。你看我们家四儿，人家一年挣多少钱，也都不少挣。出去之后，一年不都四五万。我们这老师还赶不上人家吃苦力的呢。

当然，我们这里的"村民"不是指仅仅在家里种田的农民，因为在乡村地区，种田并没有被当成一个"工作"来理解。我们这里比较的是"工作"满意度，选择的比较对象自然是那些具有"工作"经历或者正在外地从事各种"工作"的村民。

此外，村民基本不涉及晋升、荣誉等其他类型的回报。考虑到教师和村民的可比性，此处将教师的收入作为回报的替代变量。我们从全国多个地区的调研中了解到，很多地区的小学高级教师的工资收入在每月3 500元左右，小教二级、小教一级教师因为教龄的长短差异在1 800~2 500元，所以没拿到高级职称的教师每年收入一般不到 3 万元。也有文献中给出了 2006 年全国普通小学、普通中学教职工的年收入分别为 17 729 元和 20 979 元。关于农民工外出的收入没有直接的统计数据，根据我们的调研可以大致进行推算，如果只从事最简单的体力劳动，如建筑工地上的普通工人（不包括有手艺的瓦匠、木工等），每人每天的工资一般在 120～150 元，每月 4 000 元左右，每年如果在外地务工 8 个月以上，每年务工收入会超过 3 万元。① 因此，村民外出务工的收入和一般乡村教师比较可能还略有优势，因此有 $Q_P<Q_X$。从付出感来看，村民外出务工主要从事简单体力劳动，工作时间长，工作强度大，工作环境比较恶劣，因此外出务工相当辛苦，因此有 $I_p<I_x$。所以，二者的比值大小确定不了。但是，考虑到亚当斯公平理论中存在"个体将会试图最大限度地扩大他们的收入"这样的假设。教师因为是专业技术人员，在收入期待上比较高，如果在总收入上和本村村民相比不但没有优势，还处于相对劣势，还是会产生不公平感，对自己的工作满意度降低，也同样会给教育教学带来一定程度的负面影响。正如访谈中的乡村教师所说"我们这老师还赶不上人家吃苦力的呢"。

（二）乡村教师专业发展的外在制约力——城镇化的影响

近些年我们调研发现，当前乡村教师普遍以一种"工作生活两地化"的轨迹活动着。为什么县域范围内的乡村教师群体，会普遍出现这种"工作生活两地化"现象？根据我们对 TZ 县的调查，以下几个因素比较关键：一是县域内的地理空间跨度。由于 TZ 县全县地理空间跨度较小，东西最长跨度 37 km，南北最长跨度 27.5 km。县域总面积只有 580.14 km^2，属于典型的小县城，教师流动起来比较方便。二是县域内的交通便利度。尽管县域范围内平原地区所占比例不大，但全县范围内的交通比较便利，各乡镇之间和各乡镇到县城之间都是平坦的水泥公路或柏油路。全县各乡镇距离县城的平均交通距离只有 12 km。距离县城最远的学校也只有 22 km。考虑到部分路段为山路，以 40 km 的平均车速计算，正常情况从县城开私家车到最远的乡镇，所需时间在

---

① 此处的推算虽然是粗糙的，但是大致能接近村民的平均收入水平。农民工外出务工的收入会因为年龄、工作地点、是否有手艺等差异非常大，如果是年龄偏大的女性（50 岁以上），从事餐饮、宾馆等服务行业的简单劳动，每月工资一般只有 1 500～2 000 元。如果是有点手艺的瓦匠、架子工、木工、涂料工等每月有 5 000～8 000 元甚至更高的收入。如果是年轻小伙、小姑娘在酒吧、KTV、饭店等做普通服务员，一般有 2 500 元左右的收入（以上数据基于南昌、长春的访谈情况）。此处的估计是考虑到乡村教师年龄一般偏大的因素，所以他们会参照和他们年龄相近的人，这些人一般就只能从事简单体力劳动。如果，考虑年轻人、有技术的农民，则乡村教师的收入更处于弱势，则文中的比较结果更能得到认证。

30分钟以内。县域范围内的交通非常便利，为教师的"工作生活两地化"提供了方便。三是县城生活舒适度。目前全县26万人口，大约有8万人集中在县城居住，其他乡镇平均人口1.3万，如果再考虑到某镇是一个大镇，集中了大约5万人口，实际其他乡镇的人口规模更小。而县城又是当地的政治、经济、文化和交通中心，山清水秀、环境优美。县城更是优质教育资源的集中地区，最为优质的小学、初中和高中都集中在县城。同人口相对稀少的乡镇相比，县城的经济、社会和文化条件是现代人更为向往的生活居住地。因此，很多乡村学校的教师都选择在县城生活。四是学校所在乡镇的教师职业单纯度。访谈中我们发现，有些学校虽然距离县城不远，但是也有不少教师仍然生活在乡村。原因是这些教师在乡村有自己的"副业"，这些"乡村教师职业的单纯度"比较低。在TZ县农业项目(猕猴桃、柑橘等)发展较好的几个乡镇，教师家里都还有些果树。由于，这些水果价格较好，教师还可以从土地上获得不少收入。有的教师没有生活在县城，主要是为了方便管理这些果树。基于以上的分析我们可以看出，县域范围内的"乡村教师工作生活两地化"程度，同县域地理空间跨度、交通便利度、县城生活舒适度和教师职业单纯度等几个指标密切相关，大体对应关系见表7-1。

表7-1　乡村教师工作生活两地化程度同几个变量之间的相关性

	县域地理空间跨度	交通便利度	县城生活舒适度	教师职业单纯度
两地化程度	负相关	正相关	正相关	正相关

在TZ县，随着乡村学校办学硬件条件的逐渐提高，目前城乡学校在基本办学条件方面差别已经不大。应该说在政策层面、研究层面和教育管理实践中，目前大家已经形成了基本共识，即乡村教育发展的瓶颈已经由"基本办学条件"转向了"乡村教师队伍"。那么，在TZ县调研发现的这种乡村教师工作生活两地化现象，作为一种城镇化背景下的乡村教师职业新样态，必然也会对乡村教育产生诸多影响，这种影响既包括积极的，也包括消极的。

1. 工作生活两地化对乡村教师专业发展的积极影响

(1)有助于乡村教师及时吸收城市元素，让乡村教师与时代发展同步

一是乡村教师的职业生态脆弱，需要补充城市元素。我们在学术文献和网络媒体上常常能够了解到，乡村教师的工作空间是相对闭塞的，乡村教师走出乡村学习交流的机会非常少。这样的职业发展状况，一方面使得乡村教师的视野受限，同主流城市发展态势相脱节，无法向孩子们描述和传达现代社会发展的主要特征。另一方面也导致乡村教师在教育教学理念、方法等方面的相对滞后，教育教学效率相对低下。但是，我们在TZ县这个农业小县的调研了解到，该县乡村教师80％以上都生活在城镇，他们的职业活动空间并不闭塞。

生活在城镇的乡村教师，能够直接感受城镇的现代元素，包括科技进步、城市文明、社会文化、现代服务等多个方面。

二是现代信息社会中的乡村孩子也倒逼乡村教师吸收城市元素。处在现代信息社会中的孩子，通过电视、网络、手机等媒体，可以广泛地了解现代社会中的城市元素。孩子们在认识、行为、思维等方面经常接触到城市元素。城市元素会同乡村元素一块，共同成为孩子们讨论的话题和知识背景。如果乡村教师不同快速发展的社会积极对接，那么就肯定会出现"乡村教师已经读不懂孩子们话语"的异常现象。因此，处在现代信息社会的乡村孩子，通过现代媒体所掌握的信息和知识，已经构成了对乡村教师知识权威的挑战。这就倒逼乡村教师必须积极吸收信息社会中的元素，而城市化的生活方式，对于乡村教师吸收现代元素显然具有帮助。

(2)催生了城乡教师交流的"非正式渠道"，加强了城乡教师沟通

一方面，正式渠道上的教师交流表现出了"假交流"和"浅交流"的特征。在谈及城乡教师交流的时候，目前从规范的渠道上来看，主要有支教模式、集团内部交流、委托管理交流模式、交流轮岗模式、学区内部交流模式、艺体教师走教模式、骨干教师示范课模式等。这些交流渠道的一个共同特点是，都是按照正式的制度安排进行的交流。而且这些交流模式，大都不改变人事关系，未必选择骨干教师作为交流对象，表现出了"假交流"和"浅交流"的特点。另一方面，两地化的职业样态催生了一种深层的"非正式交流"。2015年9月至12月，笔者在TZ县的田野考察中发现，存在一种虽然也属于"非正式交流"，但话题却"尤其集中"的教师交流模式。这种交流模式既不同于上述制度规范下的"正式交流"，也不同于主题非常零散、表达非常随意的一般性生活上的"非正式交流"，这是一种紧紧围绕"教师工作主题"而展开的"非正式交流"。以下的案例描述可以证实这种交流模式的特点。

2015年9月，笔者加入TZ县教育局机关的民间组织——局机关足球队。球队一共27名成员，有10人来自教育局机关，其中3位是科长或主任。其他17位来自全县乡镇的各所学校，以普通体育教师、教导主任和校长为主。球队每周组织一次踢球活动，然后大家一起吃晚餐。正是在多次参与这样的活动中，我发现教师交流的"非正式渠道"。大家会在一起经常谈论各自所在学校的管理风格、绩效工资、职称评聘、教师发展、领导作为等方面的问题。彼此沟通交流得非常自然、坦诚、深入。正是在这种交流中，彼此分享了信息，进行了比较，丰富或改变了认知，做出了某些判断和评价。在TZ县，笔者能够看出，乡村教师工作生活两地化非常有助于乡村教师同城镇教师的非正式互动，在这种非正式互动中，大家共同评价城乡教育发展中的问题。

2. 工作生活两地化对乡村教师专业发展的负面影响

(1)教师容易产生疲惫感，不利于提振教育教学精神

教师从事教书育人的教育教学工作，每天都需要相对充沛的精力，需要以饱满的热情来面对自己的教学、课堂和孩子们。因此，作为一位合格的中小学教师，能够持续保持教育教学热情非常重要。然而在 TZ 县，处于工作生活两地化状态下的广大乡村教师，却经常处于忙碌状态，常常有一种教育疲惫感，缺少教育教学热情。下面的访谈记录描述了一位乡村教师一天工作生活的大概样态。

我差不多早上 6 点 15 分左右起床，洗漱、收拾东西大约 30 分钟，然后出发去坐 7 点的车(搭乘别人的车，出点油钱)，大约 7 点半到学校，在学校食堂吃早饭，在 8 点钟之前要到办公室或者教室。开始准备上课、听课或者进行教学检查、作业检查等工作。中午从 12 点到 1 点有 1 小时的吃饭时间，有时候学校或者教研组还会利用这个时间再开个会，基本是没有午休时间的。在夏天的时候没有午休真的很烦人，下午没有精神。另外还要再加上办公室、教导处、德育处对教师的一些常规的教学管理、德育管理工作，填写各种表格，撰写各类计划、总结等，好多材料都要求不少于 2 000 字，烦人得很。一般是下午 5 点左右放学，如果不需要值班，就坐车回 TZ 县，大约 5 点 30 分到。回到家里坐一会儿 6 点了，还有晚饭、家务、孩子功课辅导等事情。我说这些还不包括接送孩子、买菜、批改作业、备课等常规工作。还好我家里有老人帮忙。一天下来始终处于比较忙碌的状态，感觉还是挺累的。

从以上访谈中，能够大体看出一位处于"工作生活两地化"状态的乡村教师的状况。虽然说，每天往返于城乡的时间只有大约 1 小时，但是上班、下班的时间节点，就是对教师行为的一种硬性控制。由于这种时间制度的存在，再加上自己工作生活两地化的特征，就在客观上增加了一些自己必须完成的任务，比如，等车或开车，家里有急事还需要专门赶回去等。这在无形中已经耗费了教师的很多精力，让教师觉得非常疲惫。这种精神状态必然会直接影响教育教学效果。

(2)村校被压缩成单一的"生活工具"，教师找不到乡村教育归属感

原有"本乡化、本村化"的乡村教师，对于村里的孩子而言，既是教师，又是长者，也是朋友。那时候，对于乡村教师自己而言，教育孩子既是自己的工作，也是自己的责任，还是自己的义务，更是自己的希望。由于教师住在乡村，他们同孩子的家长彼此熟悉。家长和教师之间还可能是亲戚或邻里，属于"熟人社会"。在这种交往中，家长持有一种对教师的感恩和尊敬，教师怀着一种对这个"熟人"的责任，找到了自己工作的价值，拥有一种工作成就感，也能真切地感受到自己属于这个乡村、这所学校。这种归属感是建立在"教师是本地人"的基础之上的。由于是本地人，教师同学校之间的关系就存在着经济上的（领工资）、社会上的（邻里交往媒介）、文化上的（村社文字帮扶）、道义上的（对家长的承诺）等多个维度，经济关系只是这诸多关系中的"之一"。可是，在两地化的职业样态下，很多乡村教师其实是城里人。以上多维度关系已经发生很大变化。（见表7-2）

表7-2 乡村教师三种工作样态中"师—校"关系的维度及其变化

	经济维度	社会维度	文化维度	道义维度
乡村教师乡村化	强	强	强	强
乡村教师城镇化	强	弱	弱	弱
工作生活两地化	↑	↓	↓	↓

注释：箭头朝上，表示该项内容在加强。箭头向下，表示该项内容在减弱。

两地化的活动轨迹，使教师把"乡村学校"仅仅视为一个工作的地方，甚至仅仅视为一个可以获得工资和职称的工具性平台。这种关系状态下，乡村学校和乡村教师之间的复杂多维度关系，被简化成了"谋生工具"这个"唯一"的经济关系。当这种经济或工具关系从"之一"变成"唯一"之后，就意味着对其他关系维度的舍弃或伤害。但是，对社会、情感、道义维度的关系舍弃，并不是说乡村教师不需要这些关系，而是说这些关系的发生地点进行了转移，即发生了"城镇化"转移，转移得乡村学校只剩下"经济维度"了。而且这个单一的"经济维度"虽然是留在了乡村，恐怕也还有"不得已而为之"的嫌疑。因为，我们在调研中了解到，但凡有能力或机会把这一维度也转移到县城的话，这些乡村教师也非常愿意。所以，在这种工作生活两地化的状态下，这些生活在县城的乡村教师，自然不容易对乡村教育产生归属感。

（三）乡村教师专业发展动力提升的建议

1. 努力改变教师职业微生态，提升专业发展内动力

通过以上分析，我们了解到乡村教师工作满意度形成的这种比较机制。在公平理论的四变量框架下，从理论上来看，如果教师公平感缺失，对工作不满意，是可以通过提高自己的回报感、降低他人的回报感、降低自己的付出感和提高他人的付出感来使得方程尽量向左平衡。但是降低他人的收入、荣誉等回报是乡村教师做不到的，因此不可行。降低乡村教师的工作努力、工作责任等显然也不是可取的教育期待，也不可行。因此，只能通过调整另外两个变量，即提高乡村教师回报感和适当提高城镇教师付出感来实现提高满意度的目标。

第一，提高乡村教师回报感可以采取以下办法。①提高乡村教师的工资水平，使之不低于当地公务员的水平，这也是《中华人民共和国教师法》和《中华人民共和国义务教育法》中的刚性要求。但是现实当中是存在这种教师职业不公的。因此，需要依法保障教师收入。②在乡村教师专业发展方面给予政策倾斜。乡村教师因为初始学历含金量不高、继续学习机会少等原因总体素质不容乐观。因此，国家在政策设计上应当给予一定倾斜，并且应针对乡村教师的特殊性创新培训模式。③乡村教师职称评定方面需要给予倾斜。当前，农村教师因为老龄化的问题，高级职称指标基本没有缺额，使得很多农村的年轻教师很难评上高级职称，严重影响了个人的职业发展，而职称又是影响教师工资收入和工作满意度的重要指标，因此这是目前很多农村年轻教师面临的集中困难。④农村教师需要正确认识自己的回报。农村教师生活在农村地区，和城市教师比较而言，虽然回报的总量上可能不如城市教师。但是，在农村地区生活也具有生活成本较低、生活压力较小、生活节奏较慢、自然环境优美等方面的优势。

第二，适当提高城镇教师付出感可以从以下几个方面考虑。①城镇教师第一学历较高，职前平均受教育年限较长，从教准备成本更高。因此，他们获得相对较高的收入也合理。"有付出才有回报"这是我们中国文化认可的逻辑。②城镇教师在相对规范程度更高的环境下工作，教师备课、教师上课等都有一系列的规范要求，他们面对的工作考核和评价方面的压力更大。③城镇教师因为总体上平均教育教学水平较高，因此他们的竞争强度更大。他们需要经常补充新的知识，主动自觉地学习新的理论知识和教育教学方法。这样才不至于落后于身边的同事。

2. 确保充足的编制供给，让乡村教师有时间谋划专业发展

我们在 TZ 县的调研中发现，这里的乡村学校虽然已经没有能力和斗志同县城的优质学校进行办学绩效竞赛，但是这里乡村教师的工作状态却依然十分忙碌，有些年轻教师常常感到非常疲惫。而有些年长的教师，按照一位被访谈的校长的话来说，都跟不上现在的教育节奏了。是什么原因导致了乡村教师也如此忙碌和疲惫？

在调研中我们发现，目前的"编制配置机制"是非常重要的背后推手。当地的编制管理是按照"基本编制＋动态编制"的模式来进行的。全县每年能够申请得到的基本编制数和被上级收回的编制数，分别由基本编制和动态编制在编制总数中的比例来确定，逐年滚动核算，动态调整。假设全县目前实有编制总数为 X。基本编制是上级编制部门按照"生师比"分配给全县的"应有编制"，用 Y 表示。动态编制是 X 减去 Y 的结果，用 Z 表示。假设全县今年由于退休、调出等空余出的编制总数为 A，那么，按照目前的编制政策规定，今年空余出来

的编制总数会被划分成两个部分"基本编制空编数"和"弹性编制空编数",分别用 B 和 C 来表示,即 A＝B+C。因为文件规定"每年申请得到的基本编制空编数和被上级收回的弹性编制空编数,分别由基本编制(Y)和动态编制(Z)在编制总数(X)中所占的比例来确定"。那么,今年能够申请到的基本编制空编数 B＝A(Y/X),而今年的动态编制空编数为 C＝A(Z/X),并且动态编制空编数 C 由上级编制部门收回,作为全市动态调整储备编制。这就是 TZ 县目前的教师编制配置方案。

以上编制配置机制表明:第一,当地正在落实"财政供养人口只减不增"的编制管理原则,而且给出了具体的操作办法,只是这个办法仍然没有考虑到乡村学校的实际需要。第二,教师编制配置仍然按照单一的"师生比"标准,没有考虑到城镇化背景下,学校规模发生变化,小规模学校大量存在的现实情况。第三,这种编制配置模式,使得原有超编越严重的地区,现在每年收回的编制越多。按照这种模式,2015 年,TZ 县由于自然减员空出来的总编制,大约有 27％要被上级编制部门收回。从对教育局人事科科长的访谈中我们了解到,如果单独打报告申请超过基本编制空编数(B)的那些动态编制空编数(C)几乎是不可能的。这样的编制配置机制,最后倒逼出两种无奈的选择:招聘代课教师或增加教师工作量。此处,根据我们的调研,将县域层面编制配置中存在的问题再次进行细致的呈现,希望能够引起有关部门的重视,并抓紧制定有关政策。

3. 教师应树立乡村教育意识,努力发现乡村教育"最近发展区"

乡村教育意识对乡村教师的教育教学活动具有重要指导作用。理想状态下的乡村教育意识应该根植于丰富多彩的乡村教育教学实践,应该能够兼容城镇教育意识精华,应该与现代教育理念一致。建议乡村教师在自己的教育教学实践中努力做到以下几点:①时刻提醒自己,乡村教育同城镇教育有差异。自己在教育教学实践中,应该努力发现乡村教育的特殊之处。这种特殊之处,既包括乡村教育的弱势,更应包括乡村教育的发展优势。因为,无论孩子们的先天素质如何,教育的基本价值追求都是让孩子成长得"更好"。②努力用乡村教育的要素来"审视和反思"城镇教育要素,而不是仅仅用城镇教育要素去"框定"乡村教育要素。因为,这种"框定"会漏掉乡村教育中可能存在的那些有价值的、城镇教育框架中却没有的要素,而往往这些要素又是乡村教育的特殊价值所在。③努力寻找乡村教育的"最近发展区"。乡村教育由于自身所处的自然、社会、经济、文化等方面的条件差异,具有丰富多样性。同城镇教育相比较,乡村教育的样态比较多样和复杂。那么,乡村教育就应该基于自身的各类要素,来确定自己的"最近发展区",而不能去直接套用城镇教育的评价框架和指标。

4. 学校要营造良好的组织氛围，帮助教师找回归属感

在社会转型发展的过程中，作为传统生活载体的家庭，其功能已经发生很大变化。现在人在工作组织中的时间，就类似于传统农业社会中人们待在家里的时间。工作组织已经成为一个人生活的重要场所。因此，把组织文化建设出一种"家"的感觉，是很多组织管理者的目标追求。由于乡村教师每天都有一大段时间在学校中度过，让乡村教师在学校中能找到"家的感觉"就非常重要。乡村教师在乡村学校中所形成的思维方式、行为规范和工作习惯，同周围同事交往中经常使用的那些细微话语方式，会根深蒂固地植入乡村教师的内心深处，成为一种影响乡村教师发展的"文化场"。这种"教师发展文化场的构成、特点与变迁，动态地、深刻地揭示着文化要素之间、文化与社会之间、文化与教师发展之间的相互关联"。因此我们建议：①教师的工作时间安排尽可能合理化，将上班时间、下班时间、午休时间、课间休息时间在符合有关教育管理要求的前提下进行合理安排，尊重教师的休息权利；②利用中国传统节日的机会开展相关集体活动，让教师在活动中建立亲密的情感关系，而且可以在活动中多多渗透乡村要素；③针对特别的教师，如老教师、怀孕教师、模范教师等，开展一些特殊的组织文化活动，进行特殊的关怀设计。在 TZ 县的某所中学，学校工会就会经常为教师的家人送上特别的礼物，常常令教师非常感动。用该校校长的话来说："我们很多时候是'没有用心去找'而'不是找不到'让教师感动的地方，只要真心去找总是能找到。"

二、乡村教师学力提升的应然走向

未来基础教育对高学历教师的需求会迅速增加。教育部中小学校长培训中心通过对校长的调查发现，不少中小学更愿意招收高水平综合性大学的毕业生，在他们看来，这些毕业生在学科方面更有潜力。陈群教授曾说："这意味着师范类毕业生现在已经未必适合基础教育的需求了，尤其是本科学历毕业生。"据悉，包括上海等地在内的中学，对教师入职的要求正在逐年提升，上海、北京等教育相对发达地区的不少示范性高中，已把教师的入职学历提升到了博士。在全国范围内，高中学校更愿意招收高水平综合性大学的研究生，义务教育的学校也在渐渐提高门槛，学历提高是否意味着学力提升，对未来的教师教育层次提出了严峻的挑战。

（一）乡村教师学历提升的趋势

1993 年 10 月颁布的《中华人民共和国教师法》第 11 条对教师应当具备的相应学历做出了严格界定。1995 年 12 月，国家颁布的《教师资格条例》对中小学教师的学历提出了进一步的要求。《国家中长期教育改革和发展纲要(2010—2020年)》更是从严格教师资质，提升教师素质，明确教师任职学历标准以及教师培训等方面做出了严格的规定和中长期的规划，从国家制定中小学学历提升的有关政策的角度来看，小学教师专科化，初中教师本科化，高中教师达到一定的硕士比例是当今国家对中小学教师的要求。

1. 乡村教师的学历结构逐步优化

(1)乡村教师的初次入职学历持续提升

从中小学教师的需求来看，一方面，基础教育需要的中小学教师数量有限。2016年，各类学历的中小学教师数量比2015年仅增长0.29%，其中，小学教师增长0.01%，初中教师增长0.05%，高中教师增长0.23%。另一方面，基础教育需要的是高学历的中小学教师。2001—2016年，在高中、初中和小学三个学段，研究生学历教师始终保持着高增长率，本科学历教师增速显著放缓，专科及以下学历教师都是负增长。从中小学教师的培养来看，师范院校、综合大学、职业院校都在不同程度上参与了不同层次的教师教育。一个开放化的教师教育体系给基础教育提供了充足的中小学教师，国家教师资格考试制度为非师范生从教建立了保障机制，供大于求将成为中小学教师资源的新常态。在此背景下，师范生必然会面临更加严峻的就业形势。在开放化的教师教育体系中，教师人才市场引入了竞争机制，师范生与非师范生的身份标签已经不再重要，关键在于自身的专业竞争力。从长远来看，研究生教育成为今后教师教育的战略重点。

有学者对20世纪八九十年代中师毕业教师进行的调研表明，这些教师尽管在工作岗位上通过各种途径提升了自己的学历，但他们的基础性学力不高，创造性学力有待提升。无论是高中、初中还是小学，高学历为教师专业发展奠定了坚实的基础，初次入职学历是影响教师专业发展的重要因素。初次入职学历的提升有助夯实乡村教师的专业基础，提升乡村教师的整体素质。

(2)乡村教师的职后学历不断提升

全国教育事业发展统计公报的数据表明，从各级学历小学教师的增长速度来看，高中和高中以下学历小学教师连续负增长，专科学历小学教师自2009年开始负增长，本科学历小学教师增长速度明显放缓，研究生学历小学教师保持高速增长态势。入职学历状况及职后最终学历状况都在发生变化。乡村教师的职后学历状况也在同时发生变化。幼儿园、小学、初中、高中专任教师的学历合格率分别达到了96.53%、99.52%、98.65%、94.81%。其中，乡村幼儿园、小学、初中、高中专任教师的学历合格率分别达到了92.46%、99.28%、98.05%、91.50%。高学历教师比例在各级教育中均有所上升。在乡村学校中，专科以上学历幼儿园教师、专科以上学历小学教师、本科以上学历初中教师、研究生学历高中教师比例分别达到 41.76%、71.15%、54.82%、2.06%,分别比上年提高 2.93 个、3.90 个、5.43 个、0.72 个百分点。①

2016 年,来自《中国农村教育发展报告 2017》的数据显示,义务教育教师学历继续提升,城乡差距进一步缩小。全国小学专科及以上学历教师比例为 93.70%,比上年提高 1.8 个百分点,乡村为 91.80%,城乡差距为 6.2 个百分点,比上年缩小 1.4 个百分点。全国初中本科及以上学历教师比例为 82.50%,比上年提高 2.2 个百分点,乡村为 78.60%,城乡差距为 11.7 个百分点,比上年缩小 1.3 个百分点。仅以小学、初中乡村教师作为观察对象,对比 2010 年的数据,乡村学校专科以上学历小学教师、本科以上学历初中教师分别由 41.76%、71.15% 上升至 91.80%、78.60%。

通过模型拟合,侯小兵运用 ARIMA(0,2,0) 对 2014—2020 年研究生、本科和专科学历小学教师数量进行了预测,运用 ARIMA(1,2,1) 模型对高中学历小学教师数量进行了预测,高中及以下学历小学教师的数量会快速下降。到 2014 年左右,小学教师学历结构以专科(47.35%)和本科(42.00%)为主,这一趋势会随着时间的推移表现得更加明显。另外,与中小学教师结构转型的整体趋势一致,研究生学历小学教师的数量在各类学历小学教师中保持着最快的增长速度。以江苏省为例,江苏乡村教育发展研究中心对乡村教师师资队伍情况做了调查研究与统计分析,乡村教师虽与城市教师相比,学历层次偏低,但总体趋势从小学到高中也在向本科、研究生学历为主的层次转变。

与此同时,乡村教师学历提升的内在动力也在不断增强。我们在调查中发现,超过 70.00% 的乡村中小学教师认为学历提升对教师专业能力的发展是有效或非常有效的。教育行政部门和学校管理者应当为中小学教师提供充分的学历教育机会和条件,鼓励中小学教师通过多种学习方式促进自身专业发展。乡村中小学教师已感受到教育发展形势,正努力增强自我学习的动力,不断提高自身的学历层次。

2. 乡村教师的培养路径逐步增加

我国师范教育体系是 20 世纪 50 年代建立起来的,是一个由中等师范、师范专科和本科师范院校三级组成的封闭体系,中等师范长期担负着培养乡村师资的任务。1997 年以来,随着国家经济、文化、教育水平不断提高,传统的三级师范模式已不能满足基础教育对教师学历和专业发展水平的要求,中等师范学校培养的师资已很难适应社会需求,逐渐淡出国家教师教育体系,同时,专科模式的师范院校的功能也在逐渐减弱,逐渐走升级为本科院校的路子。国家颁布《教师资格条例》以后,教师不再是师范院校独享的特色,综合性大学的

---

① 《教育部:我国中小学教师队伍规模增加 学历提高》,http://www.gov.cn/jrzg/2011-09/06/content_1941914.htm,2018-04-17。

毕业生通过国家教师资格证书考试和认证也可以从事教师职业，综合性大学和非师范类高校也可以培养中小学教师，教师教育模式由封闭走向开放。开放的教师教育体系为教师培养带来了生机和活力，同时，非师范类毕业生参与教师职位的竞争，使师范类毕业生在就业选择方面处于不利地位，迫使他们转变就业观念，逐步走向乡村，为乡村师资提供了更多的来源。

以中小学教师学历为研究对象并不意味着我们信奉学历至上的唯学历论。也许会有学者批判我们过分强调学历的重要性，因为在现实中确实不乏盲目追求高学历带来的各种乱象，也不乏低能力的高学历者。实际上，学历本身是没有错的，问题在于人为地损毁了学历的内在含金量和外在公信力，因此问题的焦点不是中小学教师是否应当追求高学历，而是高等院校能否提高其颁发学历的含金量和公信力。

就中小学教师学历结构的发展趋势来讲，学历提升是不可逆转的历史潮流。如果高等院校不负责任地"制造"学历，那么，中小学教师学历提升的速度会变得更快，但这对提高中小学教师素质和教育质量是没什么促进作用的。中小学教师学历提升是表象，它所代表的含金量才是实质。中小学教师的学历在不断提升，专业素质也应当不断提高，这表里能否如一，关键在于学历的含金量，高等院校扮演着"守门人"的角色，对此负有直接责任。

在师范教育时代，师范院校是培养中小学教师的专门机构；在教师教育时代，各类高等院校都可以开设教师教育专业。就目前的情况来看，在一个开放化的教师教育体系中，没有确立起一个有效的教师教育质量保障体系。本科教师教育基本沿用"学科专家"的教育模式，研究生教师教育基本沿袭学术研究生的教育模式。也就是说，教师学历教育没有充分体现出教育和教师的专业特性，始终是用学科的标准来培养教师，也用学科的标准来衡量教师学历的含金量，这样的学历提升对提高中小学教师质量的作用非常有限。不同于学术型研究生教育的人才培养模式，研究生层次的教师教育应当"体现教师的专业性，为教师专业发展服务"。因此，高等院校需要改革乡村教师教育模式，厘清乡村教师专业教育的实质，真正提高乡村教师学历的含金量。

3. 乡村教师获得更多的政策支持

乡村师资薄弱一直是影响乡村教育发展的瓶颈。中华人民共和国成立以来，由于受经济发展水平的限制，城市教师数量也不充足，师范生很难下到乡村。针对这种情况，国家出台了一些向乡村倾斜的教师培养政策。比如，1963年，教育部《关于改进中等专业学校招生工作和毕业生分配的意见》，规定招收经过生产劳动锻炼的初中毕业生和具有同等学力的青年，毕业后回到原公社任教，即"社来社去"；2005年《关于大力推进城镇教师支援乡村教育工作的意见》提出通过实行城镇支援农村教育、东部支持西部、大学生顶岗实习支教、

"国培"等政策吸引优秀人才投身乡村教师行业。随着国家综合国力的提高，乡村教师的培养在注重政策倾斜的同时，国家专门出台了一些针对乡村教师培养的政策。比如，2005年开始的乡村"特设岗位计划"，由国家拿出专项资金，面向边远乡村、山区招收师范毕业生，工资由国家承担，并退还师范生上学期间的学费；2007年国家推行免费师范生政策，免费师范生毕业后必须在乡村工作2年。到2010年，免费师范生已覆盖全国各大高等师范院校。

2015年6月，国务院办公厅颁布《乡村教师支持计划(2015—2020年)》，主要针对贫困地区，采取切实措施加强乡村教师队伍建设，缩小城乡师资水平的差距。实施乡村教师支持计划，是党中央、国务院着眼全面建成小康社会、推动教育现代化取得重要进展做出的重大决策部署。各省(市、自治区)政府办公厅紧接着出台该计划的实施办法，把乡村教师队伍建设上升到优先发展的战略位置，让每个乡村孩子都能共享教育发展成果。但从总体上看，乡村教育仍然是教育现代化建设的短板，乡村教师队伍仍然是教师队伍建设的薄弱环节，乡村教师个人的专业发展仍然存在诸多困境，迫切需要国家进一步制定特殊政策实施乡村教师学历(力)提升计划，优化乡村教师的学历(力)结构。

(1)制定乡村教师学历(力)达标标准

建立严格的教师职业准入制度，严把教师入口关和质量关，才能从源头上阻止不合格教师进入乡村教师队伍。确保高学历、高技能的优质教师踏实在乡村从教，为乡村的教育事业尽职尽责。对于学历不合格的教师，应适当妥善安排甚至退出教学岗位，为新进人员提供编制。可以通过乡村教师学历教育与学力培训学分互认制度，确定乡村教师学历(力)达标标准的政策效力，对乡村教师的专业发展产生长效的激励作用。确保乡村教育教学的高质量和高水平。

(2)实施乡村教师教育硕士培养计划

建议启动"乡村教师教育硕士培养计划"，定向招收乡村教师，被录取为"乡村教师教育硕士培养计划"的学生，作为编制内正式教师到服务地区的中小学任教3年，并在职学习研究生课程。任教3年期满，经考核合格，第四年到培养学校脱产集中学习1年，毕业时获得硕士研究生和教育硕士专业学位证书。各级教育行政部门可以在与学生签订《教师聘用合同》时明确服务期(原则上应为3年及以上)，服务期满后可以继续聘用或不再聘用，也可以在任教3年时根据考核情况再明确是否续聘。凡签订续聘协议的学生，第四年脱产学习享受在职教师进修待遇，毕业后回原单位工作。不再续聘的，第四年脱产学习享受全日制研究生同等待遇，毕业后面向社会自主择业。

(3)出台乡村教师学历提升奖励政策

地方教育部门可考虑制定"乡村教师学历提升奖励办法"，鼓励乡村教师积极报考本科、硕士研究生，以提升自身学历，提高自身素质。该办法应规定奖励的基本条件和标准，除了奖金的兑现外，还应为专升本、在职硕士的进修在时间、工作安排等方面给予合理的支持和保障，解决教师的后顾之忧。要留住人才，应要求教师在获得教育部门审核同意报读的通知后，须与教育部门签订劳动服务承诺协议，承诺从本科、硕士研究生毕业后，至少须在原单位服务3年。对取得本科、硕士研究生学历的乡村教师在职称评聘、职务晋升、竞聘上岗、评优评先等方面，予以优先考虑。

4. 研究生学历教师入职乡村学校的可能性增加

在支撑基础上，当前我国研究生数量较大，教师来源不存在问题。研究生及以上学历的乡村教师进入基础教育，目前的国情在社会支撑上完全具备相关条件，在操作上是可行的。

在数量上，2015年我国毕业的研究生有55.15万人，其中，毕业博士生5.38万人，毕业硕士生49.77万人。2015年，全国基础教育共有专任教师1085.5万人，其中小学专任教师568.5万人，初中专任教师347.5万人，普通高中专任教师169.5万人。2015年基础教育阶段专任教师相比2014年增加了7.11万人。加上每年基础教育阶段大约25万人的退休教师，每年我国基础教育阶段新进教师人数为32万人以上。如果每年能够进入基础教育的研究生学历教师达到5万人，再加上在职进修的能够实现5万人，那么每年将新增10万人的研究生学历教师。10年后，基础教育教师群体中研究生学历教师基本达到100万人，就基本实现了基础教育阶段10%的研究生教师比例，这将大大提升中国基础教育阶段的教师质量和教育水平。其中2015年，乡村教师有330万人，占全国基础教育专任教师总数的30%，即使到乡村的研究生学历教师的比例较少，10年后也会达到一定数量。

在经费上，研究生学历教师仅比本科学历教师多一级基本工资，在经费上代价极小，财政支出上不存在问题。在职业选择意愿上，我国教师具有良好的社会声望，教师职业仍然是社会中广受尊敬的职业。一方面，鼓励和支持研究生进入乡村学校；另一方面，也要大力支持在职乡村中小学教师攻读研究生学位，实现新进和原有提升双管齐下，两方面结合，快速优化乡村教师群体学历结构。一部分研究生学历毕业生进入乡村教育，能够有效影响和提升原有乡村教师群体的思维与能力素养，最终提升乡村中小学生对科学研究的认识，提升其创新思维和能力，达到提升整个民族创新能力的目的。同时，多一些高学历的毕业生进入乡村教育，还能提升乡村中小学教师的社会声望，最终形成尊师重教的社会风气。研究生学历毕业生进入乡村教育，能够有效发挥我国乡村中小学教育的文化影响力，有力提升基层社区的学历层次和人才结构，实现我国乡村学校教育的社会建设职能。同时，乡村教育的研究生层次教师的进入，有助于储备民族的高层次人才，实现文化影响和社会建构的多层次影响，最终实现乡村教育与社会的共同健康发展。

(二)乡村教师教育学力提升的必要性

在任何一个国家，学校教育的质量主要由教师质量所决定，中国基础教育也不例外。学校能否为社会培养合格人才，关键在教师。乡村学生缺乏竞争力，主要在于乡村学生的创新能力和创新思维不足，因而可持续发展能力不足。这缘于乡村教师的内在学力不足，自身创新能力不强，自然无法促进学生发展。乡村教师学历提升的同时更需提高学力。

1. 提升乡村教师学力改变固化的教学思维

虽然新课改已推行了十多年，虽然"培养全面发展的人"已成为现代教育教学的目标，当今的乡村学校仍然以复制型的教育教学模式为主，所培养的学生也以复制型思维为主，即强调对固定知识的掌握，而在创新思维和创新能力维度上有所欠缺和忽视。最终导致中国乡村教育大多主要表现为机械思维和固定模式的教学，这种教学模式在中国经济与科技对西方的复制型追赶时期，并不存在多大问题，实际上反而具有优势，因为这种教育模式能够快速掌握他国的先进科技与文化。但在今天中国社会已经开始由复制型转型为创新型的时代，这种复制型的教育教学模式就存在严重缺陷和问题，必须尽快调整和改变。

总体而言，乡村学校教育教学在创新领域存在问题的基本原因主要有以下四个方面。其一，中国近代以来，一直处于科技和经济的落后状态，导致社会的主要指向目标是学习西方科技与文化，而这种学习最快的就是复制。所以，乡村学校包括以前的基础教育学校的教育教学，其目的都在于快速掌握基础知识和基本能力。在这种特定时期，这种选择是合理的也是科学的。这种教学模式一直延续到今天，并具有相当大的惯性。其二，近代中国科技和社会落后，最终沦为半殖民地，所以国人深刻理解了"知识就是力量"。但绝大部分国人所理解的知识，都是以书本知识为代表的固定知识。所以，直到今天，中国的学校教育尤其是乡村教育在大众语言中，就是"读书"。这是明显的静态知识观，认为最重要的是读书，而不是去研究和创新。所以，在教育哲学上，我们实际上并不重视知识创新。其三，中国古代社会传统上相对缺乏科学研究方法和思维体系，即使中国有着灿若繁星的先进科学技术，但并没有固定的科学研究群体和科学研究模式，更没有相关科学研究的方法体系和思维培养体系。这导致今天的中国大众仍然大部分不理解科学研究，自然也就不懂科学创新。真正的创新是需要一定的基本科学研究方法和思维体系为支撑的。其四，也许是最直接也是最重要的原因，就是在于中国庞大的乡村教师群体，他们中的绝大部分均为本科及以下学历，其中很多教师的第一学历是中等师范学校学历。本科及以下的学历教学几乎都没有科学研究思维和能力训练,这导致中国绝大部分乡村教师实质上不理解科学研究,也不理解如何培养创新思维和创新能力。这必然导致乡村学校培养的人才创新思维和创新能力不足。

2. 提升乡村教师学力改变偏差的教学倾向

乡村教师群体的创新能力和创新思维的提升是提高乡村教育质量的必由之路。乡村教育因为乡村教师群体的学历教育的先天缺陷,在教育教学领域中存在一系列的影响创新思维和创新能力培养的倾向。对于教师来说,教师只有在具有所需的知识和技能、个人素质、职业前景和工作动力的情况下,才能满足社会对他的期望。乡村教师群体的学历教育缺陷导致其学力不足,表现在教育教学实践中的困境如下。

(1) 静态知识观易导致一些错误的认识

在知识维度上,乡村教师的学历教育缺陷导致教师在知识观上呈现出必然的、强烈的静态知识观。这是乡村教育教学中的重大问题,也是教师群体的学历结构、不够扎实的学历教育的潜意识的直接反映。乡村学生吃苦耐劳的精神对于学习静态知识有一定的优势,但事实上,从科学研究的视角来看,任何知识都是相对真理,都是可能被批判和修正的,也都可能是错误的,这是一种动态知识观。静态知识观易导致我们形成一些错误的认识。比如,"知识大都是真理""教科书上的知识更是真理"。这种认识必然导致学生缺乏创新的勇气,丧失创新思维培养的机会。

(2) 缺乏科学研究的方法体系和思维训练

在思维和方法维度上,学历教育缺陷导致乡村教师大都基本缺乏科学研究的方法体系和思维训练,既不理解科学研究的方法与思维,又不理解创新的重要性。在教学中,更为注重的是对教科书知识和固定能力的机械训练,而缺乏对学生进行现代科学研究的方法与思维训练。最终的结果是学生习惯于复制型学习书本知识,不敢对知识的真理性进行批判性挑战,导致学生失去对问题探索的敏锐性,同时也直接导致学生缺乏科学研究思维与方法的启蒙性教育。

(3) 缺乏教学方法和教育理念创新

在教学方法和理念上,因为乡村教师群体学历教育的先天性缺陷,对创新不自信,缺乏对教育的控制感,最终呈现为乡村教育教学方法和理念的简单化。由于静态知识观和缺乏对教育方法创新的自信,乡村教育教学中存在着严重的复制型教学范式。简单地说,就是乡村教师对其他人的教学方法和教学模式的简单复制。这种简单复制范式的教学,一方面有利于迅速吸纳他人的长处,另一方面有可能使乡村教师习惯于对其他教学方法的复制,教学范式的推广非常迅速,再一方面也不可避免地导致了教育教学方法的单一简单化倾向。因为创新的前提是,乡村教师自己需要必要的掌控力和判断力。如果乡村教师不具备对教育教学的掌控力，而社会又寄希望于乡村教师自己能够创新，这必然是不现实的。

总之，教育范式同质化严重。因为乡村教师群体学历教育的缺陷，导致乡村教育教学范式同质化非常严重。在学校教育中，本科及以下的教学范式大都比较单一，极少有对科学研究方法和思维的培养。而对乡村教师群体的教学范式影响很大的，还有乡村教师当年接受学历教育过程中的教学方法和理念，这些教师会潜意识地复制当年教师的教学范式，这导致了教学范式的代际复制。因为缺乏自信，同时不具备对创新思维和创新能力的深入认识，客观上也不具备科学研究的训练经验，所以最终导致乡村教育教学范式在全国范围内同质化非常严重。

3. "能研善教"的研究生学历教育的必要性

要改变一位成年教师的惯常的教学范式和教学思维是极为困难的，不能奢望通过短期培训就能实现乡村教师群体的创新思维和创新能力的大幅提升。当前一个必要的措施就是大力提升我国乡村学校研究生以上学历教师的比例，通过逐步提升高学历乡村教师的比例，特别是接受过科学研究训练的教师群体进入乡村学校，才可能是我国乡村教育创新模式改革的关键。研究生教育是现代大学教育的高级阶段，其主要任务是培养学生的科研能力和创新思维。研究生教育有两个核心概念：其一是研究，其二是创新。以研究为主要特征和高层次的专业教育，是研究生教育的本质属性。

研究生学历的乡村教师在以下四个方面能够给乡村教育带来重要改变。

(1) 从静态知识观走向植根乡土的动态知识观

在知识观上，研究生学历教育一个本质上区别于本科及以下教育的特点就是：知识观为情境化的动态知识观。在研究生教育期间，知识是具有不确定性的。研究生教育要求学生必须做出创新性成果，本质上要求学生必须批判和怀疑现有的知识，建构起与特定情境相联系的新知识或者新认识。面向乡村教师的研究生学历课程的教学内容强调基于乡村儿童学习与生活经验的前沿性。前沿指专业领域内学术研究中的热点、难点、重点以及突破点和新动向等，这些都是不断发展中的知识，当然具有不确定性。所以，在研究生阶段，学生必须理解科学确定性与不确定性的道理，才能在确定性和不确定性的辩证统一中把握科学的本质。

知识观上的差异，决定了研究生学历的乡村教师有可能引导学生建构批判性思维和能力，逐步建构创新性思维。在面对教学内容时，研究生学历的乡村教师眼中的教科书不再是机械的知识，而是与其背景知识体系深刻相关，即研究生学历的乡村教师与其他教师在知识广度、深度、背景和发展维度上均具有明显的差异，而这种知识观的差异是改变乡村教师群体机械的静态知识观，进而创新知识和能力的重要基础。如果乡村教师群体的知识观停留在静态知识观,那么所有的创新实质上都是伪创新,没有实质意义和价值。

在教学方法和理念上,研究生以上学历的乡村教师有怀疑精神和科学研究方法的基础,能够在教学方法上实现多元化,在教育理念上呈现一定的自由度。研究生教学将研究性贯穿于教学全过程,注重学生创新精神和创新能力的培养,具有明显的自主性、开放性和实践性。研究生既是受教育者,又是研究者,是在学习中研究、在研究中学习的学生。因为理解了科学研究的基本前提——必要的自由怀疑,所以研究生学历的乡村教师在学习其他优秀教师的教学方法时,不会轻易采取简单的复制。而对于学生的发展,乡村教师也将拥有自己的思考,并会尊重学生的一定的自由发展空间。创新的前提是必须具备控制感,即对教育的操控感,但在低学历教师群体中,可能并不具备这种自信和胆量。这也是我国基础教育中教学方法和理念简单化的重要原因,只有提升乡村教师群体的教育自信,才可能实现基础教育的多元化,而乡村教师教育自信的提升首先建立在学历基础的自信上。

(2)从复制型教学走向创新型教学

在基本思维上,研究生学历的乡村教师具有明显的创新维度的优势。研究生以上学历教育的核心词是创新。研究生教育是高层次的专业教育,强调学生必须接受科研训练,培养科研意识,掌握科研方法。研究生教育要求学生必须在知识上或者研究方法上取得创新,必须在人类知识的某一领域进行探索性研究,这种教育的前提就是训练学生对已有知识的怀疑,并学习和建构基本的科学研究的方法和思维。研究生教育具有明显的探究性、自主性、前沿性等特点,所以在教学中经常采用对话型教学。一般而言,具有研究生以上学历的人必须懂得科研方法和研究思维。所以,研究生以上学历的乡村教师在基础教育阶段以一定比例的存在,是中国基础教育创新的前提性条件。否则,乡村教师群体在思维上都是复制型思维,这是不可能产生创新性教育的。

在教学范式的多元性上,研究生及以上学历的乡村教师的存在,能够有效推动我国乡村多元教学范式体系的建构。乡村多元教学范式体系建构的基本前提是教师必须具有自己的教育思想,如果教师群体是复制型的,那么教育范式必然是同质化的。研究生课堂教学过程中强调体现科研性,而科研本身是需要不确定的,所以相对而言,研究生教学范式具有明显的多元性特征。研究生及以上学历的教师在批判思维、科学研究思维、研究能力、知识观和教育自信等维度,均能够有效提升其对教育的控制感,最终敢于开创和建立自己的教学范式。这种乡村多元教学范式体系的建立,是我国基础教育创新能力和思维培养的必要前提基础。

(三)乡村教师教育层次的应然走向

1. 乡村教师教育需要"量身定制"

乡村教师教育政策的制定，要体现与乡村社会的有机联系和良性互动。要以培养真正能够扎根乡村、愿意扎根乡村的师资为目标。而要达到这一目标，就应该做到以下几点：首先，乡村教师队伍建设内生机制的生成，仅仅依靠以外部援助或"输血"为主的乡村教师政策，只能起到辅助作用，无法从根本上解决乡村教师数量不足、质量不高的问题，这些援助性的政策设计和制度安排，是对乡村地区实施的一种教育补偿行为，并且在政策设计上体现了临时性和短期性的特点，无法使乡村教师政策达到可持续发展。其次，坚持"乡村"取向，强化"务农"意识。当前，师范院校的毕业生不愿意投身乡村教育，一方面与乡村的贫困落后有关，他们更愿意去经济文化更加繁荣的大都市工作；另一方面也和我国教师教育课程设置不无关系，现有的教师教育课程设置具有明显的"离农"倾向，造成了师范生缺乏对"乡村""农民"的了解。那么如何增强教师教育政策中的"务农"意识，培养真正愿意扎根乡村的师资呢？在这一点上，民国时期的乡村师范教育实践无疑为我们提供了借鉴。陶行知当年也曾经面临着师范生不愿意服务乡村的问题，他秉持以乡村为中心的教育理念，于1927年创办了晓庄试验乡村师范学校。晓庄学校的创办，在很大程度上基于其与乡村社会之间的密切联系。晓庄学校非常重视学生的乡村生存能力，作为地方师范院校培养的未来乡村教师，在对乡村生活有一个必要的认同的同时，必须要具备在乡村生活的能力。否则，学生就不能持久地居于乡村、服务乡村，更谈不上改造乡村。

2. 乡村教师教育需要形成长效机制

以"项目""工程"形式为主的乡村教师政策，无法从根本上解决乡村优质师资短缺的问题。从实施方式看，这类政策均制定了明确的时间表和实施步骤，规定了每年的工作进度和实施规模以及人员资金支持等细则，界定了权责范围和主管部门。这种政策安排不乏优点，如具有明确的针对性，但缺点依然明显，如政策本身缺少稳定性和预期性，充满"临时性"的特点。这种"临时性"的政策安排，结果必然是为乡村学校补充"临时教师"。我们不能否认这种政策形势对于乡村教育发展的积极意义，尤其是在当前我国乡村地区优秀师资匮乏的困境中。但这种输入"临时教师"的政策安排也容易导致各种问题。比如，造成乡村教师的临时思想和短期行为等。乡村教师政策不仅仅需要"雪中送炭"，更要建立长效机制，如是，才能促进乡村教师的真正可持续发展。那么，应该怎样建立这种长效机制呢？一是要出台专门的乡村教师培养政策，要通过定向培养的方式，为乡村地区输送大量师资；二是要提高乡村教师的工资待遇，在确保城乡教师同等工资待遇标准的情况下,加大针对乡村教师的专项补助,要针对乡村教师尤其是边远乡村地区的教师发放津贴或额外补贴,以此来提升乡村教师的吸引力;三是要进一步加大"特岗计划""免费师范生"等"补偿性"政策的实施力度和范围,要努力规避这些政策实施过程中的"失范"行为,确保这些政策能够发挥其应有的作用。

3. 乡村教师教育需要纳入公共服务制度体系

有学者指出,"中小学师资与教师教育属于公共服务领域,是国家的事业与政府的责任,教师资源的配置不应该市场化"。乡村教师的培养不应该仅仅依靠市场调节,政府的职责和公共财政的功能理应得到强化,要通过政策的倾斜给予。为此,可以实行师范院校的定向招生与定向培养,扩大免费师范生招生规模,建立公费师范教育体系,对服务乡村的师范院校给予专项、定向投入,强化师范院校的公益性。

师范毕业生之所以对服务乡村教育缺乏积极性,一个重要原因在于,与城市教师相比较而言,乡村教师的工资待遇水平比较低。据《国家教育督导报告2008》的披露,全国乡村小学、初中教职工人均年工资收入分别相当于城市教职工的68.80%和69.20%。抽样调查显示的结果为67.30%的乡村学校校长反映本校教师尚未纳入社会基本医疗保险。因此,要想调动师范毕业生服务乡村教育事业的积极性,就应该在保障和改善乡村教师的工资待遇和工作环境上下功夫,努力使乡村教师成为各种惠农政策和促进教育公平政策的利益主体。

此外,应进行必要的编制改革。目前,乡村教师不能及时地补充,很大一部分原因是受编制所限,即乡村中小学并没有多余的编制可用。学者袁桂林于2015年在河北的调研中发现,有的地方还在执行2001年的编制标准,城市、县镇和乡村的教师编制标准存在较大差距。因此,未来编制改革的方向应该是构建城乡统一的编制标准,必要时可适当向乡村学校倾斜。合理清退不合格的乡村教师。可以通过考试的方式甄别不合格的乡村教师,采取令其提前退休的方式,扩充师范毕业生服务乡村的编制空间。加大城乡教师的交流力度,改变乡村教师单纯的"向城性"流动和城市教师"支教式"流动模式,并对交流教师规定服务年限,提供优厚待遇和绩效考核等政策措施。

4. 增强乡村教师教育政策的执行效应

(1)加大乡村教师的政策倾斜力度,确保实施操作更为精准

加大对乡村教师政策的倾斜力度,进一步明确权责、细化分工,确保实施操作有效可行,协同推进乡村教师政策的贯彻落实。考虑到我国地区、城乡之间乡村教师队伍的情况大不相同,国家政策难以制定统一的具体规定,建议国家层面:一方面以把握政策整体方向为主,密切关注政策实施动态,及时制定并适时调整政策方向,为地方政府落实乡村教师政策提供航标并保驾护航;另

一方面国家层面需要大力完善政策实施监管与问责制度，以督导地方制定并落实细则，从而有力确保乡村教师政策实施操作的执行力度。地方政府作为政策实施操作的主体，在中央指导、督查之下，总结以往乡村教师政策制定和实施的经验和问题，借鉴其他地方的典型经验，克服敷衍制定政策的弊端。以《乡村教师支持计划（2015—2020年）》为抓手，制定具有针对性、操作性、可行性的地方配套政策，在新时期着力从生活待遇、城乡编制、职称评聘等方面向乡村教师予以倾斜，进一步稳定优质乡村教师队伍。

(2) 保证乡村教师政策的延续性，协同各项政策整体推进

为了保证乡村教师队伍持续稳定的建设与发展，政策作为改革发展的导向，应在非重复的基础上保持一定的延续性，并在新时期改革过程中综合各项政策整体推进，切忌政策间的断层。我国乡村教师政策从散落于教育类、教师类大政策到发展成为专门政策，经历了从无到有、从零散到系统、由片面到全面的过程，虽取得一定的进展，但也面临着新的挑战。以往"单条腿"走路的政策方式，在某种程度上已经不能有效缩小城乡师资差异，需要"多方齐抓共管"，才能促使乡村教师政策的贯彻落实更加全面、有效。例如，要从"下得去、留得住、教得好、走得远"四个方面共同推进乡村教师队伍建设，拓展教师补充渠道、完善教师培训、提高教师待遇、提升教师地位，努力形成规模适当、结构合理、素质优良、扎根乡村的教师队伍，为教育现代化提供坚强的师资保障。

(3) 完善政策追踪评估机制，促进政策适时调整

政策评估是乡村教师政策发展完善的必要环节，是及时、有效促进政策调整改进的关键。第一，推动评估主体多样化。突破以往政府内部政策评估的自闭性和非正式性，增加第三方机构等进行专业、科学的外部政策评估，促进政策评估主体的多样化，集思广益，为政策调整、改进建言献策。第二，探索评估方法多元化。我国可以采用定量与定性相结合的政策评估方法，既重视事实描述又重视价值评估，关注自下而上与自上而下的研究并举，做到准确、规范，有效收集基层政策实施的第一手资料，为改进政策提供可靠依据。第三，注重评估对象广泛性。以评估政策影响为主，辅以对政策产出的评估，特别关注乡村教师个体、团体等不同对象在该政策制定、执行中的"声音"，以及这些观点、看法对政策实施产生的影响，使政策改进更"接地气"。第四，确保评估过程全面性。从乡村教师相关政策颁布之初即开始进行研究跟进，对政策进行事前、事中、事后全过程长期追踪评估，改变以往评估只做事后评估的状态，提高评估过程的规范性、合理性、全面性。

(4) 探索基于大数据的乡村教师政策的决策支持

大数据时代，应将基于大数据的预测、分析逐步融入乡村教师队伍建设的

管理和决策中。经过多年的试点监测，我国已于 2015 年正式建立义务教育质量监测制度，从而为基于大数据的乡村教师政策的决策支持提供了有力支撑。还应积极开展研究，努力探索和充分利用好基础教育质量监测技术、数据和结果，为乡村教师政策规划、制定和评估，提供专业、科学、有效的依据，完善政策环节，提升政策水平和能力。

政策的调整需要更多地关注乡村教师教育职前、职后一体化，职前、职后一体化表现出教师发展的一种取向，也成为以面向乡村学校为主的师范院校教师教育改革的基本取向。比如，西方的教师教育强调实践教学、建立 PDS（教师专业发展学校），其目的就是为了解决理论与实践脱离、分裂的弊端，实现乡村卓越教师职前、职后发展模式的一体化。教师教育一体化注重对教师各方面的培养，使乡村教师成为一个行动者的同时还成为终身的学习者，促进教师终身学习体系的构建。因此，促进乡村教师走向卓越，实现一体化式的"无缝对接"是对面向乡村卓越教师教育政策的重要期待。

结　语　走向卓越：乡村教师教育培养的必然选择

中国特色社会主义已经进入新时代，我国社会的主要矛盾已经发生转化，教育领域的主要矛盾表现为人民日益增长的美好教育需要和教育不平衡不充分的发展之间的矛盾，美好教育成为人民的新向往。为此，必须培养高素质教师队伍，为广大人民群众提供更公平更优质的教育。

2017年11月20日，习近平总书记主持召开十九届中央全面深化改革领导小组第一次会议，审议通过了《全面深化新时代教师队伍建设改革的意见》，充分体现了党和政府对广大教师的亲切关怀。文件要求广大教育工作者充分认识到教师工作的极端重要性，把加强教师队伍建设作为重大政治任务和根本民生工程摆在重要议事日程，优先谋划、优先支持、优先投入。

在新时代中国特色社会主义建设的进程中，乡村卓越教师的培养成为改善乡村教育质量、缩短城乡教育差别、彰显社会公平的重要选择。

首先，吸引优秀人才到乡村从教。鼓励办学条件好、教学质量高的院校师范专业提前批次录取，提升师范专业生源质量。对符合政策要求的采取到岗退费或公费培养、定向培养等方式，吸引和选拔优秀青年就读师范专业。进一步完善师范生公费教育政策，调整履约任教期限。

其次，提高乡村教师的培养质量。研究实施乡村教师教育振兴行动计划，加大师范院校支持力度，适时提高师范专业生均拨款标准，办好师范院校和师范专业，支持高水平综合大学开展乡村教师教育，建立以师范院校为主体、高水平非师范院校参与的中国特色乡村教师教育体系。

再次，采取措施促进乡村教师专业发展。统筹推进国培项目，分级分层分类开展培训，集中支持中西部乡村教师提升整体素质，重点提升乡村教师的实践教学技能和教学能力。推动信息技术与乡村教师培训有机融合，实行线上线下相结合的混合式研修，引领乡村教师快速成长。鼓励乡村教师大胆探索，创新教育理念，改进教学方法，努力成为新时代乡村教育名家。

最后，要特别加强乡村教师的师德师风建设。在新的历史发展时期，必须提升乡村教师的思想政治素质，开展师德师风建设工程。弘扬民族精神和时代精神，坚定"四个自信"。讲好师德故事，弘扬高尚精神，把乡村卓越教师的榜样力量转化为广大乡村师生和群众的生动实践，营造崇德向善、见贤思齐、德行天下的浓厚氛围。

党的十九大开启了加快教育现代化、建设教育强国的新征程。百年大计，教育为本；教育大计，教师为本。教师是发展教育的第一资源。[①] 党的十九大对国家发展提出了"到2035年基本实现社会主义现代化"的新的阶段目标，作为教育工作者，必须思考如何实现教育的优先发展命题，以服务国家现代化建设为己任，积极投身中华民族复兴的伟大事业。为此，广大乡村教师应当以民族复兴的梦想为基础确立教育理想。教育必须为人民服务、为中国共产党治国理政服务、为巩固和发展中国特色社会主义制度服务、为改革开放和社会主义现代化建设服务，为实现"两个一百年"奋斗目标服务。乡村教师应当遵循教育规律，致力于青少年的健康成长。在未来发展中人是第一位的因素，因此必须遵循人的成长规律。就像一棵果树，浇水、施肥、嫁接、修枝、开花、授粉、防虫、结果、收获是有规律可循的，欲速则不达，不能拔苗助长。乡村学校人才培养应当关注思维、创新、实践等影响学生终身发展的关键能力，要注重搭建合理的智能结构，以更好地实现人的全面发展，满足人民对美好教育的向往。

乡村教师教育培养应当主动适应国家经济社会发展和教育改革发展的总体要求，针对乡村教师培养的薄弱环节和深层次问题，深化乡村教师培养模式改革，建立高校与地方政府、中小学协同培养新机制，培养一大批师德高尚、专业基础扎实、教育教学能力和自我发展能力突出的高素质专业化乡村中小学教师，整体推动乡村教师教育改革创新，全面提高乡村教师培养质量。乡村教育与乡村社会相互促进、相得益彰、协同发展，共同服务于人民日益增长的美好生活需要。

---

① 王定华：《谋划教育发展方略　建好教育第一资源》，载《中国教育报》，2017-12-08。

后 记

习近平总书记在十九大开幕式的讲话中提到"乡村振兴战略""城乡义务教育均衡""努力实现教育现代化""重点发展乡村义务教育"等重要议题。在今后相当一段时期，努力实现教育现代化、补齐农村教育发展短板等内容，将成为理论研究、实践改革和政策设计等方面的重要方向。国家和省、市、县层面近两年纷纷落实《乡村教师支持计划（2015—2020年）》，目标直指我国教育发展最短板中的关键领域——乡村教师队伍建设。各省纷纷出台实施办法，对乡村教师给予全方位的特殊支持，把乡村教师队伍建设上升到优先发展的战略位置，让每个乡村孩子都能共享教育发展成果。盐城师范学院江苏农村教育发展研究中心研究者一直关注这一命题，通过共同努力，终于让《乡村卓越教师的培养》一书与读者见面了！

本书在策划、成书过程中，得到教育部教师工作司司长王定华的大力支持和鼓励，且在百忙之中为本书亲自作序，在此表示衷心感谢！

本书围绕当前乡村教师教育的现实状况、乡村教师教育的归因与可能出路，通过分析乡村教师教育现状与发展前景，在理论与实践层面提出"为什么培养乡村卓越教师、培养乡村卓越教师应该探讨哪些理论范畴、如何培养乡村教师"等基本问题。具体研究的问题围绕乡村卓越教师内涵解读、乡村卓越教师的能力结构组成、乡村卓越教师的发展现状以及乡村卓越教师的发展趋势等展开，在江苏农村教育发展研究中心首席专家戴斌荣教授带领下调查、研讨、撰写而成。具体分工如下：夏成前（绪论、结语），戴斌荣（第一章），周丹、吴文婷（第二章），姜超（第三章、第六章），闫丽霞（第四章、第五章）。戴斌荣教授对全书进行了统稿，多次对部分章节内容做了必要的增补与修改。汤克明教授负责书稿撰写的组织与协调工作，主持乡村教师培养的研讨会、撰写工作的推进等。吴文婷老师为本书的编写承担了编排、通联及整理参考文献等具体工作。从承担此书编写任务，到收集整理分析研究资料，再到撰稿修改交稿，历时一载有余，呈现在读者面前的这部拙著，与其说是我们的研究成果，不如说是我们的起点。

　　出版之际，感谢北京师范大学出版社策划编辑周雪梅博士对此书出版的热心指导与帮助！研究人员在写作工程中曾分别在江苏省苏南、苏中、苏北的多个县、区的乡村中小学开展相关的调研与访谈，得到了各市（县、区）教育局和教研室，尤其是盐城市教育科学研究院的支持与鼓励，借此机会向上述领导、同行表达由衷的感谢！

　　由于资料的局限，加上我们的写作水平有待提高，本书的疏漏之处在所难免，我们真诚地希望能到大家的批评指正！